JN173377

ABL
実行の手引き
融資から回収まで

Asset-Based Lending

ABL実務研究会
奥野総合法律事務所・外国法共同事業[編著]

経済法令研究会

はじめに

　不動産担保に頼らない資金調達の手段としての「ABL（Asset-Based Lending）」の活用が提唱され、すでに随分の年月が経つように思われますが、この間、ABLは知名度こそ高まったものの、実際の利用はなかなか進んでいないというのが、多くの関係者の正直な感覚ではないでしょうか。

　その原因は、貸し手である金融機関、借り手である事業者の双方にとって、様々なものがあると推測されますが、一つの大きな理由が、金融機関の「ABLは担保からの回収が難しく、融資期間中のモニタリングのためのコストに見合わない」という認識にあるように思われてなりません。

　金融機関としてのレピュテーションの観点や法的なインフラという面において、ABLの担保権実行が一定の課題を抱えていることは事実であり、大多数の金融機関が、実際の担保権実行を想定しない「担保」を苦労して取得することに、なかなか意義を見出せないとしても無理からぬところかも知れません。

　しかしながら、担保からの回収は、必ずしも裁判手続を通じた強制執行のみを手段とするわけではなく、法的倒産手続やそれに先立つ債務者の窮境時における、交渉等を通じた任意の回収も含めて考えるべきものです。そして、貸付当初から回収を視野にいれた適切な担保取得と契約書の作成、またモニタリングの設計等を行うことができていれば、ABLにおける担保回収を図ることは充分に可能であるというのが、これまでの経験に基づく私達の実感です。

　すでにABLに関しては、多くの書籍が刊行されていますが、いずれの書籍も貸付・担保取得とモニタリングまでが内容の主体であり、「回収」について紙幅を費やした書籍はあまり見当たりません。そこで本書では、ABLにおける回収という問題に、できる限り正面から取り組むこととしました。頁数としても相当な部分を「回収」に割いていますし、その前段である担保取得・契約書作成・モニタリングに関しても、後に想定される回収を踏まえた手法を紹介するよう心がけています。

株式会社ゴードン・ブラザーズ・ジャパンは、これまでに数多くのABLを手がけ、特にABLの債務者が破綻した場合にも着実に債権を回収してきた実績を持つ、わが国では数少ない金融機関です。また、奥野総合法律事務所・外国法共同事業は、同社が実行した多くのABLにおいて、法的な側面からサポートを提供してきました。

　本書は、株式会社ゴードン・ブラザーズ・ジャパンと、同じくわが国でABLを牽引してきた株式会社日本政策投資銀行の実務担当者が、実際の案件において協働した弁護士とともに、回収も含めた現場で経験した事例やノウハウを注ぎ込むことによりできあがりました。また、民法の改正が現実的に見込まれる中、この改正がABLにどのような影響をもたらすかということについても論じています。

　本書が、これからABLに取り組もうとされる金融機関の方々、またABLをサポートする専門家の方々のみならず、ABLを活用して資金調達をされようとする事業者の方々にとっても、ABLの実像をつかんで頂ける一助となれば幸いです。

　最後に、経済法令研究会の石川真佐光氏と西牟田隼人氏には、本書の企画当初から力強い後押しをして頂き、ともすれば遅れがちになる執筆作業と再三にわたる校閲作業を、終始丁寧にフォローして頂きました。この場を借りて、心よりの御礼を申し上げます。

　2015年10月

執筆者一同

第3部　ABLの期中管理

第5部　民法（債権法）改正とABL

第6部　ABL再論

第 1 部

ABLとは何か

ABLの現状と概観

第1節 | ABLの意義

1 ABLの定義

　「ABL」という用語は、10年程度前から金融機関の間で使用されはじめ、直近5～6年の間に急速に普及してきたように思われます。

　「金融当局から、ABLを推進するようにといわれています」「メインバンクを含む金融機関は、すでに流動資産見合いの運転資金を融資しているので、ABLを実行すると、二重与信になってしまうため、認められません」「ABLは、モニタリングが肝だと思うのですが、実際、契約回りも含めて、管理が面倒そうですよね」「ABLは、在庫や売掛債権を担保に取られてしまうわけで、それが取引先に知られてしまうリスクがあるので事業者の理解を得られないのではないでしょうか」「ABLを実行して担保取得した在庫、売掛債権などの資産は、一般担保として、不動産と同様に一定の条件のもとに担保価値が認められると聞きますが、価値算定の手法が確立している不動産と異なって、価値手法が定まっていないので、査定する人が代われば結果が変わってしまうのではないでしょうか」「ABLか……（ため息）」というように使用されます。

　上記のABLは、実は、どれも正真正銘のABLであるといえます。

　それでは、いったい、ABLとはどのようなものなのでしょうか。

　ABLは、"Asset-Based Lending"の略語として使用されることが多いのですが、資産の流動化などの世界で使用されるABLは、"Asset-Backed Loan"の略語として使用されています。

　本書におけるABLは、「資産を裏付け（＝担保）とするファイナンス」を指すことにします。一般的には、対象資産別に分類した場合、狭義のABL

は、「在庫、売掛債権という流動資産」のみを担保化することを意味することが多いようですが、本書においては、幅広い概念として、広義のABL、すなわち、「在庫、売掛債権、預金債権等の流動資産および不動産以外の有形資産（機械設備等）を裏付けとして行うファイナンス」と定義することにします。

また、担保価値の認識別に分類した場合、①資産の担保提供を債務者から受けるものの、「無価値でごわす」と割り切って融資を行う「添え担保型」と、②在庫であろうが売掛債権であろうが資産価値を求めたうえで「この金額相当の担保価値があるので、債務者の信用力が低くても、担保で保全されている分は、貸倒引当金は積みませんわ」と言い切る「一般担保型」の2種類があります。どちらが正しくて、どちらが間違いということはなく、どちらもABLであるといえます。

どちらの型を利用するのかについては、①債務者の置かれている状況（債務者区分（格付）、第三者に対する評価手数料の負担能力等）、②債務者のABLに対する理解（公示機能を有する「登記」は回避される傾向にあり、公示されない形式で契約を締結することがあります）、③金融機関のABLに対する考え方（「『一般担保』化しない」＝「金融当局に対しては、ゼロ評価と説明しよう」と実質的に組織決定されている場合等）、④在庫の種類（生鮮食品は価値に乏しい）、⑤売掛債権の制約（譲渡禁止特約）等が、主要な決定要因になります。金融機関は、実質的な保全向上のために積極的に「添え担保」を選択することもあります。

2 ABLの本質的な意義

上記にて、ABLの分類を行ってきましたが、それでは、その本質的な意義はどのようなものなのでしょうか。

(1) 静的なABLと動的なABL

ABLは、静的には、在庫、売掛債権、機械設備等の資産を担保として債務者に資金を届けることです。

他方、仮にABLを動的に捉えるとするならば、ABLは、金融機関が、債務者の損益と資産に大きな影響を与える「商流」を定期的に観測したうえで、

マクロ環境等を踏まえて、過去のトレンドとの差異の検知と分析を債務者と共有しながら、資金繰りを支援していくことです。その間、債務者が最終的に、資金効率の向上、戦略的に最適な在庫構成等、経営の方向性を定めていくことができれば理想的です。

　在庫、売掛債権等の流動資産は、現金に変わる直前の下流域に位置している資産である一方、機械設備は、製商品を生む源泉ではあるものの、現金から離れた上流に位置する資産です。

　在庫・売掛債権と機械設備の共通項は、いずれも「商流」の一部を形成しているということです。債務者から販売される製商品は、このような躍動感のある機械設備のラインに乗って付加価値が創造されて、在庫に変わったのち、在庫が販売されて売掛債権に変化し、最終的には現金になります。この現金は、債務者の様々な事業活動に振り向けられます。主として、①労務費、人件費、共益費等の現在の損益に影響を与える勘定に分配、②仕入資金（在庫投資）として活用されて、資産勘定に影響を与えるとともに、近い将来の損益に潜在的に影響を与え得る勘定として分配、③設備投資に振り向けられ、中長期的な損益に影響を及ぼす勘定として分配されます。

　このように、債務者の商流は、損益と資産形成の一つの根幹となっているといっても過言ではないと考えられます。他の重要な損益・資産形成の根幹は、「人材＝人財」です。

(2)　ABLの副産物

　ABLを検討する過程における副産物の一つとして、在庫価値を認識できることが挙げられます。在庫価値を算定する手法は数種類ありますが（後章参照）、管理水準が高い債務者であっても、在庫として計上されてから相応の年月が経過し、第三者からみると実質的に価値がゼロ近傍になっているものもあるでしょうし、ゼロにはなっていないものの、小売店舗ではもはや販売できない代物になっているものもあるでしょう。

　このような場合、そのまま在庫として寝かせておく方法もあります。しかし、在庫であるままでは現金化されず、「埋没コスト」となってしまいます。「いつか販売できる」「いつかは市況が戻って適正な価格に戻る」という経営者からの声を聞くこともありますが、手許資金が潤沢になく、足許の事

業運営に支障を来しかねない状況においては、簿価（仕入価格）割れで販売して、損益を削ってでも、資金を生み出すことが必要になるでしょう。これは、在庫の質を向上させることにもなるのですが、同時に、債務者の貸借対照表（バランスシート）の資産の部の含み損を顕在化させ、より実態に近いバランスシートを提供するという効果ももたらします。

(3)　バランスシート学派とキャッシュフロー学派の中での位置付け

　金融機関においては、債務者の格付（信用リスク）を算定する際、一般的には、バランスシート学派が幅を利かせ、キャッシュフロー学派はあまり市民権を有していないといえるのではないでしょうか。バランスシート学派とは、事業者の貸借対照表こそが信用力を見極めるうえで最も重要な指標であると主張する流派と定義しましょう。一方、キャッシュフロー学派とは、事業者の創出する収益力を重視する流派であるとします。バランスシート学派が勢力を増すと、資産の内容をあまり吟味せずに、「保守的」に減額や減点することが美徳となります。この結果、本来、資産超過の債務者であっても、簿価を上限とする文化の影響を受け、「実態バランス（＝実バラ）」の名のもとに減額修正され、安易に「債務超過」の烙印を押されることも少なくありません。正常先か要注意先かの境界線上にいる債務者は、即時、「要注意先以下」の判決を甘受せざるを得ないかもしれません。

　しかしながら、バランスシートのみが重要視され、キャッシュフローが置き去りになっていることは、健全であるとはいえません。バランスシートは、ある一時点における債務者の"大きいお財布"のスナップショットです。一方、キャッシュフローは、ある一定の期間に稼ぎ出した資金の動きを示しています。オリンピックの体操競技を思い出してください。着地という一時点におけるスナップショットは、確かに重要な得点源にはなりますが、着地までの軌道および演技も、着地と遜色ないくらい得点と関連しています。

　現実的には、金融機関による格付は、徐々に変化・進化してきているものの、依然としてキャッシュフローの厚み、強さ、固さの優先順位は劣後されているものと考えられます。キャッシュフローというと、中長期的な収益性のみをイメージされるかもしれませんが、事業活動に不可欠な資金移動など

を加味した、バランスシートと損益の懸け橋となる資金繰りも含めた広義の
キャッシュフローであると定義すると、一定の仮定を置きつつも、この
キャッシュフローの算定は有意義なことであると理解できましょう。

　ここで、そもそもABLとは、バランスシートの話ではないでしょうかと考
えておられるかもしれません。ただ、ABLは、バランスシートを活用した
キャッシュフローの創出手段の一つでもあるのです。このように、バランス
シートとキャッシュフローは必ずしも独立したものではないことを認識する
ことが肝要です。

❸　ABLにおける重要な要素

　ABLは、バランスシートという資産（＝在庫、売掛債権等の価値）に焦点
を当てるという側面と、キャッシュフロー（資金繰り）に着目をするという
側面があり、この自動車でいうところの両輪こそがABLを考えるうえで最も
重要な要素といえるのです。

　在庫、売掛債権等の資産は、担保実行による資金回収の最終手段でもあり
ますので、その重要性について異論はないでしょう。ただし、日々、価値の
変動がありますので、厳密な意味でリアルタイムで価値を把握することは困
難です。一方、資金繰りについても、事業者が策定した事業計画に示されて
いる先行きの損益、貸借対照表等に基づいて数字を落とし込んでいくわけで
すが、事業者が行う事業を充分に理解していないと、確度の高い資金繰りを
策定することができないため、相当の時間と労力を費やします。

　「ABLは、担保融資であるがゆえに、資金繰りについては重要視しなくて
よいのではないか」という考え方もあります。「資金繰りが厳しくなれば、
担保で回収すれば足りるため、何ら問題ない」、と。しかしながら、ABLに
より、資金という血液が注入された結果、体内で有効に作用し、事業者の自
助努力がなされる中で売上という資金を獲得して、次の仕入れにつなげてい
くという営業循環を支援していくことが金融機関に求められています。「生
きた資金」としてABLが活用され、事業継続していくことを第一義的な目標
としていくわけです。このため、ABLを行って、資金が一回転して、金融機
関に弁済しても業務運営上支障を来さないという確からしさがない限り、換
言すると、ABLを行ったとしても資金繰りが破綻することが見込まれる場合

には、一般的には生きた資金にならないことから、ABLは行わないという判断になると考えられます。

　また、在庫、売掛債権等の価値、資金繰りを精査する際に、事業者の実態を把握する必要があります。ABLを行うと、自動的に事業者の実態を把握することができるという論調もありますが、まずは、ABLを行う前の審査の段階で、商流を含む事業全体を深く把握し、事業者の計数管理の能力、季節性が強く特徴づけられる場合、決算期、中間期に売上や在庫残高に大きな変動がある場合等の計数の特有のくせ、担当者の人物像等の情報を収集したうえで、事業者に関する妄想を膨らませ、仮説を持つことが重要です。この仮説に即して、融資後の事業者モニタリングの設計を行うことになります。モニタリングの設計に誤りがあると、肝心な事業者の実態・変化が炙り出されなくなります。モニタリングは、設計図に描かれたレールに沿って進めていくことになりますので、これ自体、事業者の変化を感知する重要な役割を果たすのですが、設計図の作成が最も重要な鍵を握っているといえます。

第2節　コーポレート・ファイナンスとABLとの違い

　金融機関にとり馴染みの深いコーポレート・ファイナンスとABLの違いはどこにあるのか概観してみます（次頁図表1－1）。

1　与信判断基準

　まず、与信判断の基準が異なります。コーポレート・ファイナンスが収益性、財務の健全性、事業の将来性などに依拠している一方、ABLにおいては、担保設定可能な在庫、売掛債権、機械設備等の評価額、資金繰り見通し、担保設定スキーム（保全等のストラクチャーの固さ）に依存します。厳密にいえば、資産の評価額は、担保設定スキームに影響を受けることになります。例えば、担保設定に関して登記のような公示性を持たせているのか、売掛債権の入金口座に関して、担保として預金質権の設定を受けているのか、売掛債権に関して販売先から承諾を得ているのか、等が担保設定スキー

【図表1－1】コーポレート・ファイナンスとABLとの差異

	コーポレート・ファイナンス	ABL
与信判断基準	収益性、財務の健全性、事業の将来性等	担保設定可能な売掛債権、在庫、機械等の評価額 担保設定スキーム、資金繰り見通し等
資金使途	設備資金、長期運転資金等	運転資金等
融資額	償還年数（借入金残高／弁済原資）等を勘案	担保評価額の範囲内（ボロイングベース：Borrowing Base, "BB"）
融資形態	タームローン等	BBを活用し、リボルバーや一括弁済
コベナンツ	・利益水準（EBITDA（償却前営業損益）等） ・借入金水準（Debt/Equity等）、純資産水準等	・BBに関係する売掛債権や在庫の評価水準 ・資金繰り等
金利設定	借入人の財務状況などに応じた金利設定	担保ストラクチャーなどを勘案し設定
弁済原資	営業CF等	運転資金（季節資金等）、リファイナンス、不要資産売却、等
与信検討期間	－	コーポレート・ファイナンスより短期間で判断可能

ムの一例になります。

　コーポレート・ファイナンスの考え方は、次に示す図表1－2で大枠は整理できます。あえていえば、コーポレート・ファイナンスにおいては、事業価値や債務償還年数を勘案して融資の可否が判断されることになる一方、ABLにおいては、図表1－2の上の部分、すなわちP/L（損益状況）と財政状態の予想から算出されるFCF（フリー・キャッシュ・フロー）と担保価値が重要な与信の決め手になります。

❷　資金使途

　コーポレート・ファイナンスは長期資金である一方、ABLは、一般的には短期資金という性格を持っていることが多いものと考えられます。

❸　融資金額

　コーポレート・ファイナンスについては、償還年数等を勘案して決められることが通常の形ですが、ABLは担保評価額の範囲内に収めることが通例です。

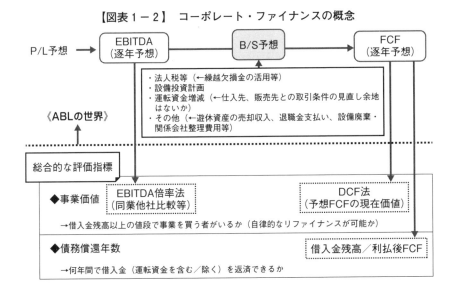

【図表1－2】 コーポレート・ファイナンスの概念

4 融資形態

　標準的な長期のコーポレート・ファイナンスであれば、タームローンという決められた条件に従って弁済が進む形態の融資がなされることが一般的です。例えば、元本額が決まっていて、毎月1百万円の元本弁済を行うような融資形態です。

　一方、ABLに関しては、融資期間中に担保評価額の範囲内で融資金額が上下する可能性のあるファイナンスになります。例えば、担保評価額が減少した場合、融資金額を維持したまま追加担保を事業者に依頼するか、あるいは担保評価額まで強制的に繰上弁済を行い融資金額を減少させるようなケースがあることから、金融機関にとっては管理が複雑になります。当座貸越、コミットメントライン、リボルビングラインといわれる融資枠の中で融資金額が変動するファイナンスの担保として活用されることもあります。

5 財務コベナンツ

　コベナンツとは、単純化していえば、事業者（および金融機関）が遵守しなくてはならない"お約束事"です。コベナンツの中でも、特に、財政状態、損益状況、キャッシュフローに関連する数値に着目をしたものを「財務

コベナンツ」といいます。コーポレート・ファイナンスでは、利益水準、借入金水準、純資産水準を中心に財務コベナンツを設定するのに対し、ABLにおいては、在庫、売掛債権等の評価額を一定水準に維持するようコベナンツを設定するほか、資金繰りが問題ないといえる最低現預金水準を設定することになります。

6　金利設定

　コーポレート・ファイナンスの場合、事業者の財務状態、損益状況、キャッシュフローの水準に応じて格付が決定され、その格付に基づいて金利が決定されます。

　一方、ABLにおいては、担保に依拠する色彩の強いファイナンスである以上、コーポレート・ファイナンスでは対応できない先に対しても融資をなし得ることとなりますが、このような場合、金利水準はコーポレート・ファイナンスに比して高くなります。具体的な水準については、本来、担保の保全性、融資期間中の資金繰りの安定性をはじめとする各種ストラクチャーの固さに応じて金利水準が変化するべきではありますが、適切な金利水準を弾き出すための充分な事例が積み上がっておらず、金融機関も手探り状態であるといえるかもしれません。また、現状、ABLの金利水準に関しては、事業者の格付に依存する体系に留まっているケースが多いと考えられ、いっそうの改善の余地があると考えられます。

7　弁済原資

　弁済原資については、コーポレート・ファイナンスの場合、基本的には収益弁済、営業キャッシュフロー捻出による弁済が基本線になるでしょう。利益が出ていなければ、コーポレート・ファイナンスは成り立たないのです。

　それではABLはどうでしょうか。代表的な弁済方法としては、運転資金が商品に変わり、それが売掛債権に化体したのち現金化した段階で直ちに弁済を受ける場合、別の金融機関がリファイナンス（借り換え）してくれる場合、不要資産の売却による場合等が考えられます。ABLにおいて、コーポレート・ファイナンスに比して相対的に高い金利が設定されている場合、事業者側も早期弁済により金利支払を軽減したいという意向がありますし、金

融機関も現預金残高が積み上がっているときに早めに返済してほしいという動機もありますので、両者の想いが一致し、早期弁済を受けることが一般的です（もちろんそのように設計するのですが）。

　特に、ABLをどのように弁済してもらうのかを、「出口（EXIT）戦略」をどのように立てるのか、と表現することもあります。業況が厳しい事業者に対してABLを実行すると、なかなか弁済してもらえない、つまりEXITできなくて塩漬けになる案件も生まれてしまいます。一方、業況が良化すると融資期限前に弁済を受けてしまい、金融機関にとってABL取引を継続することができなくなります。

8　与信検討期間

　与信検討期間については、一般的には、債務償還年数等を算出することになるコーポレート・ファイナンスの方が時間を要します。ただし、ABLについても、担保価値については比較的スムーズに評価できたとしても、資金繰りについて精査に時間を要することが少なくないことから、相応の検討時間になることもあります。

第3節 | ABLに適している事業者

1　業種と業態

　ABLは、在庫、売掛債権、機械設備等の資産を債務者から提供を受け、それらの資産の価値を裏付けとしてファイナンスを行うものです。当然、資産価値が高ければ、多くのファイナンスを引き出すことができます。

　債務者の業種、業態は、多岐にわたります。資産を多く保有することが求められる業種もあれば、資産を持たないことが望ましい業種もあります。

　例えば、貴金属・宝飾を取り扱う業種を想像してみましょう。これらの業種は、一般的には、店頭に訪れた潜在的な顧客を獲得するために、様々な商品を店頭に陳列することが多くの収益の機会を生み出すと考え、売り逃しを回避するべく、多くの種類の商品を用意します。このため、このような業種

においては、多くの在庫を抱えることになるでしょう。

　一方、サービス業においては、ほとんど在庫を持ち合わせていない事業者もいます。業種により、見える風景は異なります。

　業態でいえば、製造業、卸売業、小売業と分類すると、製造業は、通常、在庫、売掛債権、機械設備を所有していることが多いと考えられますが、卸売業は、在庫、売掛債権は保有するものの、機械設備を保有するケースは多くなく、小売業に至っては、在庫は所有するものの、消費者向け販売であるため、法人向けの売掛債権（カード債権除く）は保有せず、機械設備も持ち合わせていないことが一般的です。

❷　ABLに適している事業者とは

　それでは、どのような業態、業種がABLに適しているのでしょうか。

　まず、業態として、在庫と比較して売掛債権のほうが評価することが容易で、換価処分しやすいという前提に立てば、製造業、卸売業が適しているといえるかもしれません。

　また、機械設備は固定資産であるため、物理的に移動することが容易ではなく、価値の変動が小さいことをもって、製造業が最も適しているという結論を出す方もいるかもしれません。

　業種としては、構造的に陳腐化・劣化しにくい在庫を保有している業種で、単品管理がなされており、粗利益率が高ければ、ABLにとって理想的であるといえるかもしれません。また、穀物、金、銀、銅等の貴金属に代表される商品については、市場がすでに成立していることから、客観的な価格がいつでも観察可能であるという点において、このような在庫を抱えている業種はABLに比較的馴染むものと考えられます。もっとも、以上の特徴はあくまでも一般論であり、業態、業種に応じて常に公式のように当てはめが可能なものではありません。

　なお通常、在庫と売掛債権の両方の資産を保有している場合には、在庫と売掛債権の動きが反比例することがあると考えられます。これは、①在庫が売掛債権に変化すると、在庫の価値（簿価ベース）は減少する一方、売掛債権の価値（簿価ベース）は増加することが多い、②将来的な需要の増加に備えて在庫を増やしているときには、売掛債権はあまり積み上がっていないと

いうことがあるためです。

①の場合には、在庫については、一定の利幅を乗せて販売することになりますから、売掛債権の簿価は必然的に膨らむことになります。ただし、売掛債権の担保としての評価額が増加するかどうかは、どのような販売先に販売するかによって異なります。販売先として、代金の支払いをしてもらえる可能性が高い先（信用力が高い先）であれば、確実に評価額が高くなりますが、代金の弁済に不安を感じる先であれば、評価額は期待するほど積み上がらないかもしれません。また、販売先向けの売掛債権に譲渡禁止特約が付されていれば、評価額は増加しません。②の場合には、売掛債権の簿価の低さを在庫の価値で補完することになります。ただし、競合商品が多く、粗利率が極端に低くなっている等の理由により在庫の評価額が低い場合には、担保価値としては、売掛債権が相対的に多いときと比較すると低くなることもあるでしょう。

クレジット債権を保有しているものの、売掛債権がほとんどなく、在庫しか保有しない場合には、通年で一定の在庫を抱えている場合を除き、現預金が積み上がる時期が一年を通じて明確にあることが多いでしょうから、現預金が積み上がる時期に弁済を受けることが理に適っているといえると考えられます。

Case Study

《事例》タイヤのホイール卸売事業者に対するABL

1　どのような事業者なのでしょうか

当社は、乗用車向けタイヤのホイール卸売事業を営んでいる年商100億円程度の事業者です。中国の協力工場にてタイヤのホイールを調達し、それを日本に輸入し、大手のタイヤ量販店に卸しています。

2　どのようなABLの必要性があったのでしょうか

当社の事業自体は、経営者の堅実な経営により、安定的に収益を生み出していました。中国からドル建てにて、タイヤの輸入を行っていまし

たが、リーマンショックよりも数年前に、為替の変動リスクを抑制するために、為替デリバティブを導入しました。しかしながら、想定を大幅に上回る円高に陥り、多額の損害金が生じましたが、手許に損害金を支払うことのできる資金はありません。金融機関は、損害金相当額を融資に振り替えるのですが、弁済期に弁済できなくなる頃に、元本弁済猶予の措置をとります（リスケジュール、「リスケ」とも呼びます）。

　いったん、リスケ状態になると、新規与信を行うことが困難になります。当社も例外ではありませんでした。当社の売上の大部分が秋から冬にかけて発生するタイヤの履替需要によるもので、仕入資金の需要が夏の終わりに発生する構図になっている一方、その融資は既存の金融機関では対応できず、第三者の金融機関からの調達を検討するしか方法はありませんでした。

3　どのような機関が対応したのでしょうか

　当時、ABLを行っていた金融機関は限られていたこともあり（本格的なABLについては、今でも多くはありませんが）、政府系金融機関と在庫処分機能を持つ株式会社ゴードン・ブラザーズ・ジャパン（GBJ）の2機関で優先劣後構造を構築したうえで運転資金に対応するABLを実行しました。金融機関は、担保として、日本の倉庫にある商品在庫に加え、大手量販店向け売掛債権の中で譲渡禁止が付されていない債権に限り、事業者から提供を受けました。

4　その後はどのような経緯を辿ったのでしょうか

　第1回目のABLによる資金調達で、仕入資金を支払った当社は、量販店に計画どおりに販売し、余剰資金にて年明けにABLの借入金を弁済しました。その後、複数年にわたり、季節性資金としてABLにより資金調達を行っています。

　既存金融機関は、長らくリスケ対応を続けたうえで、公的機関に金融調整の支援を仰ぎました。この支援手続を通じて当社はスポンサーを選定し、現在は再生の一歩を着実に踏み出しています。

第4節 | ABLのメリット・デメリット

1 ABLのメリット

不動産担保などとは異なり、日々担保価値が変動するABLのメリットはどのようなところにあるのでしょうか。事業者側と金融機関側から概観していくことにしましょう。

(1) 事業者側の主要なメリット

① 資金調達の多様化

キャッシュフローが潤沢に生み出されている事業者は、無担保無保証で資金調達することが充分に可能でしょう。しかし、現実的には、常にキャッシュフローが安定して創出される事業者は多くありません。このような事業者に対して、金融機関は、担保の提供を求めることが一般的です。

例えば、工場を構成している土地、建物等の不動産は、直接的ではないのですが、間接的に売上増加に寄与しており、付加価値の源泉となっているため、まず担保として金融機関は押さえることになるでしょう。実質的な価値は、不動産としての純粋な想定売却価値に将来のキャッシュフロー分を加味したものになることも期待されるからです。

しかしながら、業況が悪化し、赤字転落に至ったり、債務超過に陥ったりすることにより、債務者区分が正常先から非正常先に下方遷移してしまうと、金融機関の見方が急激に厳しくなることがあります。短期資金については、辛うじて折り返し資金を出してくれるものの、前向きな増加運転資金であっても、追加与信がなされない事態が発生します。

このような状況の際に、往々にして不動産に担保余力が見出せず、事業者としては不動産以外の資産を担保に融資を引き出す必要があります。また、業態によっては不動産を所有しておらず、不動産担保融資の調達自体が不可能な場合もあります。このような場合に資金調達の多様化として威力を発揮するのがABLです。新しい担保の切り口の登場です。これにより、不動産一

辺倒の担保の領域が拡大し、動産や売掛債権の価値に依拠したファイナンスが実現することになります。

②　負債組換えの一手段

上記①が典型的なABLのメリットなのですが、資金の回収手法・期間に合わせて、例えば、固定資産と長期資金、流動資産と短期資金を組み合わせることにより、負債の組換えと長短バランスの改善を図ることが可能になるという事業者側のメリットも考えられます。

現状の短期借入と長期借入のバランスが整合的ではない場合には、負債全体のリファイナンス（トータル・デット・リファイナンス）が必要になります。返済のスピードが実態から乖離している場合には、身の丈に合った弁済のスピードに調整することが可能になります。

③　内部管理体制の整備・強化

ABLによる資金調達を行った事業者は、金融機関に対して、担保提供している在庫、売掛債権、損益状況（試算表ベース）等に関して定期的な状況報告が必要となります。

報告の内容については、各金融機関により異なりますが、簿価（＝担保価値）の変動、粗利益率（＝販売力、担保価値）の変動、返品動向（＝販売力、担保価値）、銘柄毎の売掛債権の推移（期日どおり入金がなされているのか、残高に大きな変化はないか）等の明細の提出を依頼することになるでしょう。

例えば、状況報告を受けて、仕入計画や事業計画と実績が乖離していることが明らかになれば、その乖離がどのような理由から生まれているのか等を解明することを通じて、事業計画や事業戦略の早期見直し等を行う機会を提供することになる場合もあるでしょう。

当初は、このような提出資料は、金融機関からの要請により、強制的に作成させられる性質のものなのかもしれませんが、事業者にとっては、実態の一端を示し経営判断の材料になり得る資料であると認識されたとき、内部管理体制の基盤が整ってきたとはじめていえるのかもしれません。事業者独自で、真に必要な計数管理を行うべく、資料の改善・改良を行うことができれば、管理体制が強化されたといえるでしょう。

(2)　金融機関側の主要なメリット

①　事業者の業績・事業構造の可視化・透明化

　金融機関は、担保提供を受けている事業者の在庫、売掛債権等のモニタリングを通じて、日々の業績を把握し、商流を体感することができます。

　在庫管理表と試算表を突合することにより、例えば、計上基準の考え方等を背景とした差異から管理状況のくせを把握することもできます。売上基準（出荷基準、検収基準、販売日基準、期日到来基準、回収基準等）、在庫（＝仕入）基準（発送基準、入荷基準、検収基準等）、滞留在庫・債権と認定するルール、タイミングなどを把握しておくと、より動態的に在庫、売掛債権を眺めることができると考えられます。

　在庫、売掛債権等の数値が、例えば、前年同月比、前月比でどのように変化したのか、月末の非営業日の影響を受けているのか、3ヵ月の移動平均で観察するとどのようなことがいえそうか、業界全体と比較してどのようなことがいえそうか、特定の販売先で大きな販売額の変動はないか、特定の商品で異常値が検出されていないか、という観点で業績を追いかけることが有用であると考えられます。

　また、返品をどの程度受け入れたのか、それは契約に基づくものなのか、返品された商品の行く末はどうなってしまうのか、販売先との取引形態に変化はないか、仕入先との取引条件に変更はないか、などに想いを馳せると、人間本来の"妄想力"が研ぎ澄まされ、事業者の業況理解に貢献するのではないでしょうか。

②　債権保全の強化

　金融当局は、新規与信とセットでABLを推進する意図があったと考えられますが、現在、ABLの利用は、必ずしも新規与信を伴う場合に限られたものではありません。融資金額は変動させず、無担保部分を減少させるべく、在庫、売掛債権等の資産について単に担保提供を受ける、いわば増担保の手法の一つとして活用されることも少なくありません。

　事業者の信用力が低下している場合には、このような債権保全強化は合理的であると考えられます。しかし、在庫、売掛債権等の資産を担保として提供してしまうと、万が一の際に、メインバンク等の金融機関やその他の金融機関からの融資を引き出すことが困難になるということも同時に認識する必

要があります。

③　収益機会の獲得

　金融機関が、一時的に経営状況が悪化し、信用力が低下している事業者に対して、新規与信を伴うABLを実行した場合には、融資残高が積み上がることになりますので、新たな収益機会を生み出すことになります。

④　内部管理体制の整備・強化

　これは、上述のとおり、事業者側のメリットとしても挙げている点です。管理体制の整備・強化は、全関係者にとって有益であるといえるでしょう。

② 　ABLのデメリット

(1)　事業者側の主要なデメリット

①　在庫の鑑定評価コストの負担

　金融機関は、米等の穀物、金等の貴金属などに代表される市場がすでに形成されている商品在庫を除けば、万が一のときの処分価格を知ることは難しいかもしれません。

　そこで、一般担保型のABLを行う場合には、第三者の評価専門事業者に鑑定評価の依頼を行う必要が生じ、この費用は資金調達に必要なコストとして、通常、事業者の負担となります。鑑定評価手数料については、評価専門事業者の得意分野、商品在庫の種類、事業者の規模（在庫保管場所の数）等にもよりますが、一般的には、10万円～250万円程度かかります。

　このように、事業者が通常負担することになる手数料は、金利に上乗せされる費用になるため、単に金利負担分だけでなく、総合的な費用を勘案して経済合理性を考える必要があります。

　また、金利水準についても、現時点では、非正常先に対するABLが多いこともあり、高めに設定される傾向にあることに加え、金利自体、下方硬直性がありますから、保全がなされたABLであっても、金利は比較的高めに留まることが多いように思われます。

②　モニタリングの体制構築

　事業者は、金融機関が満足するモニタリングの体制を整える必要があります。具体的には、担保として提供している在庫、売掛債権、預金等に関する

残高や構成データのほか、財務諸表等を日々適切に管理・報告するための体制を構築することが期待されます。

　金融機関の要求水準にもよりますが、一定水準の資料提出を要請されることになるでしょうから、事業者にとり負担感の増加につながる場合もあると考えられます。

③　担保実行による事業継続の停止リスク

　これは、ABLを受け入れる事業者の宿命でもあるのですが、事業者の事業継続に不可欠な資産を担保提供してしまうため、金融機関による担保実行の結果、事業継続を断念せざるを得なくなることもあり得ます。

　金融機関としては、事業者の協力を得て換金することが資金回収の最大化に資することになることから、担保実行は回避したいところですが、事業者との関係が疎遠になっている場合等には、事業者は、担保実行されてしまうリスクを抱えていることに留意が必要です。

(2)　金融機関側の主要なデメリット

①　数量および単価（市場価格）の変動リスク

　不動産であれば、数量変動のリスクは通常なく、単価の変動に限定されます。単価についても、商品在庫の価格変動性と比較すると小さいのが一般的でしょうから、相対的に市場価格の変動は1～3ヵ月の期間でいえば、限定的であると考えられます。

　一方、特に、商品在庫については、単価の変動性が大きいため、日々の在庫評価をタイムリーに把握することは容易ではないことに加え、仮にそれが可能であるとしても、相応のコストが発生します。一事業者に対して割ける時間・コストは限られているでしょうから、例えば、1ヵ月に一度の頻度でモニタリングするのであれば、この1ヵ月間の在庫価値の変動リスクについては、金融機関として甘受せざるを得ないということになるでしょう。ただし、事業者の業況が急激に悪化した場合には、モニタリングの頻度を上げて在庫価値の変動リスクを抑制することもあります。

②　第三債務者（売掛先）のデフォルトリスク

　不幸にも売掛先が破綻してしまい、資金回収できなくなるリスクを極力回避することが必要です。このため、売掛先の信用リスクの審査が重要な論点

になってきます。これには、大別して、個別の売掛先ごとの信用情報を入手したうえで売掛先の信用力を判断する方法や、売掛先からの過去の入金額に基づいて信用力を計測する方法があります。

　突出した売掛先がなく、分散しているのか（大数の法則が利いているのか）確認したのち、上記2つの方法を駆使して評価を行うことになりますが、売掛先の破綻による回収リスクをゼロにすることは残念ながらできません。

③　不正取引リスク

　事業者が、金融機関からの資金調達の可能性を高めるべく、不正会計等の虚偽の報告を金融機関に対して行うことがあります。特に、債務者区分が非正常先で、メインバンクからも新規与信を躊躇されている場合には、このようなリスクが高まります。

　売掛債権については、実在性の観点から、比較的証跡を確認することが容易ですが（この証跡自体が偽造されていることもありますが）、在庫については、実地棚卸をしない限り、金融機関が満足のできる実在性確認を行うことができず、その意味で、不正取引リスクを完全に排除することは難しいといえるでしょう。

④　稀薄化リスク

　事業者は、販売先との間で多岐にわたる形態の取引を行っている場合があります。百貨店と取引している事業者を想像してみましょう。百貨店の床・棚を借りて、固定／変動賃料を支払いつつ消費者に対して小売事業を行う形態もありますし、賃料を支払わない代わりに、消費者に販売したときに百貨店に販売したことにする形態、百貨店に買い取ってもらう形態が代表的なケースといえるでしょう。

　このとき、販売と一体不可分なものが「返品」なのです。いったん販売先に販売しても、翌月返品されてしまうと、仕入価格に利益が乗せられて計上された売掛債権をその分控除する必要があり、仕入価格ベースの在庫に戻ってしまいます。これが不良品として返品されている場合には、廃棄処分か、再生作業を行って再度販売するか、どちらかを選択するのでしょうが、いずれも費用がかかってしまうので、事業者も二の足を踏むケースもあります。服飾事業者の場合には、旬の時期を過ぎて返品されることも多く、品物自体

が傷んでいなくても、実質的な価値が毀損しているということもあるでしょう。

　返品については、販売先との間で何らかの契約が締結されていることもありますが、業界慣行としてなされていることもありますので、商流については、数字も含めて確認する必要がありそうです。

⑤　**売掛債権の相殺リスク**

　例えば、商社から材料を仕入れたのち、事業者にて加工を行い、同じ商社に販売することは珍しくありません。このとき、この商社に対して、売掛債権も計上されているのですが、同時に買掛債務も計上されているのです。

　万が一のときに、金融機関が担保実行を行う場合、この商社に対して債権譲渡登記を経た後、通知を行うとしましょう。金融機関が期限の到来する売掛債権の残高全額の入金を請求したとしても、この商社は、買掛債務分を控除（相殺）した金額を正当な入金額として主張するでしょう。

　通常は、「売掛債権＞買掛債務」の式が成り立つので、プラスになるのですが、ある商社から材料の仕入れをしたうえで、加工後、この商社に商品の一部を販売し、残りは他の商社に販売するといった場合には、仕入れ先である商社との関係では、「売掛債権＜買掛債務」となり、上記の式が成り立たないこともあります。

　このため、相殺リスクについては、金融機関としては充分に留意するべきであろうと考えられます。

第5節 ｜ ABLの利用局面

1　条件変更中の事業者に対する季節性資金

　過去の損益状況の蓄積が貸借対照表に反映されていると考えられるのであれば、実態的なバランスシートが債務超過であるということは、過去の損失が負の遺産として大きく財務体質を傷つけていることにほかなりません。

　損失が計上された背景には、事業者内部の問題から外部環境的な要因まで多岐にわたるのでしょうが、ここ5年程度の状況を俯瞰すると、外部環境の

要因のみを挙げてみても、①リーマンショックによる需要の急激な落ち込み、②原油価格の高騰等によるエネルギーコストの急騰、③円安移行時のリスクヘッジ手段として取り組んだ為替デリバティブが急激な円高下で損失を発生させ、デリバティブの解約、デリバティブの損害金を借入金に振り替えて財務体質が大幅に悪化、④さらにその後、円安に転じ輸入事業者の粗利益減少といった不運なケースもあります。わが国のみならず、世界の経済情勢、金融政策等が複雑に絡み合い、為替が形成されていることもあり、原材料、商品を輸入に依存している事業者は、自助努力を凌駕する材料費の高騰等と向き合わなくてはなりません。

　一度の為替デリバティブ損失計上により、大きくバランスシートが毀損して債務超過に陥っているものの、本業のキャッシュフローは安定しているというケースは比較的散見されますが、在庫の評価減等の一過性の損失計上であっても、事業者の債務超過が深い場合、本業の安定した収益を今後継続できたとしても債務超過解消に5年以上かかるようなケースでは、季節性の資金といえども、容易には金融機関は新規与信を行うことができません。債務者区分は、非正常先（具体的には、要注意先以下）と判定され、金融機関団が事業者に対して、元本弁済を猶予する措置（利息は継続的に支払われます）がなされることが一般的であると考えられます。

　このような場合、既存の金融機関の了解を得て、新規の金融機関（ノンバンク含む）が、在庫、売掛債権を担保に3〜6ヵ月の融資を行うことが典型的なABLの与信方法といえます。一般的には、この融資の性格はあくまでも一時的な資金支援でもあることに加え、民事再生法等の法的再生手続等に移行するリスクを抱えていますので、新規の金融機関としては一刻も早く弁済して頂きたい資金といえます。このため、他の融資債権よりも優先して弁済して頂く形態（優先弁済）とすることが多いと考えられます。

　ただし、たとえこのような手当てがなされたとしても、法的再生手続に移行してしまいますと、他の金融機関との間で締結された優先弁済性について、裁判所が尊重するかどうかは保証されません。その意味で、ABLの担保対象資産の価値に依拠した確実な回収を期しておく必要が高いといえるでしょう（担保で債権全額が保全されている場合、別除権協定を締結すること等により、全額支払われることも多いと考えられます）。

さらに、次のような議論もあります。

金融機関の伝統的な考え方として、「仕入事業者（事業者に原材料、商品を共有している先）は信用取引で事業者と商売している。金融機関としても、事業者に対する短期資金については、無担保で与信するのが基本である。したがって、すでに在庫、売掛債権見合いの資産形成のために金融機関は与信しているわけであり、ABLは二重与信となる」との主張です。在庫、売掛債権は、担保として決しては触ってはいけない"聖域"とする考え方です。

この考え方は間違いではありません。教科書的にはそうなのでしょう。

ただし、ABLを提供する金融機関は、未来永劫、在庫、売掛債権を担保化するわけではありません。あくまで、在庫、売掛債権の価値を裏付けとして、"真水"すなわち資金を流し、事業者がこの流した"真水"よりも多くの真水を獲得した際には弁済に充てて頂き、それによりABLが完済されれば融資前の原状に戻すという考え方ですので、既存の金融債権者にもメリットが充分にあるのではないかと考えられるのです。

2 既存金融債権者による債権保全策

条件変更中の事業者に対して既存の金融債権者が季節性の資金としてABLを実行する場合には、債権保全策という位置付けというよりは、どの金融機関からの借入も受けることができなかったため、いわば事業者を破産に移行させることを回避するために、全既存債権者の債権を防衛するべく、融資を行っているケースが多いものと考えられます。

一方、業況の悪化に伴い、正常先から非正常先に遷移してしまう可能性が出てきてしまった先に対して、他の金融機関の了解なく、メイン金融機関が債権保全のために追加的に在庫・売掛債権等の担保の提供を受けることもあります。これは、全既存債権者の債権を守るというよりも、このメイン金融機関が保有する債権を守るためという色彩が強いと考えられます。

これも、ABLの一形態であり、間違いではありません。金融機関が、保有する債権を守ること自体は本能的なものであり、決して悪いことではないのです（ただし、その後に債権者が法的整理手続に移行した場合には、全債権者の公平の観点から、そのような担保取得が否認されるリスクがあります）。

❸　構造的に多額の運転資金を要する業種に対する資金拠出

　第3節11頁「1　業種と業態」においても触れましたが、再度、貴金属・宝飾事業者を想像してみましょう。インターネットでの販売も増えてきていますが、質感、光沢に関して、実物を目の前にしながら吟味したいという消費者も多いのではないかと考えられます。

　このような業種の場合、可能な限り多岐にわたる種類の商品を店頭に陳列する（在庫を抱える）ことが求められます。目に留まる商品をいかに置くことができるかが勝負になるからです。

　宝飾品の場合には、他の同業他社からの貸し借りもありますし、すべてのケースに当てはまるわけではないのですが、陳列している商品の多くは、事業者が自ら仕入先から買い取って所有権も移転しています。仕入れるためには、資金も当然必要になってきます。

　宝飾品は、一般的には、生鮮食品、アパレルと比較すると、商品の陳腐化がほとんどなく、粗利益率も高い商品であると考えられます（歴史的には、ダイヤモンドや金は、趨勢としては高騰し続けているようです）。例えば、粗利益率が50％であると仮定しましょう。50万円で仕入れてきた宝石を100万円で販売するわけです。平時であれば、100万円で販売できるわけですから、処分販売の際に、3割引の70万円で販売できたとしましょう。この場合であっても、簿価（50万円）割れせずに利益を確保できるということになります。

　このように、宝飾業界は、構造的に大量の在庫を抱えざるを得ず、多額の運転資金を必要としますが、商品の価値の変動が他の業種の商品と比較して大きくなく、簿価を大幅に割り込まずに販売できると考えられるため、ABLを利用しやすい業種であると考えられます。

❹　負債の組換・再構築の一手法

　資金調達を行うときには、短期の運用（運転資金）であれば短期借入、長期の運用（設備投資等）であれば長期借入で賄うことが望ましいという考え方が借入の本来的なあり方です。

　この借入金の弁済の裏付けとして、金融機関が担保を取る場合、長期借入金については不動産、短期借入金については在庫、売掛債権を引当とする考

え方があります。企業買収の際に活用されるLBO（Leveraged Buyout）が実施される場合には、全資産担保の一環として、在庫、売掛債権を担保とするケースがあります。

　また、第4節14頁「②　負債組換えの一手段」において言及しましたが、収益力が低下し、年間のキャッシュフローと弁済金額の間で乖離が生じている事業者の場合、メイン金融機関が、適正に短期借入金と長期借入金に区分し、年間弁済額を調整するとともに、短期借入金についても、在庫、売掛債権を担保とする、いわば負債の組換・再構築の一手段として、その一部にABLを活用するケースも見受けられます。

5　その他の利用局面

　①親会社の業況が悪化して子会社・関連会社への資金支援ができなくなり、子会社独自で資金調達を行わなくてはならない場合、②資金繰りの必要から不動産等の資産売却を行う場合に、その入金までのつなぎ資金として活用される場合、③サービサー、ファンド等が既存債権者から債権を集約的に買い集めた後で、その債権の保全強化を図る場合にも活用されることがあります。

　近時、大手事業者が、中堅・中小企業が大宗を占める仕入事業者にとってABLが有効に活用されるのかどうかを見極めるために、試行的に自らABLを受け入れるケースもあり、徐々にではありますが、裾野が広がってきているといえるのかもしれません。

第6節 │ ABLの典型的な担保の取り方

　ABLは、「在庫、売掛債権、預金債権等の流動資産および不動産以外の有形資産（機械設備等）を裏付けとして行うファイナンス」であると第1節にて定義しました。それでは、在庫、売掛債権、預金債権等の資産を担保に取る場合の典型的なABLはどのようなものなのでしょうか。

　一般的なABLの仕組みは、次頁図表1－3のとおりです。

【図表1－3】　ABLの一般的なスキーム

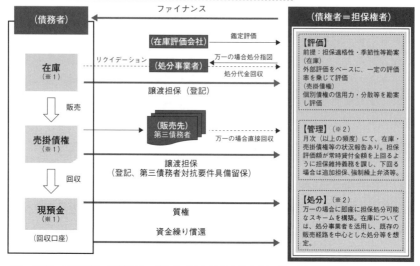

※1　在庫、売掛債権、現預金のいずれか（またはその組み合わせ）でも検討可能。
※2　担保フルカバーのスキームを前提として記載。実際には個別案件ごとにケースバイケースで対応。

　在庫、売掛債権ともに、譲渡担保権の設定を受けることが一般的です。金融機関は、在庫の価値について充分に把握することは困難であることから、市場が成立している場合を除き、「『一般担保』化」[1] するためには、第三者の在庫評価事業者を活用することが多いと考えられます。万が一の場合、担保実行する際には、専門の処分事業者に処分を委託することになるでしょう。

　売掛債権については、金融機関内で担保価値を算定することが通例です。債権譲渡登記を行い、第三者対抗要件（第三者に対して権利を主張できる要件）を具備（取得）しますが、販売先である第三債務者には通知を留保する（ただし、通知できる準備はしておく）ケースが多いと考えられます。第三債務者に対して「あなた方が負っている債務については、事業者ではなく金

1）金融庁が、不動産と同様に適切な担保価値を認めること。破綻懸念先に対する貸出債権などは、担保でカバーされていない部分は貸倒引当金を積む必要があるため、担保の有無は引当額を算出する際に重要な事項となる。

融機関に支払ってください」という通知を打つと、金融機関としての保全性
は高まりますが、債権譲渡をされていることが第三債務者に知られてしまう
ことになりますので、信用不安を惹起し、今後の商売に負の影響をもたらす
可能性があることにも気を配る必要があります。

　預金については、預金取扱金融機関であれば、自らの口座に入金指定を受
けることにより、実質的に保全を図ることができるでしょう。他方、預金取
扱金融機関でない場合には、質権を取得することが望ましいと考えられま
す。

　在庫、売掛債権、預金債権を担保として必ず押さえなくてはならないかと
いうと、必須ではありません。しかしながら、「在庫→売掛債権→預金」と
商品が現金に化体する一連のフローを上流から下流まで担保として押さえる
と、商流の価値そのものを担保化していることにもなり、また、他の債権者
との間で権利関係を巡る無用な争いを回避することができます。

　また、在庫、売掛債権は、日々内容が変化することから、定期的な管理
（モニタリング）は不可欠です。有事の際に、債務者と協力して処分ができ
るように予め環境整備しておくことが重要です。担保実行は、通常、債務者
との間で対立構造を抱えたまま無理に担保物を処分していくわけですが、最
大回収を図ることができないことは明白です。このため、金融機関にとっ
て、担保実行による回収は、最終手段なのです。特に、在庫や売掛債権は、
債務者の協力がないと換価回収に支障を来す場合が往々にしてあり、金融機
関にとって最大回収が困難となることが多いといえます。このため、ABLに
おいては、担保実行による回収は、不動産等の一般的な担保の場合にもまし
て「最終手段」と位置付けるべきなのです。

第7節 ｜ 金融検査マニュアル上の取扱い

■1 政府によるABL推進の歴史

　ABLは、当初、経済産業省が強力に推進していましたが、金融庁がこれに
呼応し、日本銀行も融資制度を創設することにより支援しています。金融庁

は、ABLを金融機関に普及させるべく、金融検査マニュアルの改定・整備を行っています。

まず、2007年2月の改定において、在庫に関して、「動産を担保とする場合は、対抗要件が適切に具備されていることのほか、数量および品質等が継続的にモニタリングされていること、客観性・合理性のある評価方法による評価が可能であり実際にもかかる評価を取得していること、当該動産につき適切な換価手段が確保されていること、担保権実行時の当該動産の適切な確保のための手続きが確立していることを含め、動産の性質に応じ、適切な管理及び評価の客観性・合理性が確保され、換価が確実であると客観的・合理的に見込まれるかを検証する。」とし、条件付ではありますが、在庫についても、不動産と同様に「一般担保」としてみなすことができるようなルールを策定しました。

また、2007年8月には、中小企業庁が中心になり、流動資産担保保証制度の担保として、在庫等の棚卸資産も売掛債権に加えて保証の対象となりました。

❷　金融庁による金融検査マニュアルの思い切った改定

金融庁は、金融機関における在庫および売掛債権の一般担保化が進捗しない状況に業を煮やしつつ、2013年2月に、金融機関の利用を促進するべく、「ABL（動産・売掛金担保融資）の積極的活用について」を公表し、大きく踏み込んだ内容にマニュアルを改定しました。

改定された内容は以下のとおりです。

(1)　「一般担保」要件の運用の明確化

「動産・売掛金担保」は、金融検査マニュアル上、「一般担保」（客観的な処分可能性がある担保）として認められていますが、金融機関が慎重になり、なかなか一般担保として扱わないため、具体的にどのような担保管理を行えば、要件に合致するのかについて担保管理手法を例示しました。

(2)　「自己査定基準」における担保掛け目の明確化

金融機関の要請に従い、金融検査マニュアル上に、担保掛け目に関して一

【図表1－4】金融検査マニュアルの改定（評価率の部分を抜粋）

改定前	改定後
（イ）不動産の処分可能見込額の算出に使用する掛け目について、処分実績等が少ないとの事由により、掛け目の合理性が確保されない場合は、次に掲げる値以下の掛け目を使用しているかを検証する。 　なお、安易に次に掲げる値以下の掛け目に依存していないかに留意する。 （不動産担保） 土地　　　　　　　評価額の70％ 建物　　　　　　　評価額の70％	（イ）不動産、動産及び売掛金の処分可能見込額の算出に使用する掛け目について、処分実績等が少ないとの事由により、掛け目の合理性が確保されない場合は、次に掲げる値以下の掛け目を使用しているかを検証する。 　なお、安易に次に掲げる値以下の掛け目に依存していないかに留意する。 （不動産担保） 土地　　　　　　　評価額の70％ 建物　　　　　　　評価額の70％ （動産担保） 在庫品　　　　　　評価額の70％ 機械設備　　　　　評価額の70％ （売掛金担保） 売掛金　　　　　　評価額の80％

（出所）金融庁

定の指針が与えられました（図表1－4参照）。

(3) 「電子記録債権」の自己査定上の取扱いの明確化

　「電子記録債権」を担保としたABLにおいて、「電子記録債権」のうち、「決済確実な商業手形」に準じた要件を満たすものについては、「優良担保」として取り扱うこととしました。

(4) 検査における検証方針の明確化

　金融機関が「動産・売掛金担保」を「一般担保」として取り扱っている場合、その適切性を金融検査にて検証する際には、当面、PDCA[2]サイクルが機能していれば、金融機関の取組みを尊重するとしました。

(5) ABLにより「貸出条件緩和債権」に該当しない場合の明確化

　ABLは、担保資産の管理を通じて、事業者の経営実態を金融機関が把握で

2）自己査定基準などの内部規程の策定（Plan）、内部規程に基づく担保管理（Do）、問題点の原因分析（Check）、問題点の改善（Action）を行う自己改善サイクル。

きる手法であるため、事業者が経営改善計画を策定していなくても、金融機関がABLにより、企業の実態を把握したうえで経営改善に関する資料を作成している場合には、これを「実現可能性の高い抜本的な計画」（いわゆる「実抜計画」）とみなして、「貸出条件緩和債権」には該当しない取扱としました。すなわち、一般担保型のABLを行っていれば、破綻懸念先に対する貸出債権であっても、不良債権にならないという見解を示したということになります。

❸ 金融検査マニュアル改定の狙い

この大胆な金融検査マニュアル改定には、一体どのような狙いがあったのでしょうか。次のとおり整理できるのではないでしょうか。そこから、金融庁の想いが伝わってきます。

(1) 新規与信推進

当時、金融円滑化法の期限到来の議論があり、これに対応して実質的な期限延長と同じ効果をもたらすことを狙ったのではないかとの見方もありましたが、金融庁としては、純粋に、リスクマネーの供給の一手法として、不動産以外の資産を裏付けとした新規融資の拡大を促したものであると考えられます。

(2) 貸倒引当金の軽減

債務者区分が破綻懸念先以下の場合に限定されますが、一般担保型のABLを行うことにより、引当金計上を減少させることができることから、金融機関の収益確保に貢献するという背景もあったのではないかと考えられます。

(3) 標準的な掛け目の水準の呈示

金融庁が挙げている掛け目については、あくまで標準的なものに過ぎず、絶対的なものではありません。金融機関が実績を積み上げ、一定の相場観が形成されれば、その相場観が説得力を持つ合理的な数字になります。当初は、根拠や相場観に乏しいため、標準的な掛け目として、金融庁が呈示した数字を使うことが賢明でしょうが、案件の積み上がりとともに、独自の掛け

目にすることを金融庁は期待していたと考えられます。

(4) 金融機関の本音

　政府等の後押しがあったにもかかわらず、金融機関は「一般担保型」のABLを積極的に拡大しようとしませんでした。これは、十分に判例が蓄積されていないこともあり、後述されるABLの法的論点、例えば、譲渡担保権の実行方法、譲渡担保権実行時における固定化、否認権などの課題を完全に克服する材料が現時点では十分ではないという点が実務的には大きいと考えられるのですが、法的論点以外の背景、すなわち、①（永遠に論点として挙げられ続けるであろう）債務者による在庫の"持ち逃げ"リスク、②期中に嵩むモニタリングコスト、③金利引上げの困難性、④金融庁に対する在庫価値の妥当性等に関する説明が容易ではない、⑤担保実行による回収が金融機関として道徳的に不可能（引き金を引くことが許されない）、ということが挙げられるのではないかと考えられます。

　また、ABLは、非正常先を対象とするケースが多いため、前向きな融資であるとの認識が金融機関内でなされず、取り組んだとしても業績評価に直結しないという現実もあるようです。

　さらに、金融機関としては、金融庁検査の方針が政権交代等により大幅に変更される、いわば行政リスクをとることができないため、楽観的な考え方は控えるべきと判断しているところもあります。

　それでもなお、これらの論点を乗り越えてABLを行っている金融機関もあります。このような金融機関は、逆に、どのような動機によりABLを行うのでしょうか。

　本格的なABLを行っている金融機関の共通項は、自然体で肩の力が抜けていながらも、事業者にとって金融機関はどのような役割を果たすべきか追い求めていることです。換言すれば、ABLを特別視することなく、あくまでファイナンスの一形態・一手法に過ぎず、魔法ではないということを熟知しているということです。ABLを目的としてファイナンスを組み立てるのではなく、事業者に対して支援を行おうとするとき、事業者による計数および在庫・売掛債権の管理能力、在庫の具体的な保全策等を勘案しながらABLが最善の手法であると判断したということに過ぎないのです。押付け型のABLほ

ど興ざめなものはないのかもしれません。

　また、ABLを経験している多くの金融機関は、「担保として押さえた売掛債権のほとんどは無事回収できる。在庫は、指定された保管場所に保管されていれば、想定以上の金額で販売でき資金回収できる」と考えています。在庫が現地にあるかどうかについては、事業者との信頼関係が醸成されているか否かに依存するのですが（相手が人間ですので、時折鮮やかな裏切りもあります）、事業者に寄り添ったABLを行っている限りにおいては、ABLは、事業者のためのファイナンスとなり、最終的に資金回収という形で金融機関に還元されるものと考えられます。

　ただし、鉄の信頼関係は、些細なボタンの掛け違いにより、ガラスのように簡単に崩れてしまうこともあります。事業者による計数の管理能力、保全策も重要なのですが、経営者・従業員が信頼できるのか、という判断軸も、実はABLにとって不可欠な要素になります。資金繰りに奔走する中で、少しでも良い企業に見せようと粉飾に手を染めてしまう事業者は後を絶ちません。必死に、かつ、長期的に粉飾されてしまうと、金融機関も見抜くことが困難になるため、常に金融機関は事業者を見極めるための修行、つまり、ギリギリの選択を迫られることになるのです。

第8節 | ABLに対する美しき誤解、常識と考えられている非常識

　ABLに関しては、それが横文字であるからなのか、あるいは、新しい金融の手法と考えられているからなのか、明確な理由は不明ですが、数々の「美しき誤解」あるいは「常識と考えられている非常識」があります。

　ここで、ABLに対する陥りやすい誤解について概観してみましょう。

■ 事業者が在庫、売掛債権を保有していればABLは成立する

　ABLは、単に、事業者が在庫、売掛債権を保有しているという理由で実行できるわけではありません。在庫、売掛債権の価値は重要ではありますが、それだけでは充分ではないのです。

　まず、金融機関が担保提供を受けるためには、担保設定者である事業者の承諾が必要になります。ここを突破できなければ、先に進むことができませんが、意外にもこの時点で経営者の理解が得られずにABLを実行できないケースが散見されます。その背景には、ABLに対する周囲の見方があります。在庫、売掛債権に登記がなされると、信用情報提供機関が、「Ａ社に対して、Ｂ金融機関が集合動産（在庫）登記を行った」という情報を会員に提供するのです。この情報に接した会員は、「Ａ社の業績、資金繰りの状況が良くないに違いない。販売取引を縮小、中止しよう」という行動に出ることが容易に想像されます。予め業況が良くないことを開示している場合には、むしろ在庫、売掛債権を活用して資金調達できたというプラスの効果として捉えられることもあるのですが、ABLがマイナスに捉えられるとすれば、そのような資金調達に対して前向きになれない経営者の心情も実際には理解できるところではあります。

　次に、事業者による計数管理の能力も大きなポイントです。「正確な」数字が「適時」金融機関に提供されて初めて、計数として分析する（いわば「料理する」）対象となり得るのです。塩と砂糖を間違えて調理された冷えたパスタを好んで召し上がる人は稀でしょう。地理的な制約があり、毎日現地に足を運ぶことができない場合、事業者から提出される数字こそが事業者の姿を示す拠り所になります。したがって、金融機関が、正確な数字について時宜を得て把握できることは重要であるといえます。

　また、取引金融機関の意向もABLを実現させるうえで欠かせない要素です。事業者と取引金融機関との間で締結された契約上、第三者に対する担保提供について何ら制約がない場合であっても、取引金融機関の内諾を得る必要があることもあります。特に、メイン金融機関の意向は事業者としては無視できないことから、メイン金融機関の考え方がABLに与える影響は小さくないといえます。

❷　業況が急激に悪化した場合、担保権実行による資金回収が一般的である

　一般担保型のABLを行っている場合、事業者の業況悪化を検知した際、債権者である金融機関は、担保権を実行して在庫を処分するとともに、売掛先に対し、「債権譲渡がなされ、わたくしども金融機関がこのたび債権者にな

りましたので、今後については、わが金融機関に債務の弁済をお願いします」という通知を打って資金回収することが一般的であると少なからず考えられているのではないでしょうか。

　しかしながら、これは真実ではありません。自ら在庫の評価を行うとともに、処分（販売）する能力をも有する債権者であっても、担保権の実行は、最終手段であると考えており、現実的な回収手段として位置付けているわけではありません。

　事業者にとっては、事業継続が最大の価値の創造につながります。金融機関から見えている風景も何ら変わりありません。相当の合理的な理由がない限り、強制的に事業者の事業継続を阻害するような担保権者（金融機関）の行為は、許されるべきではないと考えられます。

　それでは、「相当の合理的な理由」とはいったいどのようなものであると考えられるのでしょうか。例えば、①資金繰りが行き詰まり、将来的な良化の目途がつかない状況にもかかわらず、事業者自身が自助努力を一切せず、スポンサー候補も容易には現れる気配がないような状態にある場合、②売上が激減し、叩き売りを事実上始めており、担保価値が急激に毀損し、回復の見込みが立たない場合、③融資実行後、財務制限条項（「手許現預金を50百万円以上維持します」、「担保価値を100百万円以上維持します」等）を含む融資契約に規定されている誓約事項（「事前承諾なく第三者に貸付をしません」、「毎月月末までに試算表を提出します」等）に繰り返し意図的に違背し、金融機関と事業者との信頼関係が完全に崩壊している場合、などが挙げられます。

　このように、担保実行を要する局面とは、基本的には、事業価値が急速に毀損し、事業継続が困難な情勢になる中、事業者と金融機関との距離が疎遠になり、適切な対話が不可能となっているような極限的な状況に限定されると考えるべきであり、このような状態に陥っていない限り、担保権実行は資金回収極大化の手段とは到底いえず、賢明な判断でないといえましょう。

❸　ABL実行後のモニタリングを行えば事業者の実態を把握することができる

　ABLの効果の一つとして、モニタリングによる事業者の実態把握が挙げられることが多いのではないでしょうか。確かに、適切なモニタリングを行う

ことにより、事業者の実態に迫ることができることは事実です。

　それでは、適切なモニタリングとは、どのようなものを指すのでしょうか。その事業者によってどのようなモニタリングが最適であるかは、事業者ごとの個性や事情に応じて考えざるを得ず、残念ながら、絶対的な奥義があるわけではありません。ただし、資金繰りと担保価値というABLの根幹になる概念に直接・間接的に関連する項目を押さえていくことは重要です。

　例えば、資金繰りは損益とは異なります。「勘定合って銭足らず」というように、利益が出ていても、資金が不足することはあります。資金繰りは、仕入れの支払条件と販売の回収条件に大きな影響を受けます。仕入資金の支払いを待ってもらう一方、販売代金の入金を早めてもらうことができれば、損益水準を変えずに資金繰りを改善することができます（条件を変更することにより、仕入代金、販売代金が変更される可能性はもちろんあります）。また、事業者によっては、決算月、半期決算月などに売上の数字を良く見せかけるため、販売先にいわゆる"押し込み"販売を行い、その翌月に異常なほどの返品を受けるといったケースも散見されます。

　このような場合に限らず、返品が多くなされると、その月の在庫残高が膨らみますが、これをもって「担保価値が増加した」と手放しで喜ぶのは禁物です。在庫が返品されたということは、販売先からの返金要請に応じなければならないか、将来の販売金額から返品分を控除されるということを示すのです。当然、これらは資金繰りに暗い影を落とすことになります。「返品される予定」の商品は、実際には販売されずに、自社倉庫に眠っているのかもしれません。粉飾の疑惑にもつながっていきます。

　漫然と在庫残高、売掛債権残高等の数字を追いかけるだけでなく、商品が在庫になるメカニズム（どのタイミングで在庫として認識され、どのタイミングで支払いが発生するのか。返品できるオプションを持っているのか。過去どの程度の返品をどのような要因で行っているのか等）を把握するとともに、在庫が売掛債権になるメカニズム（どのように販売され、資金回収はどのように行われるのか、契約上返品されるリスクはあるのか、季節に応じた、また、販売先ごとの過去の返品率の把握）の理解を進めることにより、能動的なモニタリングを行うことができるようになります。過去の実績により将来の予想を完全に行うことまでは望めないとしても、過去の傾向を押さ

えること、過去との比較を行うことにより、現在の姿が焙り出されると同時に、将来の見込みをある程度想定することができるようになると考えられます。

　なお、現場では契約類や伝票には正式に記載することなく、取引先担当者に口頭で婉曲に発注を指示し、表向きは自発的に商品を用意させるといった、「つぶやき発注」や「ささやき発注」が行われていることがあり、この目に見えない発注に基づいて生産し、在庫を積み増しているケースでは、在庫の実需が外部から捉えづらくなるため、金融機関としては留意しておきたいところです。

　このため、まずは、徹底的に事業者の事業を理解し、既述のとおり、仮説を立てたうえで実態を把握することが肝要であり、この過程を経て、事業者に合ったモニタリングの設計を行うことが望ましいと考えられます。

４　資本的劣後ローンとしてABLを活用することができる

　実務の世界では、「メザニン[3]的にABLを活用しましょう」などという声を耳にすることがあります。また、「資本的劣後ローンの担保として在庫、売掛債権をとりましょう」という話も出てきます。

　しかしながら、金融検査マニュアル上の「十分な資本的性質が認められる借入金」に関していえば、担保付き融資がこのような資本性借入金に該当するのは、既存の担保付き融資について、「担保解除を行うことが事実上困難」な場合に限られます。したがって、ABLが「新規」の担保付き融資として行われる場合に、資本性借入金に該当することはありません。債務者の破綻時には担保実行が可能であり、法的倒産手続においても別除権等として扱われる以上、回収上は一般の債権に優先しますので、そのような新規融資としてのABLが資本性を有することはないというべきでしょう。

　なお、このような金融検査マニュアル上の資本性の議論を離れて、劣後ローンとしてABLが活用される場合に、同じ動産・債権等の上に、優先ABL債権者のために第一順位の担保を設定し、劣後ABL債権者のために第二順位の担保を設定することを通じて、優先ABL債権者にのみ劣後する「劣後

3）融資と出資の中間的な位置付けのファイナンス。代表的な商品としては、優先株式、劣後ローンがある。「メザニン」とは、中二階を意味する。

ABL」を実行することはあり得ますし、実務上も行われています。

Column

《コラム》シンジケート型ABLとは

　シンジケート型ABLでは、各トランシェのレンダーが担保権設定者から同順位担保権の設定を受け、債権者間協定において下位トランシェの債権を約定劣後とすることが一般的です（実質的に、担保目的物からの回収においてはジュニアレンダーが最劣後となります）。

　その他融資の債権者、商事債権者等との関係では、シンジケート・ローンの担保目的物からの回収上、シンジケート・ローンのジュニアレンダーであっても、その他融資の債権者、商事債権者等に劣後することはありません。

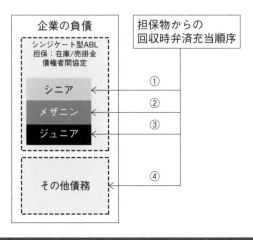

第 2 部

ABLの貸出

第 1 章

融資相談に際してのポイント

第1節 ｜ 事業者の置かれている状況の把握

　ABLが従来型の典型的融資手法である不動産担保融資とは異なり、担保物が流動的な資産であること、そして今日のわが国においてABLの活用を検討する事業者の中には従来型の融資手法では資金調達が不可能となっている企業も多いことから、ABLを提供する金融機関は総じてより高いリスクを取ることになると考えられます。

　したがって、ABLの検討に際しては、ABLのレンダー自身を守ること、すなわちABLの担保物により融資が保全されるかということを確認することが、ABLの検討段階において非常に重要なポイントとなります。

　資金繰りが逼迫している事業者に対し、金融機関がABLを活用した資金調達を主導する場合、事業者に対して、動産を担保として提供することとはどういうことなのか、そして動産の担保提供に付随するリスク等についても丁寧な説明が必要となるでしょう。

　加えて、事業者の外部環境を把握し、ABLの活用によって事業者の事業が毀損しないことを確認することも、金融機関の大切な役割であると考えます。

■ 事業者は相応の担保対象資産を保有しているか

　ABLを検討するに際しては、事業者が担保として意味をなす動産を保有していることが大前提となります。

　例えば、サービス業や飲食業を営む事業者の中には、在庫や売掛債権を保有している事業者もありますが、一般的には現金売上がその収入の多くを占める日銭商売であり、また大量の在庫を保有する必要性がないことから、在

庫や売掛債権の保有額が僅少であることが多く、ABLの利用には適さない事業者であると考えられます。

機械設備や車両等（運送業等の場合）の固定資産を有している場合、それらはABLの担保対象資産と考えることができます。機械設備や国定資産としての車両等は、事業者にとって収益の源泉となる中核資産であることが多く、基本的には継続的に保有される資産であることから、在庫や売掛債権のように日々変動するということはありません。どちらかといえば、不動産に似た性格を持つ資産であるといえます。このことから、機械設備や車両はABLにおける担保物として検討しやすい部類に入ると考えることができます。

❷　事業者が再建型の法的整理（民事再生手続）の手続中であるか

再建型の法的整理（民事再生手続）の手続中である事業者に対するABLは、共益債権として扱われることから、他の債権（担保付債権を除く）に先んじて弁済を受けることが可能であるため、債権保全の観点から比較的取り組みやすいと考えられます。

他方、私的整理手続中の事業者に対するABLでは、融資実行後に事業者が法的整理に移行したとしても、その他債権に優先する共益債権（民事再生手続）または財団債権（破産手続）としての地位は与えられません。したがって、私的整理手続中の事業者に対するABLを実行する場合には、債権保全上、担保価値の範囲内で融資を行うことが推奨されます。

❸　事業者が動産を担保提供することに対して理解があるか

在庫や売掛債権の担保提供について、仕入先、販売先などの取引先に対する信用不安を惹起する可能性について懸念を示す事業者も少なくありません。また、在庫を担保に供することに対し非常に大きな心理的抵抗を抱く事業者も存在します。特に地方のオーナー企業の経営者にこの傾向が顕著に見られます。

ABLの検討に際して、事前に在庫や売掛債権を担保提供することの意味、そして、ABLを活用する必要がある理由、ABLを活用することで事業者が得るメリット、ABLの活用に付随するリスク等について丁寧に説明を行い、事

業者の不安を払拭することは、ABLに取り組む際の重要なポイントとなります。

４　動産・売掛債権の担保提供に起因する事業毀損は限定的か

わが国において、ABLが有効な資金調達方法の一つであるという認識は、徐々にではありますが着実に浸透してきているように思います。しかし依然として、ABL（在庫や売掛金の担保提供）に対し、あまり良いイメージを持っていない事業者が多いこともまた事実です。

在庫や売掛債権を担保提供することで、それを知った事業者の仕入先や販売先が、今後の支払や安定供給等を懸念し、取引を縮小するなどの行動を取る可能性は否定できません。

動産や売掛債権の担保提供をネガティブに捉え、取引自体を懸念するような取引先に対しては、必要に応じて、担保提供に関する説明を行い、理解を得る等の対応が、事業者の事業毀損を回避するためにも非常に重要なプロセスとなります。特に金融機関が主導してABLの活用を行う場合には、事業者の取引先へ同行するなどの配慮も必要となるかもしれません。

万が一、担保提供に対する理解が得られない場合、特に主要な仕入先や販売先が担保提供に難色を示すような場合には、ABLの検討自体を再考する必要があるでしょう。

５　担保権の設定および担保権実行の可能性について、利害関係者（主に他の取引金融機関）から理解が得られるか

事業者が取引金融機関から運転資金を使途とする無担保融資を受けている場合、事実上、在庫や売掛債権が"担保見合い"となっていることが多く、その担保見合いとなっている資産を担保提供することは、二重与信（すなわち、無担保融資部分の実質的な保全率が低下する）であるとみなす金融機関が大宗を占めているのが実情です。取引金融機関と良好な関係を維持し、継続した支援を得るためにも、ABLの活用とそれに伴う担保提供について十分に理解を得る必要があります。

事業者において、取引金融機関からシンジケート・ローン（協調融資：複数の金融機関の協調によりシンジケート団が組成され、シンジケート団によ

る一つの融資契約書に基づいて、同一の条件で提供される融資をいいます）による借入を行っている場合、一般的に、当該融資契約には担保提供禁止条項が設定されています。担保提供禁止条項が付されている場合には、事前にシンジケート・ローン参加行からの承諾を得る必要があります。

いずれにせよ、ABLに際しての担保提供は、他の金融債権者にとって、保全が低下するというデメリットが大きいことから、他の金融債権者の立場を慮り、しっかりとした事業計画や資金繰り計画を示すことで、ABLはあくまでも一時的な危機を乗り切るための資金調達であるということが説明できれば、積極的な承諾とまでは行かずとも、理解を得ることは困難ではないと考えられます。

第2節 | 内部管理体制の把握 （融資実行前のデューデリジェンス）

ABLにおいては、その担保物が流動的な資産であることから、融資実行後に行うモニタリングが非常に重要となります。そのモニタリングをどのような資料に基づいて行うかということは、融資実行前に必ず把握しておかなければなりません。

いったん融資を実行してしまえば、日々事業者の元を訪問し、様々な確認を行うことは実務上困難を伴うでしょう。したがって、信頼性の高い情報に基づいてモニタリングを行わなければ、モニタリングの結果得られる情報は何ら価値を持たないものとなってしまいます。

そのような事態に陥ることを回避するためにも、モニタリングで確認すべき資料が、どのような考え方で、どのような処理を経て作成されるのかということを把握し、融資実行後に定期的に提供を受ける資料の信頼性を検証する必要があります。

◢ 事業者の資料作成能力の調査

ABLのモニタリングに必要となる資料は、担保物関連資料と財務関連資料

【図表2-1】 融資実行後のモニタリングにおいて提供を受ける資料

主な担保物関連資料	主な財務関連資料
・在庫データ（簿価、数量） ・売上データ ・売掛債権データ ・買掛債務データ	・試算表 ・損益予算実績表 ・資金繰り予算実績表 ・事業計画書

です。これらは融資契約書に定める一定の周期に基づいて提出を受けること
となります。

　ABLレンダーが、ABLにおける債権保全の確実性を判断するためには、事
業者には一定の水準の資料作成能力が求められます。債権者の立場として
は、より鮮度の高い情報の入手を目指すべきですが、事業者の管理能力の水
準の高低により、債権者が望むタイミングで情報が得られないこともありま
す。例えば、月末時点状況の資料の提出を求めるケースにおいて、在庫関連
資料の提出が月末から1ヵ月後である場合、債権者は1ヵ月前の在庫担保価
値に基づいて、現時点の融資残高や在庫の内容が適当か否かを判断すること
となります。

　毎月の在庫残高や在庫の内容が大きく変動しない事業者であれば特に大き
な問題とはなりませんが、例えばアパレル業を営む事業者など、季節の変化
に伴い在庫内容が劇的に変化する事業者の在庫を担保とする場合、1ヵ月の
タイムラグが在庫担保評価額に与える影響は決して看過できません。このよ
うな場合においては、完全に月次締め処理が完了していない在庫関連資料の
みでも先に入手しておいて、大凡の担保評価額を把握することで対応するな
ど、一定の工夫が求められるでしょう。

❷ 事業者が作成する資料の正確性の検証

　実態を表していない不正確な資料に基づいてモニタリングを行ったとして
も、その結果から得られる情報ではモニタリングの目的を達成することはで
きません。したがって、融資実行前の段階で、融資実行後に行うモニタリン
グの基礎となる、事業者が作成し提出する資料の正確性を検証することが最
も重要な作業の一つとなります。

　具体的には、事業者の在庫、売上、売掛債権等を管理するためのシステム

（または台帳等管理資料）と会計システム（または台帳等管理資料）との整合性の確認を行います。直近数ヵ月分の調査を行うことで、管理システムから抽出される試算表と各項目のデータの整合性が確認でき、融資実行後のモニタリングにおいて得られる情報の信頼度が高まります。

①　在庫データの正確性

　事業者の在庫データの正確性の検証については、営業倉庫等の第三者が管理している在庫の場合には、在庫残高証明を入手することで、ある程度信頼できる数値の確認は可能ですが（ただし、当該第三者の信頼性についても一定の検証を要します）、自社倉庫等の保管場所で事業者が在庫を管理している場合、実地棚卸（実際に存在する在庫の数量をカウントすること）以外の方法では確認できません。しかしながら、融資検討時点において第三者に在庫の実地棚卸を依頼し、担保対象とするすべての在庫をカウントする等の作業を行うことは、時間的な制約に加え、決して少なくはない経費が発生することから、現実的には困難でしょう。それでも、実際に在庫が保管されている倉庫を訪問し、凡その在庫数量を目算するだけでも、十分に意味があると考えます。

　在庫の実在性とデータの正確性の検証においては、定性的なアプローチと定量的なアプローチを組み合わせることで、より効果的な結果が得られます。定性的アプローチでは、事業者が運用するシステム等が会計システムとどのように連動しているか、また事業者の業務フローにおいて在庫の経理操作が行われるような脆弱性が存在するかという点を把握します。定量的アプローチでは、実地棚卸の結果に基づいて実地棚卸の数字と実在庫の数字に違算が発生していないかについて確認したうえで、事業者がどのような基準で在庫を計上し、販売を行っているかについて把握し、財務数値との整合性を検証する等によって、在庫データ上の数値の信頼度を検証することが十分に可能となります。

②　売上・売掛債権の調査

　売上・売掛債権の調査においては、事業者が発行する請求書と売掛金の残高および実際に入金された金額の照合が可能であり、これはデューデリジェンスにおいて必須の項目としなければなりません。

　この調査は、在庫データの精度の検証にも有益です。売掛債権残高が正確

である場合、仕入金額が判明すれば、ある程度の精度で在庫の残高を推測することが可能となるためです。

　実際に、ABLの検討を行っていた事業者のデューデリジェンスにおいて、売掛債権が試算表作成用と請求書発行用という2つの帳簿（実際にシステムが2つ存在していました）で管理されているという事実を発見したことがありました。このケースでは、試算表の売掛金残高と請求書に記載されている金額を照合する作業により、二重帳簿の発見に至っています。もちろん、モニタリング資料として請求するのは、正確な残高が反映されている方の資料ですが、この事業者によれば、取引金融機関に対しては、水増しされた試算表作成用資料を提出していたとのことでした。

③　ABLに不可欠な正確なモニタリング

　管理系のシステムを導入していない（紙媒体の資料で管理している等）事業者については、ABLの実行自体について相当慎重に検討を行う必要があります。毎月のモニタリングにおいて紙媒体でデータ提供を受けるとなれば、表計算ソフト等を活用して機動的にモニタリングを行うことが困難となり、モニタリングすべき指標等を正確に把握することが難しいためです。

　上記を踏まえ、より具体的な検証プロセスについて以下に説明していきたいと思います。融資実行前に以下の点を把握しておくことは、融資実行後のモニタリングを意味のあるものとするために非常に重要です。そしてこの検証プロセスを経ることにより、事業者に対する理解もより深いものとなるでしょう。

(1)　事業者の会計・経理処理について

①　棚卸資産評価方法

　棚卸資産の評価方法は事業者により異なります。棚卸資産の評価は、取り扱う種類や物量が多いほど、日々の管理が煩雑になります。採用された評価方法について、それぞれの評価方法により算出された棚卸資産簿価の正確性や金額の妥当性という視点から、改めて確認・検証する必要があるでしょう。

　また、棚卸資産の簿価に運賃や加工賃等が含まれている場合があります。事業者がそのような処理をしている場合、本来の物の価値以上に簿価が膨ら

んでいる可能性もあるため、この点について担保評価の前に把握しておくことで、より正確な担保評価につながるでしょう。

②　棚卸資産計上のタイミング（入荷時、検収時等）

　棚卸資産を在庫として計上するタイミングにより、担保の対象となる在庫の金額が変わる可能性があります。特に輸送中の在庫等の計上方法には注意を要します。例えば、事業者が海外から仕入れを行う場合において、輸出地から船積み等の出荷がなされた時点で在庫に計上する事業者も存在します。この場合、輸送中の在庫は日本国外の海上に存在していますから、動産譲渡登記において場所が特定できません。また担保対象在庫が国外に所在している場合、動産譲渡の対抗力の準拠法は動産の所在国の法律とされており（法の適用に関する通則法13条）、わが国の動産譲渡登記によって有効に対抗力を備えられるとは限りません。

③　売上計上のタイミング（出荷時、到着時等）

　出荷基準や到着基準等、売上計上のタイミングが、在庫の実在性に影響を及ぼします。特に在庫システムが勘定系システムと連動している場合で、事業者の販売先の検収時に売上を計上するルールを採用しているケースにおいては、すでに出荷されている在庫について、帳簿上には在庫として計上されているものの、実際には事業者の倉庫に存在しないという可能性もあります。ABLのモニタリングにおいては、倉庫等の保管場所から出荷された時点で、在庫データから当該出荷在庫が落ちるというルールが採用されている場合、理想的であるといえましょう。

(2)　事業者の業務フロー・利用システムについて

①　システムの概要について

　事業者がどのようなシステムを利用しているのかについて確認を行います。多くの事業者は、会計システム（試算表等を作成）、売上計上システム（請求書等を発行）、在庫システム（在庫管理）といったように、それぞれの目的に合わせてシステムを利用しています。そしてそれらは独立して運用されている場合もあれば、連動している場合もあります。

　すべてのシステムが連動している場合、在庫の売上計上と共に在庫高が減少し、売掛金へと姿を変え、試算表に反映されることとなります。しかしな

がら、特に中小企業においては、在庫システムが他のシステムから独立しているケースが多く見受けられます。

　実際に内部管理体制の調査を行った某社のケースでは、会計システムと在庫システムが連動しておらず、毎月末の試算表の在庫数値について、在庫システムの月末の数値を手入力するという作業が行われていたことから、人為的なエラー（入力ミス）の発生や、在庫の引き落とし漏れにより売上計上がなされている在庫が依然としてシステム上に残っていたという事実が明らかとなりました。同社は創業当時から積もり積もった、実際には存在しない在庫をそのまま計上し続けてきた結果、実に 1 億円もの在庫が架空在庫となっていたのです。

　金融機関にとってはあまり馴染みのない作業であるかもしれませんが、ABLの検討段階においては、事業者が利用するシステムについて把握をすることが推奨されます。上記の実例のような事実を発見することは、決して難しいことではありません。

　また、過去のデータが蓄積されない形式のシステムの場合には、バックアップデータの存在についても確認しておくことが推奨されます。モニタリングにおいては、異常値を発見するために過去の推移を把握することが非常に重要となるためです。

② **業務フロー・決裁権限等の確認**

　在庫の簿価や売価（販売価格）をシステムに入力する権限が誰に付与されているのかについて確認を行います。例えば、バイヤーを多数抱えるアパレル企業等においては、この入力および変更権限が各バイヤーに与えられていることも少なくありません。

　入力担当者が、一度入力した数値、例えば簿価や売価を容易に変更することが可能な場合、自己のインセンティブのために入力した数値を改ざんする可能性もありますので、入力の変更権限については必ず確認をしておく必要があります。容易に変更が可能な場合は、企業としてガバナンスに問題があると考えてよいでしょう。このような場合、他の業務フローにおいても潜在的な問題が存在する可能性があり、粉飾についても留意すべきでしょう。

③ **リスク管理**

　一連のシステムが不測の事態に対応しているかどうか（被災時等における

リカバリー）についても、念のため確認をしておいた方がよいでしょう。遠隔地のサーバーにデータがバックアップされているような場合は、有事の際にも復旧が容易となります。

第3節 | モニタリング方法の設計

　債権者の究極的な目的は、不動産担保融資やABLといった融資手法の別を問わず、リスクに応じた収益を確保しつつ、資金を回収することにあるのではないでしょうか。ABLという融資手法を活用する場合、その目的を達成するためには、融資実行前の段階でモニタリングについてしっかりと設計をしておかなければなりません。モニタリングは、それ自体がこなすだけの作業となっては意味を為さないものとなってしまいます。

　現在のわが国におけるABLは、要注意先以下のような信用力が低い事業者に対し行われることも多いと考えられます。このような場合、ABLにおける貸手は、広く用いられている不動産担保融資等と比較して、しばしば高いリスクを取らなければならないことについては、すでに述べたとおりです。

　このような現状を踏まえ、ABLにおけるモニタリングは、債権者にとって、ABL実行後、元本の一部回収や担保権実行などの行動を、事業者が置かれている状況と元本回収リスクの度合いに応じ適時適切に取るうえで、その判断材料を手に入れるための極めて重要な手段であるといえます。要注意先以下に区分されるような信用力が低い事業者に対しては、債権者は、いかなるタイミングでいかなるアクションを起こすのかということについて、常に想定しておかなければなりません。

　ABLの担保物は、債務者の事業継続において中核を成す資産であることから、その変化は当然に財務関連資料にも顕著に現れます。したがって、担保物自体の資料のみならず、財務関連資料についても必ずモニタリングを行う必要があります。担保目的物関連資料と財務関連資料から得られる情報を組み合わせることで、精度の高い債務者の実態把握が可能となるでしょう。提出される担保目的物関連資料の正確性を確認する意味も含め、必ず担保目的

物関連資料と基準時点を同一にして作成された財務関連資料を入手し、モニタリングを行うことを推奨します。

　融資実行後のモニタリングにおいては、以下の**1**から**4**の内容を基本路線として、**5**の項目をモニタリング項目に組み込み、モニタリングから得られた情報を総合的に分析することで、モニタリングを「適時適切なアクションを取るための判断材料を得る手段」足らしめることが可能となるでしょう。

1　ABL融資残高の保全状況の確認
〜ボロイングベース（貸出基準額）の洗い替え

　ABLの融資実行後には、毎月貸出基準額（「貸付金の保全引当てとなっている担保資産の評価額」）を洗い替えることが一般的です。この貸出基準額を「ボロイングベース」と呼びます。

　ABLの担保物は流動的な資産であることから、程度は様々ですが、担保価値が増減を繰り返します。ボロイングベースを定期的に洗い替えることで、貸し出された融資が直近時点においてどの程度保全されているかを測ります。保全率が相当に低下している場合、事業者の業況いかんでは元本の一部内入れ弁済等を要請する必要があるかもしれません。このように、ボロイングベースの洗い替えは、回収リスクに直結することから、モニタリングにおいて最も重要な作業の一つとなります。

　ボロイングベースの洗い替えに際しては、第一に、ボロイングベース算定基礎となる資料、すなわち在庫・売掛債権等担保物に関する資料と財務関連資料（試算表等）の整合性の確認を行います。モニタリングを行う段階では、内部管理体制の調査を通じてその基となる資料の正確性が検証されていることでしょう。しかしながら、定期的に提出されるデータについても、財務関連資料との整合性が取れているかについて継続的に確認を行うことが重要であると考えます。

2　事業継続の大前提となる資金繰りの確認

　事業を継続していくうえで最も重要なものの一つは資金繰りです。いくら会計上の利益が計上されていても、資金繰りが回らなければ事業を継続することはできません。

　事業者にとって、資金繰りを誤魔化すことは不可能ではないものの容易ではありません。しかしながら、債権者としては定期的に行うモニタリングにおいて、その信頼度を確認しておくことは非常に重要となります。ある一時点の現預金残高明細を確認（月末時点における記帳済みの通帳の写し等を入手して確認）することで、当該確認数値が資金繰り表の数値と合致しているかを検証し、合致している場合には資金繰りが実際の現預金水準に基づいて作成されていると判断しても差し支えないでしょう。

　担保対象資産と資金繰りの両輪でモニタリングを行うことにより、事業者の実態が自然と浮かび上がってきます。特に資金繰りが逼迫している事業者については、資金繰りを把握することで、事業者が次にどのような行動を取るのかについて、ある程度予測することが可能となります。

　言うまでもなく、資金繰りに窮した事業者は、どのような手段を講じてでも資金を調達しようと必死な行動を取るでしょう。最も簡単な方法は、在庫を大量に売却して資金化するという方法です。担保物が大量に売却されれば、担保が大幅に毀損してしまい、いくら動産を担保に取っていたとしても用を成しません。そしてこのような行動の結果、得られた資金は赤字運転資金へと流用され、ABLによる融資はより大きなリスクに晒されてしまうことが容易に想像されます。

　将来の資金繰り計画の精度は、過去の資金繰り実績、売上高実績、資金繰り表作成の前提条件となっている売掛金（または手形）入金サイト、支払サイトを組み合わせることで、高いレベルでの検証が可能です。事業者の売上計画と、資金繰りの水準に一定の整合性が認められるかどうかを確認します。

　また、資金繰りのモニタリングにおける重要な確認事項として、事業者と既存または新規取引金融機関との取引状況が挙げられます。例えば、既存取引金融機関が既往融資の折り返しに応じるかどうかは、資金繰り全体にとてつもなく大きなインパクトをもたらします。特に、取引金融機関が事業者の資金逼迫時においても支援をするか否かについては、必須確認事項となります。

　これら一連のステップを踏むことで、事業者の資金が枯渇する 2、3 ヵ月前に黄色信号を感知することは決して難しいことではありません。

❸　事業の状況を表す損益予算実績対比表（事業計画）の確認

　事業が事業者の計画どおり進捗しているかを確認することも、モニタリングにおいては非常に重要な項目となります。

　例えば、売上高が予算を下回っている状況において、仕入れを予算どおり行っているような場合には、数ヵ月後の仕入支払決済時における資金が不足する可能性もあります。

　事業計画、または事業計画が作成されていない場合には、少なくとも年間仕入予算を事業者からヒアリングし、当該仕入予算に基づく支払いが資金繰り上の経常支出に織り込まれているかどうかを確認しなければなりません。資金繰りを度外視して作成されている事業計画（事業計画と資金繰りが連動していない）は、まず疑ってかかるべきでしょう。直近の売上高が下振れた場合、将来の仕入れが資金的な制約（売上高減少による経常収支減少）によって大幅に制限されてしまう可能性もあり、そのような事業計画はそもそも達成が困難となるからです。資金繰りと組み合わせて分析を行うことで、事業者の計画達成の蓋然性もある程度判断が可能となります。

　そして、月次ベースでの損益については、なぜ売上が計画どおり進捗しているのか、なぜ売上が計画以上に上振れているのか、なぜ売上が計画を下回っているのか、というように、どのようなタイプの変化であっても、その結果に対して疑問を抱くというマインドセットを持っている必要があります。好調な売上高が常に良い結果であるとは限りません。事業の進捗状況にかかわらず、事業者と会話をすることで、好調な業績に隠された、思いもよらない事実を知ることができることもあるのです。

❹　財務制限条項／誓約事項の遵守状況の確認

　ABLの実行時点において事業者に対し要求した財務制限条項、またその他誓約事項等が遵守されているかについて、書面による確認を行います。

　主たる財務制限条項は、①担保金額が融資残高のある一定水準を超過していることを要求する条項、②債権者が指定する時点において一定の水準の流動性現預金残高の維持を要求する条項等を設定することが一般的です。これに加え、売上高や粗利益率の維持条項を必要に応じて追加するとよいでしょう。

❺　事業者が属する業界・業態固有の特性に起因して発生する事項

　上記❶から❸については、いずれの業界に属する事業者にも当てはまりますので、モニタリングの設計段階では、労せずしてモニタリング項目に組み込むことができるでしょう。しかしながら、この❺をモニタリングに組み込むためには、事業者が属する業界および業態固有の商慣習等の特性を把握していなければなりません。

　例えば、季節性リスクについては必ず把握しておく必要があります。季節性リスクとは、事業者が属する業界・業態固有の特性に起因して、担保評価額が季節により変動するリスクを意味します。債務者の事業特性により、ある一定の時期に在庫高が急激に変動するなど、月次単位で在庫や売掛金などの担保目的物の簿価自体が大きく変動する可能性があるようなケースにおいては、季節性リスクが高いと判断しなければなりません。

　実際に、ある月の在庫高がその他の月の在庫高の2倍に上るというような事業者も存在します。月次単位で急激な変化が確認される場合、単年度の推移では当該変化が例外的なものかどうかの判断ができないため、最低でも

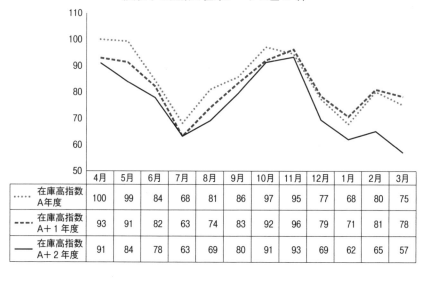

【図表2-2】　A年度4月を100とした場合の月次在庫高指数の推移
（実在する企業の在庫データに基づく）

	4月	5月	6月	7月	8月	9月	10月	11月	12月	1月	2月	3月
在庫高指数 A年度	100	99	84	68	81	86	97	95	77	68	80	75
在庫高指数 A+1年度	93	91	82	63	74	83	92	96	79	71	81	78
在庫高指数 A+2年度	91	84	78	63	69	80	91	93	69	62	65	57

24ヵ月分の月次推移を確認し、季節性リスクの有無とその程度について把握しておくことが重要です。

次に、商慣習について述べます。

例えば、アパレル業界における卸売業者は、販売先（百貨店、量販店、専門店）から随時返品を受けることを条件に、一括で大量に販売することが可能な取引形態、所謂「返品条件付買取」なる取引を当然のように行っています。もちろん、事業者にとっては不利な取引条件ではありますが、販売先において事業者が納品した商品がすべて売れてしまえば返品を受けることもありませんから、この取引自体を否定するものではありません。

しかしながら、特に業績が芳しくない事業者は、金融機関から継続的な資金支援を受けることを目的として、当該取引を悪用することもあります。事業者にとっては、随時返品を受け入れるとしても、いったん売上および利益を計上することが可能となるため、金融機関に対して一時的に見栄えの良い財務諸表（損益計算書においては売上および利益の嵩上げ、貸借対照表においては在庫高の減少）、または月次財務資料を提出することが可能となるのです。

繰り返しになりますが、納品した商品が売れ、返品がなされなければ問題はありません。しかし、特に決算月等にこのような取引を進んで行う事業者は、翌月ないし翌々月には大量に返品を受けることとなるのが実情です。売上高および利益の予算を達成することを目的として、決算月にこのような取引を一度大々的に行ってしまえば、翌期の期初は返品によりさらに予算の達成が困難となり、容易に抜け出すことのできない悪循環を引き起こします。そして、納品と返品に係る物流コスト、また返品された商品を再度販売可能な状態に加工する再生コストが必要となり、無駄な資金が流出していくことになるのです。

モニタリングにおいて、例に挙げたような事業者が属する業界および業態固有の特性は、特に前記**3**「事業の状況を表す損益予算実績対比表（事業計画）の確認」を行ううえで有益な補完情報となり、これを把握することでより事業者の実態を浮き彫りにすることが可能となるでしょう。

第2章

ABLの担保評価

第1節 | 担保適格性

　ABLにおける担保物は、不動産等の物理的な増減が発生しない資産とは異なり、事業者の毎日の事業活動の中で増減を繰り返す流動的な資産です。したがって、ABLの初期検討段階において最も重要なことは、担保提供を受ける資産が担保としての適格性を有するか否かという点について判断することとなります。

　担保適格性については、主に以下の点を検証して判断します。

■ 担保物の処分による回収確度

　担保処分により資金を回収する場合、処分の可能性は回収額に直結する重要なポイントとなるため、十分な検証が必要となります。

(1) 担保物そのものの価値の変動

　生鮮品を含む食料品など、非常に短期間でその価値が変動（劣化）してしまう動産を担保対象物とする場合、担保権を実行して担保物を処分するまでの間に、担保物が無価値となってしまう可能性があります。

(2) 担保物の汎用性

　在庫を担保対象物とする場合、担保対象物が、事業者にとっては最終製品であっても、事業者の販売先にとっては、その製品を生産するために必要となる「部品」である、という在庫が担保物となるケースがあります。このようなケースは特に製造業においてよく見られます。事業者の在庫それ自体では一般消費者に販売できない類の在庫が担保物となる場合、担保処分による

回収局面において、事業者の販売先が快く買い取りに応じてくれるか否かという問題は非常に大きな論点です。

　例えば、担保対象物である在庫が販売先の指定する仕様に基づいて生産されているような場合、販売先の製品以外には活用できない部品となりますので、当該販売先に販売ができないということになれば、その他の販売先に対し販売することはほぼ不可能であると考えられます。この場合、在庫を担保として取得していても、担保処分による資金の回収は見込めなくなるでしょう。したがって、このようなケースにおいてABLを検討する場合、販売先からの受注状況、契約内容、販売先が生産する製品の特色、販売先の仕入先背景（事業者の競合他社等）についての深い理解が必要不可欠となります。仮に事業者の「部品」生産において、非常に高度な技術が必要であり当該事業者以外に生産できる競合他社が存在しない、または存在するが品質が不安定である等の事情がある場合は、販売先も代替の仕入先を容易に見つけることはできないでしょうから、担保処分の局面において販売先に対し販売できる可能性が高くなります。

　機械設備等の動産は、事業者の日々の営業活動において、その動産自体の量的な変化を伴わないことから、担保物としての適格性は高いと考えることができます。ただし、それが汎用性の認められる機械設備である場合に限ります。時に事業者は、メーカーから仕入れる機械設備が自社製品の製造に適さない場合、独自にカスタマイズを行うことがあります。そのようなカスタマイズが施された機械設備は、多くの場合汎用性を失うこととなり、担保処分の局面において買い手がつかない、または売却可能であっても、カスタマイズされた箇所を汎用性のある仕様に戻す際にコストが発生する等の理由により売却により得られる対価が減少するケースがあることに留意が必要です。特に、食品加工等の製造ラインに係る機械設備を担保物とする場合においては、工場自体の形やラインの順序に合わせる形で設備が構築されていることが多く、これも汎用性を欠く代表的な動産の一つとなっています。

2　担保物の実在性

　在庫のような集合動産を担保とする際には、動産及び債権の譲渡の対抗要件に関する民法の特例等に関する法律（動産債権譲渡特例法）上の集合動産

譲渡登記、または民法における占有改定（第三者が担保対象物を占有している場合においては指図による占有移転）のいずれかの方法により、またはこれらを併用して対抗要件を具備することとなります。いずれの対抗要件具備の方法においても、集合動産の所在場所を特定する必要がありますが、特定した所在場所から担保物の移動が容易に行われるような動産が担保物である場合、担保適格性は著しく低いと考えられます。

　金の延べ棒や高額な時計などを担保として取得するケースを考えてみましょう。これら非常に換金性が高いと考えられる担保物は、事業者の資金繰りが厳しい状況に陥った際、容易に現金化されてしまうことが想像されます。また、数量が少なく、一点の価値が高い在庫を担保物とする場合、例えば乗用車に詰め込んで場所を移動させる等の方法により、担保物を特定した所在場所から移動させることが物理的に容易であるため、担保権の実行時に担保物が存在しないという事態に陥る可能性があることに留意すべきでしょう。

　事業者の悪意によって移動されるケースとは別に、担保権実行時に担保物が実在しない可能性がある品目として、日用品が挙げられます。例えば食料品は賞味期限が到来しておらず、ティッシュペーパー等は汚損等がない限り、値段次第ではほぼ確実に処分が可能となる、汎用性という意味では担保物として理想的な品目です。しかしながら、値下げをすれば容易に処分することが可能であることから、事業者の資金繰り逼迫時には、資金を得るために値下げをして大量処分されてしまい、担保権実行の局面において担保物が実在しないということもあり得ます。

3　その他制約条件

　上記担保物の汎用性や実在性については、適格性があるように見える動産であっても、処分に際して法令や契約等に基づく制約があるために、実際には担保処分が困難となってしまう動産も存在します。

(1)　販売に許認可が必要となる動産

　金融債権者が譲渡担保権を実行する局面において、担保物の処分に許認可が必要となる場合、金融機関として許認可を有していない限り換価回収ができないのではないかという問題があります。この点に関連して、平成27年6

【図表 2 - 3】医薬品に対する譲渡担保権の設定・実行に係るニュースリリース

平成27年 6 月25日

医薬品に対する譲渡担保権の設定・実行に関する医薬品医療機器法の
取扱いが明確になりました

1 .「グレーゾーン解消制度」の活用結果

今般、事業者より、金融機関の債務者である医療機関が破綻した場合に、金融機関の譲渡担保権の実行により、医療機関が医薬品販売業者に担保物である医薬品を販売・授与し、金融機関がその医薬品の換価代金相当額を受領する行為が、医薬品、医療機器等の品質、有効性及び安全性の確保等に関する法律（以下、医薬品医療機器法という。）第24条に定める業としての販売・授与に該当するか否かについて照会がありました。

関係省庁が検討を行った結果、金融機関による譲渡担保権の実行に伴う医療機関から医薬品販売業者への医薬品の販売・授与は、業として行われるものではないことから医薬品医療機器法第24条に該当しない旨の回答を行いました。

これにより、医療機関がABL（※）により資金調達を行うことが可能となり、その経営安定化に寄与することが期待されます。

　※　ABL（Asset Based Lending）…企業が有する在庫等の資産を担保とする金融手法

（出所）経済産業省平成27年 6 月25日プレスリリース（http://www.meti.go.jp/press/2015/06/2015
0625001/20150625001.html）から一部抜粋

月25日、経済産業省は、譲渡担保の対象となっている医療機関の医薬品について、医薬品販売業者を通じた一定の担保物処分が、関連する法に抵触しない旨について発表しています。

　現在のところ、その他のケースにおいては都度確認が必要な状況であり、依然として許認可の問題がABLの利用を制限する状況は変わっていないと言わざるを得ませんが、いっそうのABLの普及とともに、より多くの局面でこのような公的解釈が示されることを期待します。

(2)　ブランド等のライセンスを利用している動産

　ブランドを冠した商品を担保物とする場合、ライセンス契約には留意が必

要となります。

　実際の事例で、事業者（ライセンシー）が破産を申し立て、一義的には破産管財人において担保物を処分することになったのですが、当該ライセンサーの許可なしには販売ができないという状況に陥りました。

　また、ブランドによっては、ブランド価値の毀損を回避することを目的として、極端に廉価な価格での処分を禁じる条項が付されている場合もあります。

　このように、ライセンス契約の条項やライセンサーの意向次第で、回収額が大幅に変動する可能性がある点については、留意が必要です。

(3)　付随するサービスの提供が前提となっている動産

　サービスが付随する動産については、オフィスで使用されるウォーターサーバーやコピー機をイメージするとわかりやすいでしょう。ウォーターサーバーであれば水のタンク、コピー機であればトナーといった消耗品が搭載された動産が該当します。利用者の観点からみると、定期的に担当者がタンクやトナーの配送というサービスの提供がセットとなっていることが、日常的に使用するための大前提となっているため、物を売り切ってそれでおしまいというわけにはいきません。

　これらの動産については、アフターサービスなしでは、利用者が実質的な便益を享受できないこととなり、動産単体としては処分が困難となることが容易に想像されます。

４　対抗要件具備に係る実務上の制約

　担保物を担保として意味があるものとするためには、第三者に対し、取得した担保が自身に帰属するものであることを主張することができるということが大前提となります。その方法が第三者対抗要件の具備ということになりますが、その対抗要件の具備の手続が非常に煩雑になってしまうことで、融資実行後において担保物に対し継続的に対抗要件を具備することが実務上困難となるケースがあります。

　例えば、普通自動車[1]の対抗要件具備の方法は、自動車登録ファイルへの登録、または自動車抵当権の設定があり、これらによって第三者対抗要件

が具備されます。中古自動車販売業者等は、売買の目的として車両を保有していることから、一般的には短期間でその在庫内容が変化してしまいます。このような事業者に対しABLを検討する場合において、中古車の仕入れと販売の都度、登録や抵当権の変更を繰り返すことは、事業者および債権者にとって事務作業が膨大なものとなり、不可能ではありませんが、現実的には困難でしょう。

　この対応策として、SPC等を設立し、このSPCが在庫自動車の所有者となったうえで、債権者がABLレンダーだけになるような形でSPCの株式に質権を設定するという方法もありますが、実務レベルでは事業者のシステムを常に管理できる状態にする等、クリアしなければならないハードルも多く、またSPCの会計・税務等の処理も必要となるため、ある程度の融資規模がなければ管理コストを吸収できないという副次的な問題も存在します。

第2節 ｜ 担保評価の手法

　担保物の担保としての適格性を検証し、担保として十分に被担保債権が保全され得ると判断した場合、具体的な担保評価を行い、有事の際に担保物を処分した場合の想定回収可能額を算定します。そしてその回収可能額の範囲内で融資を行うことで、現実に被担保債権は保全された状態となります。

　この意味で、担保評価というプロセスは、ABLの根幹を為していると言っても過言ではないでしょう。

■ 在庫の担保評価

(1) 評価の種類

　動産評価により算出される価値とは、一体何を意味するのでしょうか。ABLレンダーが在庫を担保とする貸出に際して行う在庫評価は、評価対象在

---

1) 軽自動車は動産扱いとなり、動産譲渡登記が可能である。

庫のどういった価値を算出しているのでしょうか。

　今日、動産の評価に際しては、以下の3種類の価値を用いることが一般的であり、一口に動産評価と言っても、その目的や状況によって活用すべき価値が異なることから、正しい価値に基づいてABLの貸出額を決定することが、有事の際にABLレンダーを守ることになるのです。それでは、それぞれの価値の種類について詳しく見ていきましょう。

> ①　公正市場価値（FMV：Fair Market Value）
> ②　通常処分価値（OLV：Orderly Liquidation Value）
> ③　強制処分価値（FLV：Forced Liquidation Value）

①　公正市場価値（FMV：Fair Market Value）

　公正市場価値とは、自発的な買い手と自発的な売り手が、いずれも売買を強制されることなく、また双方があらゆる関連事実を十分に知ったうえで双方に公正に取引を行う場合に、対象資産に対し合理的に期待され得る予想価値を言います。また、公正市場価値の算出に際しては、どの程度の期間で換価をするかというような期間の概念は考慮されておらず、対象資産の換価時点において、上述の前提条件を満たしたうえで取引がなされた場合の価値となります。現実では買い手を探す時間が必要となりますが、そのような期間を一切考慮していない価値ということになります。

　公正市場価値の算出に際しては、ゴーイング・コンサーンを前提としていることから、流動資産である在庫であれば概ね簿価の水準となるケースが多くなります。ただし、不良品や滞留在庫等の存在が明らかとなっている場合は、それらの価値を減価して価値を算出します。評価の対象物が固定資産である機械設備のケースでは、公正市場価値は取得価格（購入時に支払った価格）や減価償却後の簿価ではなく、マーケット・バリュー、すなわち時価ということになります。

　近時、公正市場価値は、企業結合などの局面において、事業価値を算定する一環として、対象企業が有する流動資産や固定資産を評価する際に活用されています。

②　通常処分価値（OLV：Orderly Liquidation Value）

　通常処分価値とは、「合理的な期間内」に「秩序立った換価」を行った場

合の処分価格を意味します。通常処分価値の特徴は、ある一定期間（合理的な換価期間）において、評価対象物を換価した場合に、最終的に手元に残る金額を算出するという点になります。

　ある一定の換価期間を設け、換価を行う専門業者（プロフェッショナル）が活用可能なリソース（例えば、評価対象物を保有する企業の倉庫、店舗、システム、従業員等）を可能な範囲で最大限に活用し、換価を行った場合の価値となります。例えば、破産会社の在庫を破産管財人が処分する場合、それは通常処分価値とは言えません。換価プロフェッショナルが介在しておらず、物の実態的な価値を無視して、買い手は売り手である破産管財人の足許を見て相当なディスカウントを要求してくることが多いからです。換価プロフェッショナルの介在により、換価価値が飛躍的に向上することが、いくつかの実例により証明されています。

　OLVは、総換価額（Gross Orderly Liquidation Value）を経て、純換価額（Net Orderly Liquidation Value）となります。

③　強制処分価値（FLV：Forced Liquidation Value）

　強制処分価値とは、限られた期間内に強制的に処分を行った場合の処分価格をいいます。

　短期間で換価を完了させなければならず、いわゆる投げ売りの状態で換価する場合を想定して算出される価値であることから、公正市場価値、通常処

【図表2-4】純換価額の算出

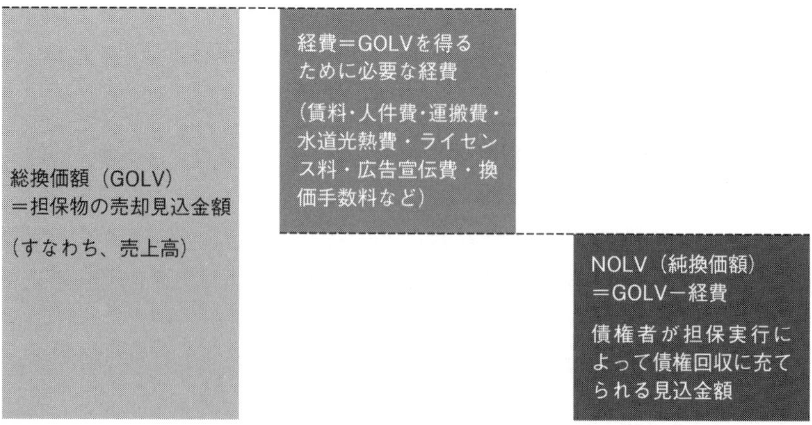

経費＝GOLVを得るために必要な経費

（賃料・人件費・運搬費・水道光熱費・ライセンス料・広告宣伝費・換価手数料など）

総換価額（GOLV）
＝担保物の売却見込金額

（すなわち、売上高）

NOLV（純換価額）
＝GOLV－経費

債権者が担保実行によって債権回収に充てられる見込金額

分価値と比較した場合、一般的に強制処分価値は最も低くなると考えられます。

　例えば、ある工場に大型の機械設備があり、3ヵ月あればエンドユーザーの買い手が見つかるような、一定の汎用性が認められる機械設備を換価する場合において、即座に担保目的物である機械設備を搬出しなければならないケースを考えてみましょう。

　限られた期間（数日から1週間程度）で換価することを考えた場合、一度工場から搬出して別の場所に移した後に買い手を探すか、中古業者に対し相応のディスカウントをして販売をしなければならないことが予想されます。機械設備の売却は現場渡しが一般的であり、買い手が搬出・輸送コストを考慮して買値を提示します。しかしながら、売り手がいったん搬出をしなければならない場合、そのコストは売り手負担となり、売却時のコストが二重に掛かってしまうことになります。機械設備の大きさにもよりますが、工場からの搬出・輸送コスト等で数百万円が必要となります。中古業者もすぐに買い手を見つけることができませんから、維持コストも考えた場合、相当のディスカウントが避けられなくなってしまいます。他方、買い手が工場の敷地からすぐに機械設備を搬出しなければならない状況では、売り手は買い手のディスカウントの要求を甘受せざるを得なくなってしまい、買い手が見つかるまでそのまま工場に置いておいて、十分な時間を使って買い手候補を複数募り、オークション等を経て換価するような場合と比較して、やはり相当の減価が避けられません。

　上記の例では機械設備を取り上げましたが、在庫についても同様のことがいえます。

(2)　ABLの担保評価に最も適した価値とは

　前項で紹介した評価の種類のうち、ABLレンダーが活用する価値として最も適当な価値が、通常処分価値（OLV）、とりわけ純換価額（NOLV）であると考えられます。

　ではなぜABLにおいて通常処分価値が適しているのでしょうか。以下では通常処分価値がどのように算出されるのか、またどういった点に特徴があるのかについて述べ、NOLVがABLに際して取得する担保物の評価に適してい

る理由について説明します。

　一般的にABLレンダーが担保権を行使して担保物を換価するということは、一義的には担保を提供している事業者が、当該担保物を活用して事業を営む場合は当該事業を、あるいは全在庫を担保提供している場合は事業全体を「清算する」ということに他なりません。実際にABLによる資金を回収する局面においては、少なくとも典型的なケースとしては、融資を受けた事業者が事業を継続できない状況に陥ってしまい、債権者がやむなく担保物を処分し、その処分により得られた対価を弁済に充当して回収するということを想定せざるを得ないからです。したがって、担保評価の場面においては、この清算価値をABLにおける融資金額の基準とすることが最も合理的であると考えられます。

　担保物の処分を行う目的が、被担保債権の回収額を最大化させることであることは言うまでもありません。したがって、「いかに換価処分により得られる対価の最大化を行うか」ということが重要となります。その意味で、事業者が事業を継続しつつ、第三者のスポンサーに事業譲渡等を行い、その代金から担保回収を図ることが、ABLレンダーの最大回収となるケースもあり得ます。しかしながら、担保評価の場面で想定すべき典型的なケースは、やはり上述のような、事業の清算を前提とする「資産」としての担保物の処分であると言わざるを得ません。

　このような「資産」としての担保物の換価処分においても、回収額を最大化させるためには、一括で換価を行うのではなく、合理的な期間を設定して相応の価格で担保物を換価することが必要となります。短期間で担保物を換価する場合、費用負担は限定的となりますが、一括で処分することとなるため、総換価額は必然的に小さくなってしまいます。

　他方、時間をかけて丁寧に換価を行う場合、総換価額は一括処分の場合と比較して大きくなりますが、経費負担は増加することとなります。期間の概念を取り入れることで、総換価額（GOLV）は増加するものの、経費が増加することにより純換価額（NOLV）が減少するという、反比例の関係が成立しています。これはすなわち、相当な長期間（例えば2年や3年）にわたって担保物の換価を行う場合、経費負担が大きくなってしまい、最終的に得られる純換価額が期待したほどに達しないという事象が発生してしまうことを

意味します。

　そこで、動産評価会社は、総換価額と経費の関係を考慮し、時間をかけても総換価額の増加に貢献しない担保物は、手間暇を掛けずに売却するなどのシナリオを立案し、総換価額と経費とのバランスにおいて、純換価額が最大化される最適点を検証し、純換価額を算出するのです。

　上記において言及した「合理的な期間の設定」が、回収局面における換価の実態に即していると考えられ、そして当該設定期間における換価に要する費用負担も織り込まれていることから、純資産額（NOLV）がABLに最も適した評価であるという所以となっています。

　また、ABLにより資金調達を行う事業者にとっては、自社の在庫という大事な資産を担保に供するのですから、より多くの資金を調達（または融資枠の確保）したいというニーズがあります。他方、ABLを提供する金融機関は、ABLを活用する局面において、前述のとおり、よりリスクを取らなければならない状況であることが多いため、保守的な担保評価を選好するということになりましょう。純資産額（NOLV）は、「合理的な期間を設定して換価処分を行った場合の処分価格」となることから、公正市場価値のような机上論でもなく、強制処分価値のような、合理的な期間を設けない「投げ売り」の処分価値でもありません。この点においても、最も実態に即した価値である純資産額（NOLV）こそが、ABLの評価として相応しいということになります。

⑶　在庫評価のロジック

　それでは具体的に、在庫の評価がどのような考え方に基づいて行われているのかを説明します。

①　商流の位置における在庫"簿価"は画一ではない

　物の価値というのは、同じ物であっても、商流の位置における"簿価"そのものが異なるということにはなかなか気が付きにくいかもしれません。各商流におけるそれぞれの事業者では、販売方法や仕入値が異なるため、「ある在庫の評価は、簿価の○％の水準となる」というような画一的な評価は適当ではありません。次頁図表 2 - 5 「商流の位置における在庫"簿価"の推移」をご覧ください。

【図表2−5】商流の位置における在庫"簿価"の推移

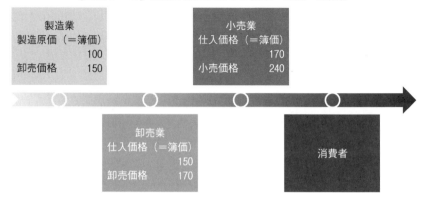

メーカー（製造業者）が生産し、保有している在庫は、消費者が小売店の店頭で購入するものと全く同じものです。しかしながら、各流通段階における事業者、そして消費者がそれを手にする値段は、すべて異なります。

在庫の評価においては、通常処分価値（OLV）に基づいて考えてみると、評価の対象となる在庫を保有する事業者が、通常の営業状態において有している販売チャネルを活用して換価した場合における換価金額（GOLV）と、換価プロセスにおいて要する経費を控除して純換価額（NOLV）を算出します。

例えば、メーカー（製造業者）が保有する在庫を換価する場合、仮に簿価を100として、通常150で販売しているならば、その販売価格で既存の取引先である卸売業者が引き取りに応じてくれる可能性が高いといえます。ただし物量が多くなればなるほど、買い手の保管コスト見合いのディスカウントに応じる必要も出てくるため、通常の営業状態で販売している価格では販売できないことも多くなります。また、破産や清算等、事業が継続されない状況にある事業者の在庫等の換価処分では、瑕疵担保特約（売買の対象物に瑕疵があった場合でも売り手はその責任を負わないことを規定する特約）を設定することが一般的となりますので、これについても通常の営業状態で販売している価格からのディスカウントを要求される一因となります。

② 担保評価において想定される換価手法

担保評価においては、換価額の最大化を達成すべく、事業者の業界、業態

および換価対象物の状況に応じた最適な換価手法を選択し、評価額を算出します。以下は換価手法を「卸売方式」と「店頭換価方式」の 2 つに大別しています。それぞれの方式から派生した換価手法が存在します。

ア　卸売方式（B to B）

換価対象物を相対で企業に対して売却する換価手法です。

特にメーカー（製造業者）、卸売業者等が在庫を保有するケースにおいては、既存販売先や同業他社等に対する売却が想定されます。物量が多い場合や、長期間にわたって換価を行うことができないようなケースにおいては、卸売方式が有効となります。他方、一括での売却となることから、オークション方式や店頭換価方式と比較した場合、換価額は低くなります。

買い手を募り、最高額落札者に対し売却を行うオークション方式も卸売方式の一つです。この方式は、落札したい買い手の間で競争が発生することから、ただ単純に相対で取引する純粋な卸売方式の場合と比較し、換価額は高くなることが見込まれます。

イ　店頭換価方式（B to C）

消費者に対し直接販売を行う手法（小売店舗・催事等を活用）です。

店頭換価方式では、直接消費者に対し販売を行うため、通常、換価額が最大となります（商流の位置における在庫"簿価"の推移のとおりです）。しかしながら、店舗利用料や人件費、店頭に在庫を供給するための物流費、それらを管理するための費用等、卸売方式では発生しない経費も相応に必要となります。そして何よりも、相対の卸売方式やオークション方式と比較し、処分できる物量が少なくなってしまうというデメリットが存在します。

店頭換価方式を採用する場合には、複数の店舗を活用しなければ、管理費用等（通常の営業時における本部経費に相当）が捻出できない可能性があります。そして、店舗において継続的に処分を行うことから、期間を経るに従ってディスカウントの幅を大きくしていく必要があり（この点、販売する物にも影響されます）、換価期間の終盤においては経費負けしてしまうことも珍しくありません。したがって、換価期間の設定とディスカウント率のコントロールが非常に重要となります。

小売業者に対して販売委託を行う「消化仕入方式」も店頭換価方式の派生形となります。小売業者は商品を預かり、販売を行います。商品が売れてい

ない段階では、商品の所有権は売主に帰属したままとなります。実際に商品が販売された後に初めて仕入れを行う取引形態であることから、消化仕入れと呼ばれます。小売業者にとっては在庫リスクを負うことなく、店頭の商品ラインナップを拡充することができます。小売業者の取り分は、販売を代行する手数料ということになります。この消化仕入方式は、大手小売業者と連携する、または小規模の小売業者多数と連携することで、大量の商品を一括で納品して販売を委託し、多数の店舗で換価対象の商品を展開してもらうことで、大量に換価できるという卸売方式のメリットと、消費者に販売することでより高い金額で換価ができるという店頭換価方式のメリットを兼ね備えることとなります。ただし、パートナーとなる小売業者が協力してくれること、すなわち小売業者にとっても物が売れなければ彼らの利益にもなりませんので、換価対象物が一定の認知度のあるブランドを冠した商品や、少し販売価格を下げれば間違いなく販売できるようなアイテムに限定されてしまうという制約があります。

③　**換価シナリオの策定**

　担保評価においては、担保物の換価について、換価シナリオを策定します。

　前項では換価手法を紹介しました。それらの換価手法を活用し、「誰が」「いつ」「何を」「誰に」「どのように」「どれだけ」「いくらで」換価を行うのかということを決定していきます。

「誰が」……担保評価においては、動産換価会社が行う前提とすることが合理的といえます。様々な担保物を処分した実績がある動産換価会社を活用することで、換価額の最大化につなげることが可能となります。評価の前提に止まらず、ABLを活用した融資実行の前段においても、万が一のケースに備え、そのような業者をバックアップサービサーとして用意しておくことが重要となります。

「いつ」……在庫の評価を行うに際しては、その評価の基準となる日を特定しなければなりません。もちろん、ABLの活用を検討する事業者は依然として事業を継続していますから、この換価期間の開始日と終了日について

は、仮説を置くこととなります。この換価期間の開始日の前日を「評価基準日」といい、実務上は直近の月末時点の在庫を換価処分した場合に、処分価格が果たしていくらになるのかという評価の基準時点とします。ここで留意しなければならないのは、季節によって担保物の価値が変わってしまうアパレル品等の評価を行う場合です。アパレル小売業では、秋冬物の在庫は 9 月から10月に増加していきます。仮に10月末を評価基準日とした場合、11月 1 日から換価期間の開始となりますので、換価シナリオ上においても、消費者に対し販売可能な季節であると考えられます。

　店頭換価方式であれば店舗の販売実績、卸売方式であれば既存取引先の毎月の購買量等をベースに、販売可能なキャパシティを算定し、販売に係るコストを勘案して、最適な在庫換価期間を導き出します。

「何を」……上記アパレル品の例では、夏物を冬季に販売した場合、満足な換価処分が行えるとは考えられません。したがって、季節外れのものは置いておき、今売らなければ売れないもの、今売ればより高く売れるものを優先して換価していかなければなりません。

「誰に」「どのように」「どれだけ」……トイレットペーパーを例に考えてみましょう。もちろん、新たなチャネル、例えばメーカーが保有している在庫を換価する際に、既存チャネルである卸売業者を中抜きし、直接小売業者に販売することが可能であるかもしれません。トイレットペーパーであれば、あるいは消費者に直接販売できるかもしれません。消耗品であることから、小売店で販売している値段より少しでも安い値段で販売するのであれば、ほぼ確実に販売できるでしょう。

　しかしながら、そういった換価処分の方法は机上の空論に過ぎません。メーカーが保有する物量を消費者に販売するには、どこで販売すればよいのでしょうか。また、小売業者も、特に大手でなければ物量を吸収できないことが容易に想像されますので、そうした場合、通常卸売業者がその機能を提供する、各店配送を行う等の条件を満たしており、メーカー自身はそういった機能や条件を備えていないかもしれません。

　上記の点を勘案した場合、普段から取引をしている卸売業者に対し換価

処分を行うことが妥当であり、より現実的であるといえるでしょう。

　また、「何を」で言及した季節外れのもの等については、その販売相手は通常、一括で買い受けてくれる相手（ディスカウンター等）となり、卸売方式を活用することとなるでしょう。

「いくらで」……担保提供を行う事業者が、既存の取引先または顧客に通常販売している価格を基準に、ディスカウント率を設定します。

　このように、在庫評価においては、具体的な換価処分のシナリオを策定し、換価額、すなわち在庫の評価率の算定を行っていきます。

❷　売掛債権の担保評価

　売掛債権の評価については、各金融機関において算定の方法が異なると思われますので、ここではその一例を紹介したいと思います。

　担保評価額は、以下の数式に基づいて算出します。評価率は、売掛先ごとに信用格付を振り、それぞれの格付に応じた評価率を売掛債権残高に乗じます。

> 担保評価額＝適格担保売掛債権残高[2]×評価率

　この方法とは別に、入金実績に基づく評価の方法などがあり、どの評価方法を採用するかは、レンダー次第ということになります。

---

[2]　担保対象とする売掛金から、譲渡禁止特約が付された売掛債権等の不適格担保売掛債権残高を差し引いた、担保として適格性があると認められる売掛債権の残高。

Column

《コラム》評価基準日の違いによる評価率自体の変化

　在庫や売掛債権等の流動資産を担保目的物とする場合、その性質上、日々の営業活動のサイクルの中で数量や中身が変化します。したがって、在庫・売掛債権を評価する「時点」によってその評価額が変化する可能性があります。これが故に、どの基準日を前提とする評価額であるのかを認識し、事業者の業況が悪化した際には評価自体の洗い替えを行うことが望ましいといえるでしょう。

　特に季節によって販売する物が変化するアパレル企業等の在庫は、有事の際の在庫処分時期によって在庫自体の簿価、また換価率が大きく変動する可能性が高く、少なくとも半期に一度程度の評価替えを行うことが推奨されます。

　例えば、アパレル小売業者が保有する在庫を評価するケースにおいて、評価基準日が10月末と 1 月末とではどのような差があるのでしょうか。アパレル小売業者が保有する10月末時点の在庫は、秋冬物を本格的に販売していく時期であることから、より多くの秋冬物在庫を保有しているものの、11月、12月と、販売可能な期間は十分にあります。それでは、評価基準日が 1 月末となるとどうなるのでしょうか。 1 月は、どの小売店でも初売り等のセールを開催しています。 1 月末を評価基準日とする場合、秋冬物をセールで買い込んだ消費者は、秋冬物に対する購買意欲は相当に低下していることが容易に想像されます。つまり、物が同じであれば、よりディスカウントを大きくしなければ換価することができず、結果として換価額（すなわち評価率）が減少することとなります。もちろん、在庫高の増減に対しては、定期的にボロイングベースを洗い替えることにより対応することが可能ですが、評価率自体の変化の問題に対応するためには、前記のとおり半期に一度、望ましくは 3 ヵ月に一度くらいを目安に在庫の評価率自体を洗い替えることが推奨されます。

第3節 | 担保評価に当たっての留意点

　本節で述べる留意点は、必須確認事項です。それらの確認事項は、担保評価額に直結することとなりますので、ABLレンダー自身が調査を行ったうえで、担保評価に反映させる必要があります。現在のABLの活用においては、特に評価に際しての変数が多い在庫の担保評価について、ABLレンダーがその評価の前提条件等について評価会社任せにしていることが多いように感じられます。しかしながら、それらの前提条件等が在庫評価、すなわちボロイングベースに及ぼす影響は甚大であることから、ABLレンダー自身が事業者の商流や在庫の特性等について把握し、評価会社が設定する前提条件の確からしさの検証に加え、換価シナリオについても事前によく理解しておくことは、ABLレンダーとしての責務と言っても過言ではないでしょう。

　融資実行後のモニタリングにおいては、定期的なボロイングベースの洗い替えが、最も重要な作業であることはすでに述べたとおりです。しかし、そもそもボロイングベースを算定する基礎となる数字が、担保として不適切な物である場合、正確にリスク（保全率）を測ることはできません。不適切な数字を用いているということに気付かぬうちに、非常に大きなリスクを取っている可能性もあります。

　ボロイングベースの算定については、まず担保対象資産である在庫や売掛債権から、担保としてみなすことができない資産を除外し、担保対象資産を算出します。担保としてみなすことができない資産を不適格担保資産といい、在庫であれば不良品や滞留在庫等、売掛債権であれば延滞債権や譲渡禁止債権、相殺対象債権等が該当します。これらの不適格担保資産は、融資の実行前にABLレンダーが任意に特定し、ボロイングベースの算定時に担保対象資産から控除します。不適格担保資産を控除した後の適格担保資産について、それぞれ評価率を乗じ、必要に応じて掛け目を乗じることでボロイングベースを算定します。

【図表2−6】ボロイングベースの算定方法

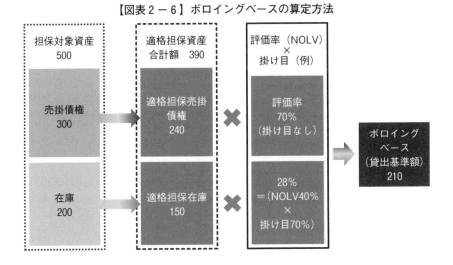

1　在庫担保評価における留意点

(1)　不適格担保在庫

以下の在庫については、①法的に担保権の効力が及ばない、②譲渡担保権に優先する権利が存在する、③担保価値があるとみなせない、ということから、不適格担保在庫として除外しなければなりません。

①　法的に担保権の効力が及ばない在庫

ア　委託在庫（第三者に預けている在庫）

委託在庫は、ABLの活用を検討する事業者が、事業者に所有権が帰属する在庫を、販売の委託等を目的として第三者（受託者）に預けている場合などに発生します。委託を行っているものの、所有権自体は事業者に帰属していることから、事業者の在庫の帳簿に計上されています。

事業者の所有物である以上は担保設定が可能であり、受託者における在庫所在場所も含めて登記を行うことで、対抗要件を具備することもできますが、担保権実行の局面において、担保物と受託者が所有する在庫を判別する必要があることから、受託者において明確な別置がなされているか、あるいは担保物と委託先の在庫が容易に判別できるかという点がポイントとなります。

　このような判別が困難である場合、実務上、ABLの契約当事者ではない受託者の管理方法を強制的に変更させることや、受託者が保管場所を変更することについて制約を課すことは困難であることから、不適格担保在庫として区分することが望ましいでしょう。

　委託在庫の物量（ないし在庫簿価）が担保物の大半を占めるなどのケースにおいてABLを実行する場合は、受託者の協力を得ることも検討しなければなりません。

　なお、このような販売委託と異なり、単なる保管目的で第三者の倉庫業者に在庫を預けている場合は、倉庫業者において寄託物を上記のような判別が可能な形で管理していることが多く、このような在庫は不適格担保在庫とする必要はないでしょう。

イ　預かり在庫（第三者から預かっている在庫）

　第三者の所有物である預かり在庫は、いうまでもなく事業者において譲渡担保権設定ができませんので、不適格担保在庫となります。

　預かり在庫が評価対象物に含まれており、事業者に所有権が帰属する在庫と預かり在庫（所有権は預けた第三者に帰属）が混在した状態で保管されている場合には留意が必要です。

　事業者の管理の都合上、預かり在庫自体が事業者の帳簿に計上されていることがあります。その場合、帳簿上で明確に区別されていなければなりません。そうでなければ、担保権の効力の及ばない預かり在庫まで担保物として評価をすることになってしまいます。

　基本的には、事業者が所有する在庫と預かり在庫を別置して保管していることが望ましいですが、小売業者等が預かり在庫を店頭に並べている場合、商品に付されているタグ等で判別可能かどうかが、重要なポイントとなります。

ウ　輸送途上の在庫

　輸送途上（空輸、海上輸送、陸送中等）の在庫については、在庫の所在場所を特定することができず、担保の範囲に含めることが困難です。事業者がどのように在庫を計上しているかについて、事前に確認をしておくことが肝要となります。

　在庫の仕入れについて、海外からの輸入を行っている場合、どのタイミン

グで在庫が計上されているかを確認します。事業者の倉庫等、登記対象場所での入庫時に在庫計上される場合は特に問題ありませんが、中には海外の工場等から出荷された段階で在庫として計上しているケースもあります。

在庫の評価は、ある一時点の在庫に基づくスナップショットであり、担保権の実行時にも在庫評価時と同様の状況であることはまずありません。海外から仕入れた在庫については、入庫後の計上、その後国内配送にて陸送が恒常的に発生する場合などには、常にどの程度の在庫が輸送途上となっているのかについて把握をしておき、例えば在庫全体の 3 ％程度が日常的に陸送中となっているのであれば、当該割合を適格担保在庫から除外するなどして対応をする必要があるでしょう。

②　譲渡担保権に優先する権利が存在する在庫

ア　所有権留保在庫

売買取引において、売主が買主から売買目的物の代金を受領するまでは、当該目的物の所有権を売主に留保することを、「所有権留保」といいます。

ABLの活用を検討する事業者と仕入先との間で、仕入先が当該事業者に対して販売する動産について、所有権留保を設定している場合があります。

ABLにおいては、事業者の在庫を担保物としますので、在庫自体の所有権が事業者に帰属していなければなりません。事業者の販売に係る契約については、所有権留保条項を特に気にする必要はありませんが、当該在庫に設定される集合動産譲渡担保権は所有権留保に劣後してしまうことから、特に注意が必要です。

所有権留保は、事業者と仕入先との間の売買基本契約書等の契約において確認可能ですので、仕入れに係る契約書を確認する必要があります。所有権留保条項が設定されている契約を仕入先と締結している場合は、当該仕入先から仕入れた在庫を不適格担保在庫としなければなりません。所有権留保対象動産が担保物に含まれる場合、所有権留保対象動産とそれ以外の動産について、品目、数量、簿価等の情報を明確に区別して把握しなければ、正確な担保評価を行うことは困難となります。また、それらが混在して保管されている場合、担保実行ができなくなるリスクが存在する（執行官において執行対象の動産とそれ以外の動産を現場で区別できないため）ことから、担保権実行時の実務上のリスクについて、事前に対処しておかなければなりませ

ん。

イ　L／C（銀行ユーザンス）を活用した輸入在庫

銀行ユーザンス（輸入者が一定期間支払い猶予を得る輸入金融の方式）を活用して輸入された在庫は、事業者が輸入地で貨物を引き取る際、荷為替手形決済の完了前に引き取りを行うこととなります。事業者は、貨物引き取りに必要となる船積書類を銀行から借り受けるために、輸入貨物担保保管証（トラストレシート）を差し入れます。このトラストレシートは銀行に対して差し入れられますが、トラストレシートには、荷為替手形の決済が完了するまでは、銀行に当該引き取り対象在庫の所有権が帰属し、譲渡担保として提供されることが明記されています。この場合、占有改定等で対抗要件が備えられていると、当該銀行の譲渡担保権は後から設定されたABLレンダーの譲渡担保権に優先することとなります。

事業者がABLを活用する際の担保提供について、取引金融機関に対し承諾を得ることが推奨されるということは前述のとおりですが、自身の銀行ユーザンスを活用して輸入された在庫の存在に気が付いていない場合もありますので、念のためこれについても個別に確認を行うべきでしょう。

③　担保価値があるとみなせない・担保価値が低い在庫

ア　担保提供禁止在庫

担保提供禁止在庫は、契約により担保提供が禁止ないし制限されている在庫です。

ショッピングモールや百貨店等の商業施設が、小売店を出店する事業者に対し、商業施設と事業者の間で締結する契約書において、当該商業施設内に所在する事業者の在庫について、事業者が第三者に対し担保として提供することを禁止する場合が典型です。

この場合、債権譲渡禁止特約の場合と異なり、契約の効力を第三者である担保権者に主張し得るものではないと考えられますが、少なくとも出店契約に違反したものとして事業者が契約を解除され、出店を継続できなくなるリスクがありますので、担保取得は控えることになります。したがって、このような在庫は、担保評価に際しては、不適格担保在庫とする必要があります。

この担保提供禁止条項は、特に百貨店等と事業者の間の消化仕入契約にお

いて多くみられますので、百貨店に出店する事業者に対しABLを検討する場合は、必ず契約書の原本を確認することが推奨されます。

イ　不良品・サンプル品

不良品やサンプル品は、換価に際して、値付けが著しく低くなることから、実務上では不適格担保在庫として扱います。

事業者が帳簿上で不良品やサンプル品を明確に区別している場合には、それらを適格担保在庫から除外します。区別して管理されていない場合には、管理方法について事業者に対しヒアリングを行い、実地調査において確認することでその水準を把握し、適当な割合を適格担保在庫から除外する等の対応が考えられます。

ウ　滞留在庫

滞留在庫（ただし、滞留の定義は在庫の特性によりますので、実態に即した判断が必要となります）が存在する場合には、当該在庫の換価価値を低く見積もる必要があるでしょう。

滞留在庫の存在を把握するためには、事業者が仕入日を管理していることが必須となりますが、仕入日の管理を行っていない事業者であっても、過去の在庫データとの比較や売上データを活用することにより判別が可能となります。

在庫の評価を専門とする評価会社等では、一定のデータがあれば滞留在庫の判別も可能ですので、評価会社の分析結果を活用することも一つの方法でしょう。

通常、在庫評価において、滞留在庫は適格担保在庫に含まれますが（ただし、その評価率は相当に低いものとなることが一般的です）、価値がないと判断される場合には適格担保在庫から除外して評価を行うことも検討すべきであると考えられます。

(2)　在庫担保評価において留意すべき事項

①　在庫の評価方法

事業者における在庫の評価方法は、担保物となる在庫の評価に大きな影響を与える可能性があり、ABLの初期検討段階で必ず確認をしておく必要があります。一般的な評価方法は図表 2 - 7 に示される 4 つがありますが、特

【図表2－7】棚卸資産の評価に関する会計基準

個別法：取得原価の異なる棚卸資産を区別して記録し、その個々の実際原価によって期末棚卸資産の価額を算定する方法。個別性が強い棚卸資産の評価に適する。
先入先出法：最も古く取得されたものから順次払出しが行われ、期末棚卸資産は最も新しく取得されたものからなるとみなして期末棚卸資産の価額を算定する方法。
平均原価法：取得した棚卸資産の平均原価を算出し、この平均原価によって期末棚卸資産の価額を算定する方法。なお、平均原価は、総平均法または移動平均法によって算出する。
売価還元法：値入率等の類似性に基づく棚卸資産のグループごとの期末の売価合計額に、原価率を乗じて求めた金額を期末棚卸資産の価額とする方法。取扱品種の極めて多い小売業等の業種における棚卸資産の評価に用いられる。

（出所）企業会計基準委員会「企業会計基準第9号 改正平成20年9月26日」を一部加工。
https://www.asb.or.jp/asb/asb_j/documents/docs/tanaoroshi/tanaoroshi.pdf

に、売価還元法では個別の在庫の簿価を把握することができません。

② 原価に原価以外の経費等が含まれているケース

　在庫の簿価（原価）に物それ自体の製造原価以外の経費が含まれている場合があります。このようなケースにおいては、実際の物の価値以上に簿価が高く計上されていることとなるため、事業者が管理を行う資料等によって、経費等加算前の簿価を把握し、これを在庫評価の基礎とすべきでしょう。

③ 在庫の評価替え

　事業者が在庫の評価を定期的に洗い替えている場合があります。この評価替えは、主に滞留在庫について行われる場合が多く、「仕入れから1年が経過した在庫は簿価の半額」等、事業者が個別に作成したルールによります。まずは事業者に評価替えのルールを確認し、評価替えのルールが存在する場合には、その運用が適切に行われているかをチェックする必要があります。

　ルールの運用が適切に行われている場合、通常はより保守的な簿価となることから、評価に大きな影響はありませんが、一般的に、在庫の評価替えを行うと、棚卸評価額を計上することが多く、損益にマイナスの影響を与えることから、ルールは存在するものの、その運用がおざなりになっているケー

スも見られます。

　過去の在庫データや売上データから在庫の経年を把握し、事業者のルール
に基づけば、評価替えがなされなければならない在庫についてルールが適用
されていない場合には、滞留在庫として扱い、在庫の評価においてこれを勘
案すべきでしょう。

④　**在庫棚卸ロス率**

　一般的に、事業者は定期的に在庫の棚卸を行っています。帳簿上の数字と
実在する在庫の数字が異なる場合、特に実在する在庫が少ない場合に、その
差異を「棚卸ロス率」と定義します。

　担保評価の局面においても、過去の棚卸ロス率の実績に基づき、実在する
在庫は帳簿上の在庫よりも少ないものと仮定し、担保評価額を調整すること
が望ましいと考えられます。

⑤　**ライセンスの利用**

　事業者が有する在庫にブランドやキャラクター等のライセンスを利用した
商品が含まれている場合、以下の 3 点に留意しなければなりません。

　ア　**担保提供禁止条項**

　ライセンス契約の内容を確認し、第一に、ライセンシーである事業者が在
庫商品を担保として供することが可能かどうかを確認する必要があります。
担保提供が禁止されている場合、少なくともライセンス契約に反して担保提
供された商品について、ライセンスの利用を前提とした担保権実行は困難と
なりますし、事業者が契約違反を理由にライセンス契約を解除される可能性
があります。

　イ　**販売制限**

　担保提供が可能であっても、ライセンサーがブランドやキャラクターのイ
メージ毀損を回避するために、販売制限（ディスカウント率の制限等）を設
定していることがあります。この販売制限条項が設定されている場合、担保
権実行時の換価局面において、ディスカウントによる販売が制限される可能
性があります。

　ウ　**ライセンス料**

　ブランドやキャラクターのライセンス利用のためにはライセンス料を支払
う必要があります。このライセンス料の支払い形態は様々ですが、固定部分

に加えて、販売金額に応じて徴収される契約形態もあり、この場合、換価局面においてもこれを考慮する必要があります。

　例えば、事業者が破産に至った場合、ライセンス契約に基づくライセンシーの地位は、破産管財人に引き継がれることとなります。そのため、別除権協定を締結して在庫を換価する場合にも、破産管財人とライセンサーとの間の交渉が介在することとなり、スムーズに換価の実行ができない可能性があることを認識しておく必要があります。

⑥　小売業者のポイント制度

　小売業者に対するABLの担保評価においては、換価の局面において、小売業者が運営する小売店舗を活用して換価を行うことを想定します。第2節で述べたとおり、小売店舗を活用した換価が、換価額の最大化につながると考えるためです。

　特に多店舗展開を行う小売業者においては、ポイント制度を導入している事業者も多数存在します。そのような小売業者に対しABLの活用を検討する際には、事業者が将来負うべき債務としてのポイント残高に留意し、一定程度のポイントは換価時に使用される前提で担保評価を行うことが望ましいといえます。

2　売掛債権担保評価における留意点

(1)　担保権の効力が及ばない売掛債権

①　譲渡禁止特約付売掛債権

　事業者の販売先に対する売掛債権について、販売先がその譲渡を禁止している場合があります。事業者と販売先との間の取引基本契約等において、譲渡禁止特約が設定されている場合、この特約の効力は、その存在を知り、または重大な過失により知らなかった（つまり、悪意重過失の）ABLレンダーにも対抗できます。すなわち、たとえ譲渡および譲渡に伴う債権譲渡登記が行われたとしても、譲渡担保権の効力が及ばなくなってしまいます。

　特に、販売先が大手企業の場合に譲渡禁止特約が設定されていることが多くなっています。また、小売業者はクレジットカードによる売上が多く、売掛債権にはクレジットカード会社宛ての債権が多く含まれています。基本的

に、クレジットカード会社宛ての債権については、譲渡禁止特約が設定されていると考えた方がよいでしょう。

　譲渡禁止特約の有無は、販売先との取引基本契約書、クレジットカード会社との契約書等により確認をすることが可能ですので、事業者に対し契約書原本の提示を求めて確認することが必須となります。

　販売先から譲渡禁止特約を解除する旨の承諾を得ることで、担保として活用することは可能となります。信頼関係が構築されている、または戦略的に支援の意思を示している等の販売先に対しては、譲渡禁止特約を外すことについて打診をしてみる価値はあると思われます。しかしながら、そういった販売先ではない場合、打診それ自体によって、継続的な商品調達を危惧する販売先が取引を縮小する等の行動を起こすことも考えられ、結果として、事業者の信用毀損につながる可能性もあることから、細心の注意を払う必要があるでしょう。

イ　ファクタリング債権

　事業者が有する売掛債権について、事業者がすでにファクタリングを利用している（ファクタリング会社や金融機関等に譲渡している）場合には、当該売掛債権はすでに譲渡されている債権となるため、適格担保売掛債権から除外する必要があります。

⑵　担保価値があるとみなせない売掛債権等

①　延滞債権・破産債権等

　回収が遅れている債権、また販売先が破産に移行し回収不能となっている債権等、回収が困難とみられる売掛債権については、これを適格担保売掛債権から除外します。

　回収が困難な債権について、事業者からの申し出がない場合、事業者から過去12～24ヵ月分の月次販売先別売掛債権残高等を入手し、毎月の売掛債権残高が変動していない売掛債権があるかどうか確認します。存在する場合、それらの債権は延滞債権や回収不能債権である可能性が高いといえます。

②　関係会社宛て債権の有無

　ABL を提供する事業者が債務不履行を起こした場合、当該事業者の関係会社も連鎖的に倒産し、関係会社に対する債権の回収が困難となることが予想

されます。したがって、関係会社宛ての売掛債権については適格担保売掛債権から除外する必要があります。

③　反対債権

　事業者が売掛債権を有する販売先に対し、買掛債務や前受金の受領等に基づく債務を負っている場合、回収局面においては、販売先が売掛債権（販売先にとっては買掛債務）から反対債権を相殺する可能性があります。ABLにおいては、売掛債権に対する譲渡担保権の設定について、販売先に対する債務者対抗要件までは当初は備えないことが通常です。この場合、債務者対抗要件の具備時（通常は担保権実行時）までに反対債権が取得されていれば、相殺による対抗を受け得ることになります。

　反対債権については、買掛金明細、その他の債務明細を徴求し、売掛債権残高一覧表等と照合し、同一の先が無いかを確認します。

　この他、取引形態によっても反対債権ないしこれと実質的に同等の扱いを要する項目があり、確認を要します。

> ・販売先による値引き・請求時値引、歩引、手数料等
> ・販売先に対するリベート支払い（売掛金と相殺されることが多い）

④　返品条件付販売

　業界によっては、いつでも返品を受けることを条件に販売する「返品条件付販売」という販売方式が存在するため、買い戻し条件の有無を取引基本契約上で確認する必要があります。

　例えば、出版業界においては、出版社と取次店の間で、取次店が出版社に対して自由に返品可能となっている場合が多く、返品代金として、発生している売掛債権と相殺をすることにより清算を行うため、想定される返品額に相当する売掛債権は適格担保売掛債権とみなすことができないといったケースがあります。

❸　機械設備の担保評価における留意点

(1)　リース物件・割賦取引物件

　リース物件については、物件自体の所有権がリース会社等に帰属し、割賦

取引物件については、物件の所有権が相手方に留保されているため、これらの物件は、事業者だけの意思で譲渡を行うことができません。悪意のある事業者が、リース物件であることを隠匿して担保提供を行うケースもありますので、ABLレンダーとしては、財務諸表や固定資産台帳を確認し、また現物を実査してリース物件であることを示すシール等が貼付されていないか確かめることにより、担保提供を受ける物件がリース物件かどうかを確認する必要があります。

　リース会社等がリースを組成する際に、譲渡担保としてリース物件以外の物件について担保提供を受けるケースもありますので、留意が必要です。

(2)　工場財団

　事業者が工場財団を組成し、工場全体を担保として提供している場合、財団に帰属する設備は第三者のために譲渡担保権を設定することができません（工場抵当法13条 2 項）。ただし、財団組成後に取得した設備で、工場財団に掲載されていない設備については、担保物として担保提供を受けることが可能たり得ます。

(3)　工場抵当

　工場財団を組成するまでには至らないケースにおいても、工場の不動産を担保提供した場合、工場抵当法 2 条 1 項により、工場に所在する機械設備に対し抵当権の効力が及ぶこととなります。

　工場抵当法 3 条により、抵当権の対象となる機械設備を目録に記載することで対抗要件を得るとされています。登記事項証明書には、この目録までは記載されないことから、事業者に対し目録の提出を要請し、確認を行うことが必須となります。

(4)　公共機関からの補助金等を活用して購入された資産

　事業者が、国や地方公共団体から補助金を受けて購入した機械設備等の資産を担保提供する場合、譲渡そのものが禁止されているケースや、譲渡に際して補助金の返還を要するケースがあります。

４　車両等の担保評価における留意点

　独自の登録制度を有する自動車、航空機、建設機械、船舶等は、動産譲渡登記制度では登記を行うことができません。

　ABLにおいて多くの活用が想定される自動車についての第三者対抗要件具備方法には、以下の2つの方法があります。

(1)　譲渡担保権設定および自動車登録ファイルへの移転登録

　所有者を担保権者（ABLレンダー）、使用者を担保権設定者（事業者）として移転登録（いわゆる名義変更）を行います。

(2)　自動車抵当法に基づく抵当権の設定

　陸運局に申請を行います。現在はあまり用いられていないようです。

　乗用車については、抵当権が設定されているケースは稀ですが、事業用資産として活用されるトラック等の車両については、トラック等を販売するメーカーやディーラーにより抵当権等が設定されているケースも考えられます。上記(1)の方法による担保提供、対抗要件具備については、車検証の記載事項による確認が可能ですが、(2)の方法については、車検証には記載がなされないため、車検証とは別に登録事項等証明書を取得して確認しなければなりません。

　また、別の問題として、ABLレンダーに対する譲渡担保として移転登録（名義変更）を行う際、自動車取得税を支払わなければならない可能性があります。実務では、譲渡担保権設定契約書の写しを陸運局に対する申請と同時に提出し、当該譲渡があくまでも担保である旨の説明を行うことにより、自動車取得税の課税を回避できる可能性があります。しかしながら、各地域の陸運局により運用が異なるため、事業者の所在地を管轄する陸運局に対し、事前に確認をしておいた方がよいでしょう。

5 担保全体に優先する債権の存在

(1) 公租公課

　事業者が公租公課について法定納期限までに納付しておらず、滞納している公租公課の法定納期限が譲渡担保権の対抗要件具備の日より先である場合、ABL の担保物について、公租公課が譲渡担保権に優先します（国税徴収法24条 8 項参照）。延滞を確認した場合には、実務上、当該延滞金額をボロイングベースから差し引く等により対応することが多くなっています。次に示す公租公課の納付状況については、事業者に対し納付書・領収済証等の原本の提示を依頼し、確認することが推奨されます。

> ・所得税
> ・社会保険料（厚生年金・厚生年金基金・健康保険料）
> ・労働保険料
> ・消費税
> ・法人税（事業税・住民税・地方税）
> ・固定資産税

(2) 労働債権

　給与や退職金の未払いがある場合、法的整理において優先債権となります。当該債権は担保物について担保権者に優先するものではありませんが、換価等に当たり従業員の協力が必要となることも想定され、このような場合には未払労働債権を回収に優先して支払う必要が生じ得ます。このことから、給与の支払いがなされているか、退職金の未払いがないかなどについて確認する必要があります。

　実務においては、未払いが発生している場合には、当該未払い金額について、保守的にボロイングベースから控除する等の対応を行います。

第 3 章
ABLの契約と留意点

第1節 | 集合動産譲渡担保契約

1 集合物の特徴

(1) 事業サイクルとABL

典型的なABLの対象となるような事業は、単純にいえば、日々、新たに原材料が仕入れられ、加工され、半製品、製品、在庫となり、在庫、製品は顧客に売却されて、製品は売掛債権（売買代金）に代わり、売掛債権はその後回収され、現金となり、それを原資として再び原料が仕入れられる…というサイクルの中で行われています。

このような「現金→物→債権→現金」という循環の中で、在庫商品や製品、売掛債権、預金などのポイントごとに担保価値を把握して、その範囲内で貸付を行うのが理想的なABLです。

したがって、ABLでは、日々流動的に変化していく在庫や売掛債権などの集団的な価値を把握するため、継続的にモニタリングして、必要に応じて追加での担保取得や担保実行ができるようにしておく必要があります。

(2) 集合動産譲渡担保
① 譲渡担保権とは

担保権設定者が所有する在庫動産、半製品、製品、原材料などの集合物に担保権を設定する場合、通常、譲渡担保権が設定されます。

譲渡担保権は、その内容を定めた法律の規定がない非典型担保ですが、判例上も認められているものです[3]。

譲渡担保権は、法形式的には、担保権設定者から担保権者に担保目的物の

所有権が移転するものの、担保権設定者は、譲渡担保権が設定された担保目的物を利用することができ、債務の弁済を行えば所有権が返還されることになります。

譲渡担保権の被担保債務が弁済されない場合、担保権者は、第三者に担保目的物を処分して処分代わり金を債務に充当後、余剰金（清算金）があればそれを担保権設定者に返還する処分清算方式か、自らが買い取り、債務の弁済に充当後、余剰金（清算金）を設定者に返還する帰属清算方式によって、譲渡担保権を実行することになります。

② 譲渡担保権の対象範囲の特定

譲渡担保権も物権である以上、担保設定を行うためには対象となる目的物が特定される必要があります。

譲渡担保権の対象である動産が集合物である場合、かつては担保の対象となるのは、集合物を構成する個々の動産なのか、集合物としての動産なのかについて、争いがありましたが、現在は集合物としての動産に対して譲渡担保権を設定できると考えられています。

もっとも、集合物は、その構成部分が日々入れ替わるため、その範囲の特定が必要であり、実務上、①種類、②所在場所、③量的範囲でその特定を行うこととなります[4]。

したがって、担保権設定契約書上も、譲渡担保権の範囲が明らかになるように、対象となる目的物の種類、所在場所、量的範囲を明らかにしておく必要があります。

譲渡担保権の設定、その対象範囲の特定に関する条項例としては、次のようなものが考えられます。

3）最判昭和46・3・25民集25巻2号208頁、最判昭和57・9・28集民137号255頁。
4）最判昭和54・2・15民集33巻1号51頁、最判昭和62・11・10民集41巻8号1559頁。

《条項例》

　担保権設定者は、本債務の履行を担保するため、下記動産の上に担保権者のために譲渡担保権を設定する。

記

① 種　　　類　　別紙○記載のとおり（第○項に基づき追加で担保に供された種類を含み、以下「本件種類」という。）

② 所在場所　　別紙○記載のとおり（第○項に基づき追加で担保に供された保管場所を含み、以下「本件保管場所」という。）

③ 数　　　量　　本件保管場所の本件種類の在庫商品全て

種類及び所在場所の別紙の例は、次のとおりです。

《条項例》

対象動産目録

　以下の所在場所に存する以下の種類の物件一切、及び今後同所に搬入される同種の物件一切。

１．種類
　宝飾品の完成品、原材料等の商品在庫一式

２．所在場所

	店舗名	住所
1	○○ビル	東京都○○区……
2	○○本店	大阪市○○区……

③　特定方法の留意点

ア　種類

　この点、特定方法としての種類に関しては、具体的な指定があれば問題はないのですが、ある程度の包括的指定であっても、それが所在場所、量的範囲の指定と相まって担保の目的物が特定されるのであれば、許容されるもの

と考えられています[5]。

　例えば、判例は、対象となる動産の種類および量的範囲を「普通棒鋼、異形棒鋼等一切の在庫商品」とし、所在場所を設定者の「第一ないし第四倉庫内及び同敷地・ヤード内」とした契約については、一個の集合物として特定されていると認めています[6]。

　動産及び債権の譲渡の対抗要件に関する民法の特例等に関する法律（動産債権譲渡特例法）においても、譲渡に係る動産を特定する方法として、①動産の特質によって特定する方法、②動産の所在によって特定する方法の 2 種類を設けていますが（動産債権譲渡特例法 7 条 2 項 5 号、動産債権譲渡登記規則 8 条 1 項）、集合動産を特定する場合は、動産の種類と動産の保管場所の所在地によって特定されることとなると思われます（動産債権譲渡登記規則 8 条 1 項 2 号）。

　なお、動産の種類とは、動産の性質・形態など共通の点を持つものごとに分けたそれぞれの類型をいいますが、動産の種類は千差万別なので、明確かつ一義的な基準が存在せず、ある程度の幅のある特定の仕方でもやむを得ないとされています[7]。もっとも、「在庫品、貯蔵品、加工品」といった表記は包括的であり、動産債権譲渡特例法に基づく動産の種類の登記としては適当ではないとする考えもあります[8]。

　なお、動産の特質によって特定する場合の「特質」とは、動産の種類、または製造番号などの動産の記号、番号、その他同種類の他の物と識別するために必要な特質とされています。

イ　所在場所

　譲渡担保権の対象物が種類、所在場所、量的範囲で特定されるということは、逆にいえば、当該種類、所在場所、量的範囲以外の物は、譲渡担保権の対象にはならないこととなります。

---

5 ）昭和62年最高裁判所判例解説（民事）661頁。

6 ）最判昭和62・11・10民集41巻 8 号1559頁。

7 ）植垣勝裕・小川秀樹編著『一問一答動産・債権譲渡特例法（三訂版補訂）』（商事法務）77頁。

8 ）伊藤隆『動産・債権譲渡登記　手続の実務対応Q＆A』（金融財政事情研究会）128頁。この場合は「パソコンの在庫品、からし明太子の貯蔵品、木材の加工品」などであれば、範囲が特定されていると考えられているようである。

　この点、判例は、「譲渡担保権設定者には、その通常の営業の範囲内で、譲渡担保の目的物を構成する動産を処分する権限が付与されており、この権限内でされた処分の相手方は、当該動産について、譲渡担保の拘束を受けることなく確定的に所有権を取得することができ」、他方で「通常の営業の範囲を超える売却処分をした場合、…譲渡担保契約に定められた保管場所から搬出されるなどして当該譲渡担保の目的である集合物から離脱したと認められる場合でない限り、当該処分の相手方は目的物の所有権を取得することはできない」と判示しています[9]。

　したがって、例えば、担保権設定者が対象になる種類の在庫動産を指定された場所以外の場所に搬出する場合は、当該在庫動産に担保権の効力が及ばなくなることがあり得ますので、担保契約上、担保権設定者の誓約事項として、担保権者の事前の承諾なく、指定する所在場所以外において対象動産を保管することを禁止し、さらに、担保権者が有する保管候補となる場所が把握できる場合には、担保契約における「対象動産の所在場所」にできる限り含めておくことが望ましいといえるでしょう。

　また、譲渡担保権設定後に、対象となる集合動産の種類や所在場所に追加があった場合は、追加された種類の集合動産や追加された場所にある集合動産も譲渡担保権の対象となることを、担保契約に記載しておくべきと思われます。

　なお、ある保管場所に保管されている担保の目的物がそれ自体として譲渡担保権の対象とされていない他の動産と区別できる場合は問題となりませんが、同じ保管場所に他の種類の在庫動産を保管している場合、実際の担保権実行の際、対象となる在庫動産とそれ以外の在庫動産とを区別できなくなり、担保権実行に支障が生じるおそれがありますので、平常時から、対象となる在庫動産とそれ以外の在庫動産との分別保管等の義務を課しておくことが考えられます。

　条項例としては、次のようなものが考えられます。

---

9 ）最判平成18・7・20民集60巻 6 号2499頁。

《条項例》

　担保権設定者は、本件保管場所において、対象動産を他の物と明確に区別し、対象動産に譲渡担保権が設定されていることを合理的な方法により表示しなければならない。

　上記の条項例の「合理的な方法」の例としては、対象となる在庫動産以外の在庫動産を別の場所で保管する、対象となる在庫動産にシールを貼付する、等が考えられます。

　ウ　量的範囲による特定

　ある所在場所に保管されている物の全部が担保に供されている場合は、当該所在場所により担保目的物の範囲が区画されている以上、量的範囲という点で特定性に欠けることはないものと思われますが、保管物の一部が割合や量で担保に供されたとしても、その一部がどれなのかを特定できないと判断される可能性があります。

　判例は、担保権設定者が第三者の倉庫に寄託した食用乾燥ネギフレーク44トン303キログラムのうち28トンについて譲渡担保権を設定したという事例について、特定性を欠くとしています[10]。これは、44トンのうちどの部分が集合物を構成しているかが不明であるためと思われます。

　他方、例えば同じケースで「第1倉庫内の○○のうち3分の1」というような特定方法であった場合に、特定性は認められるでしょうか。この点については見解が分かれており、「第1倉庫内にある○○の3分の1」ではどの部分が3分の1か判然としないため特定性を欠くという見解[11]と、このような記載でも特定性は認められ、3分の1の持分について譲渡担保権を設定したことになる（設定者との共有になる）とする見解もあります[12]。実務的には、可能な限り、疑義がある特定方法は避けた方がよいと思われます。

④　対抗要件の具備方法

　譲渡担保権も担保権である以上、設定行為のほかに対抗要件を取得してお

10）最判昭和54・2・15民集33巻1号51頁。
11）前掲昭和62年最高裁判所判例解説（民事）671頁。
12）道垣内弘人『担保物権法［第3版］』（有斐閣）332頁。

かなければ、その効力を第三者に主張できません。

　譲渡担保権の担保対象物が動産である場合は、動産の引渡し（民法178条）を受けることが対抗要件となります[13]。

　もっとも、譲渡担保権は、設定者に対象物の利用を許しておくことに特徴があり、また、ABLにおいては、譲渡担保権の対象となる在庫動産は、通常の事業活動の範囲内でその構成物が入れ替わり、債務者によって販売されていくことを前提としている以上、現実の占有は設定者である債務者の下に維持されることが通常です。

　そのため集合動産譲渡担保契約における対抗要件の引渡しとしては、占有改定（民法183条）による引渡しが用いられることになります。

　そして、占有改定による引渡しは、代理人（譲渡担保権設定者）が自己の占有物を本人（譲渡担保権者）のために占有する意思を表示する必要がありますので、当該意思表示を通知書等で証拠化しておく必要があります。

　通知書の例としては、後記第 2 部第 4 章の書式例 4 をご参照ください。

　なお、対抗要件を具備していたとしても、仮に債務者が破産した場合や二重に譲渡担保権が設定されていた場合には、対抗要件具備の先後によって、その優先性・有効性が決定されることになります。

　また、国税徴収法24条によると、債務者が国税を滞納した場合、債務者の財産について滞納処分を執行してもなお徴収すべき国税に不足するときは、譲渡担保財産から納税者の国税を徴収することができるとされています（同条 1 項）。これを譲渡担保権者の物的納税責任といいますが、国税の法定納期限等以前に譲渡担保財産となっている場合は、この規定は適用されません（同条 8 項）。そして、国税の法定納期限等の以前に譲渡担保財産となっていることは、公正証書や確定日付等で証明することとされています（同項による国税徴収法15条 2 項後段、 3 項の準用）。

　したがって、集合動産譲渡担保権の対抗要件を取得したことを証明するために、占有改定に関する通知書には、公証人による確定日付をとっておくことが望ましいものと思われます。そこで実務上、通知書には確定日付の欄を設けています。

---

13) 最判昭和30・ 6 ・ 2 民集 9 巻 7 号855頁、最判昭和62・11・10民集41巻 8 号1559頁。

　また、動産債権譲渡特例法3条によれば、動産譲渡登記ファイルに譲渡の登記をすることにより、民法178条の引渡しがあったものとみなされます。実務上は、民法上の引渡しに加えて動産譲渡登記を併用することが多いと思われます。

　なお、集合動産は、その構成物が入れ替わることが前提とされていますので、対抗要件を具備した後に構成部分が変動しても、集合物としての同一性が失われない限りは、対抗力は新たに構成部分になった動産を含む集合物に及ぶものとされています[14]。

❷　担保実行と固定化

(1)　固定化とは

　集合動産は構成物が変動することに特徴がありますが、担保権の実行により譲渡担保権者が担保対象動産の完全な所有権ないし処分権限を取得するためには、その前提として対象となる動産が具体的に特定される必要があります。これを固定化といいます。固定化された後は、集合動産譲渡担保権は個別動産譲渡担保権と同じになり、固定時以降に同じ種類の動産が保管場所に流入しても、当該動産は担保目的物とはなりませんし、他方で、担保権設定者に対して通常の営業の範囲内で認められていた処分権は、否定されることとなります。

　一般的に、固定化が生ずる原因としては、①担保権実行、②担保権設定者の倒産手続の開始、③担保契約で定められた事由が考えられます。もっとも②については、民事再生や会社更生などの再建手続の場合に、担保対象物である在庫が当然に固定化されてしまうとすると、再建や事業継続が難しくなるため、これに反対する見解もあり、実務においては当然に固定化するものではないとの理解に従って処理される場合が多いように思われます。

　担保権実行による固定化の具体的な手続としては、債務不履行があった後、譲渡担保権を実行する旨の通知を担保権設定者に発することになります。

14）最判昭和62・11・10民集41巻8号1559頁。

　担保権実行を行って固定化が生じた後で、担保目的物である動産が外部に流出等すると、担保権者の回収減少に直結します。そのため、担保契約においては、平常時は対象動産の管理を担保権設定者に委託し、善管注意義務をもって保管させるものの、有事の際は委託を任意に解約できるようにすることや、対象動産の流出等を行わないよう規定しておくことが多いと考えられます。

　在庫保管に関する条項例としては、次のようなものが考えられます。

《条項例》

1　担保権者は、担保権設定者より担保として譲り受けた対象動産の保管を担保権設定者に委託し、担保権設定者はこれを無償で受託する。ただし、担保権者は、かかる委託を任意に解約することができ、この場合、担保権者は当該解約につき、損害賠償義務その他の金銭支払債務を負わない。

2　担保権設定者は、担保権者のために、善良なる管理者としての注意義務をもって対象動産を保管する。

3　担保権設定者は、本債務の期限の利益を喪失した場合若しくは本債務の全部若しくは一部について弁済期が到来しても支払われなかった場合、又は第1項により同項に規定される委託が解約された場合は、担保権者の書面による事前の承諾がない限り、対象動産について一切の処分・変更等を行ってはならない。

---

(2)　固定化の事由を契約上明記しておくか

　集合動産譲渡担保権を実行できる範囲・時点を明確化するため、固定化の事由（例えば、第三者による差押えや倒産手続の開始等）を契約書上明記しておくことも考えられます。

　もっとも、担保権者にとっては、担保実行の際には、担保目的物の流出を防止すべく固定化した方が有利であるものの、担保実行までは担保目的物が在庫の流入によって増加する可能性もあり、担保権者の任意の意思によらずに固定化してしまえば、かえって不利になり得ることもあり得ます。また、前記のとおり、担保権設定者としても、民事再生手続や会社更生手続において、手続開始をもって固定化が生じるとすることは、以後の再建を困難にする可能性があります。このような理由から、担保契約上、固定化の事由をあ

えて規定しないことも多いと思われます。

(3)　譲渡担保権の実行方法

　譲渡担保権の実行手続について法律上の規定はなく、実務上は私的実行によることになりますので、契約上も担保目的物の任意処分が円滑に行えるよう、実行方法や被担保債務への充当方法について担保権者の合理的な裁量を認めたうえで、担保権設定者の協力義務を規定しておく必要があります。

　なお、譲渡担保権の実行方法としては、前記**1**(2)①のとおり、帰属清算方式と処分清算方式がありますが、いずれにしても、譲渡担保権者としては、余剰が生じた場合は清算金を担保権設定者に引き渡す必要があり、余剰が生じない場合はその旨の通知を行うことになります。

　担保権設定者は、処分清算方式の場合は第三者に処分されるまで（処分契約が締結されるまで）、帰属清算方式の場合は清算金が引き渡され、または余剰が生じない旨の通知を受けるまで、担保目的物を受け戻す権利があります。

　譲渡担保権の実行手続に関する条項例としては、次のようなものが考えられます（第1項が処分清算方式、第2項が帰属清算方式）。

《条項例》

　1　本債務の期限の利益を喪失した場合又は本債務の全部若しくは一部について弁済期が到来しても支払われなかった場合は、第○条記載の管理委託は自動的に解約され、担保権設定者は、担保権者から特段の指示がない限り、対象動産を、担保権者又は担保権者の指定する第三者に速やかに引き渡す義務を負う。また、債務者が本債務の期限の利益を喪失した場合又は本債務の全部若しくは一部について弁済期が到来しても支払われなかった場合は、担保権者は、担保権設定者に事前に通知又は催告することなく、対象動産の全部又は一部を、その裁量により、一般に公正かつ妥当と認められる方法、時期、価格等により任意に処分した上、その取得金から処分等に係る諸費用（第三者に処分を委託した場合において当該第三者が処分等に要した諸費用を含む。）を差し引いた残額を、本ローン契約の定めに従い支払期日が到来している本債務の弁済に充当することができる。この場合、弁済充当の順序及び方法は、法定の順序にかかわらず、本ローン契

　約第○条第○項に定めるところによるものとする。担保権者は、その独自
　の裁量により、かかる対象動産の処分について、担保権者の指定する第三
　者に委託して行わせることができる。担保権設定者は、対象動産の処分の
　時期、方法、価格等に一切異議を述べない。
2　前項の譲渡担保権の実行に際して、担保権者は、その裁量により、一般
　に公正かつ妥当と認められる方法、時期、価格等により対象動産を評価し
　て取得し、その評価金額から諸費用を差し引いた残額（当該取得後の処分
　に係る費用を含む。）を、支払期日が到来している本債務の弁済に充当す
　ることができる（ただし、担保権者は、対象動産を買い取る義務を負うも
　のではない。）。この場合、弁済充当の順序及び方法は、法定の順序にかか
　わらず、本ローン契約第○条第○項に定めるところによるものとする。

(4)　担保権実行に関する担保権設定者の協力義務

　譲渡担保権者は、譲渡担保権の実行に当たっては、まず担保権設定者の下
にある対象物を自己の管理下に移し、処分を行ううえで必要な協力を得る必
要があります。

　例えば、担保目的物に担保権設定者のトレード・ネームやロゴが入ってい
る場合、合理的な当事者の意思解釈としては、担保権実行の際にはトレー
ド・ネームやロゴ入りのままで担保目的物を処分できると考えているのが通
常と思われますが、厳密には商標権や意匠権を担保権者が使用することが可
能かどうか、問題が生じる余地があります。

　また当然のことながら、担保権実行に当たっては、担保目的物が保管され
ている所在場所に立ち入って担保目的物を確認する必要があり、円滑な担保
権実行のために立入権限があることを明確化しておくことも考えられます。

　加えて、担保権者としては、回収額をできるだけ多くしたいと考えます
し、私的実行を行う場合は、担保権設定者が窮境にあることを公にせずに通
常の商流で商品を売却する方が、回収額が大きくなると思われますので、従
前のとおり担保権設定者の店舗を利用して、通常の業務の形式をとったまま
売却することが理想的といえる場合が多いと考えられます。また、担保目的
物の量が多い場合は、担保権設定者の保管場所を、処分完了までの相当期間
利用できるようにする必要もあります。

　そこで、円滑な譲渡担保権の実行に資するよう、上記のような点について

契約上の手当を考えておくことが望ましいものと思われます。

この点に関する条項例としては、次のようなものが考えられます。

《条項例》

担保権設定者は、担保権者の本件動産譲渡担保権の実行に協力するものとし、担保権者から請求があるときは、その指示に従い、担保権者が合理的に必要と認める措置を講じなければならない。また、担保権設定者は、担保権者の委託する第三者による対象動産の処分及び評価その他本件動産譲渡担保権の実行について必要な協力（担保権設定者の事務所、店舗、倉庫その他担保権者が必要と判断する場所において、担保権者又は担保権者が指定する第三者が対象動産の処分をするに当たって必要となる当該場所の賃貸人その他関係者の承諾を得ること及び担保権者又は担保権者の指定する第三者により対象動産の処分が行われる場合の以下の各号に掲げる事項（当該事項を行うに当たり第三者の承諾を得る必要がある場合における当該第三者からの承諾の取得を含む。）を含むがこれらに限られない。）をしなければならない。

(1)　前項のほか、担保権者又は担保権者の指定する第三者が、処分の対象となる対象動産の保管場所（本件所在場所を含むが、これに限られない。）若しくは担保権設定者の事務所を使用できるようにすること。

(2)　担保権者又は担保権者の指定する第三者が、担保権設定者のトレード・ネーム及びロゴその他対象動産の処分に必要な知的財産権（商標を含むが、これに限られない。）を使用できるようにすること。

(3)　担保権者又は担保権者の指定する第三者が、（法令等に反しない限りにおいて）担保権設定者の顧客名簿その他対象動産の処分に必要な情報を使用できるようにすること。

(4)　担保権者又は担保権者の指定する第三者が、コンピューター、その他対象動産の処分に必要な什器その他一切の物を使用できるようにすること。

(5)　担保権者又は担保権者の指定する第三者が、対象動産の処分に必要な人員を確保できるようにすること（本件所在場所に関連する事務所、倉庫等の従業員を使用できるようにすることを含むが、これに限られない。）。

(6)　対象動産の処分その他の本件動産譲渡担保権の実行に関連して取得した債権、金銭その他の資産については、担保権者又は担保権者の指定する第三者の指示に従ってこれを取り扱うこと。

(5)　譲渡担保権の物上代位

　担保目的物が滅失等して金銭に転化した場合に、当該金銭に対して担保権を行使できるとするのが物上代位の制度です（民法304条）。譲渡担保については、物上代位を認めないとする説もあります[15]が、判例[16]は、集合動産譲渡担保においても、譲渡担保の目的である集合動産を構成するに至った動産が滅失した場合に、その損害をてん補するために譲渡担保権設定者に対して支払われる損害保険金に係る請求権に対しても、物上代位権を行使できるとしています。

　もっとも、同判例は、集合動産が滅失した場合の損害保険金に対して物上代位が及ぶかどうかが争いになった事例であり、その他の場合に関して、物上代位権が及ぶかどうかまでは明示していません。

　また、同判例では、「譲渡担保権設定者が通常の営業を継続している場合には、目的動産の滅失により上記請求権が発生したとしても、これに対して直ちに物上代位権を行使することができる旨が合意されているなどの特段の事情がない限り、譲渡担保権者が当該請求権に対して物上代位権を行使することは許されない」と判示しており、また、当該事案は、営業を廃止した事案でしたから、通常の営業が継続している場合は、特段の合意がなければ、物上代位権を行使できないと判断されるものと思われます。

　そこで、契約上、上記の判例にいう特段の事情である当事者間の合意として、通常の営業が継続している場合でも物上代位権の行使が可能となる旨の合意を行い、物上代位権が及ぶ範囲を明確に規定しておくことが考えられます。

❸　第三者が保管する在庫

(1)　対抗要件の具備

　前記のとおり、動産譲渡担保権の対抗要件は、「動産の引渡し」（民法178条）となりますが、債務者所有の動産が倉庫業者などの第三者の倉庫に寄託されている場合における、譲渡担保権の対抗要件具備の方法としては、占有

15）道垣内弘人『担保物権法［第3版］』（有斐閣）308頁。
16）最判平成22・12・2民集64巻8号1990頁。

者（担保権設定者）の代理人である倉庫業者に対する指図による占有移転（民法184条）によることになります。

　もっとも、第三者である倉庫業者に対して、上記の指図を行う場合には、指図によって、債務者が在庫商品を担保に取られていることが明らかになってしまい、債務者の信用に影響することから、これを避ける必要がある場合があります。

　このような場合は、動産債権譲渡特例法による登記（同法3条）を行うことにより、倉庫業者に担保差入れの事実を明らかにすることなく、対抗要件を具備することが考えられます。

(2)　契約上の留意点

　もっとも、担保権設定者である債務者が、倉庫業者に対して保管料の支払いを怠っている場合に、当該倉庫業者の倉庫から担保目的物を搬出しようとするときは、倉庫業者から商事留置権（商法521条）を主張される可能性があります。商事留置権とは、商人間において未払いの債権がある場合に、その弁済を受けるまでの間、自己の占有下にある債務者の所有物について、債務者への引渡しを拒むことができるという権利です。なお、当事者間で商事留置権を行使しない旨の「別段の意思表示」がある場合には、この限りではありません（商法521条但書）。

　商事留置権は、破産手続において破産財団に対しては特別の先取特権（破産法66条1項）とみなされ、別除権（破産法65条）として取り扱われます。民事再生手続上も別除権として取り扱われ（民事再生法53条）、会社更生手続では、更生担保権として取り扱われます（会社更生法2条10項）。

　したがって、担保権設定者が倉庫料を滞納しているときは、担保権者が倉庫業者の倉庫にある目的物について集合動産譲渡担保権を実行しようとしても、倉庫業者から商事留置権を主張される可能性がありますから、このような主張がされることを防ぐべく、担保権の設定時において、商法521条但書の「当事者の別段の意思表示」として、担保権者および担保権設定者に対して倉庫業者が商事留置権を主張しない旨の合意書を倉庫業者から取得しておくことが望ましいでしょう。かかる合意書の例は、次のとおりです。

書式例1：倉庫業者との合意書

合　意　書

○○株式会社（以下「担保権設定者」という。）、株式会社○○（以下「保管者」という。）及び株式会社○○（以下「担保権者」という。）は、担保権設定者及び担保権者の間の平成○年○月○日付集合動産譲渡担保権設定契約書（以下「担保契約」という。）に関して以下のとおり合意した（以下「本合意」という。）。

第1条（契約関係の確認）
1．本合意の当事者は、保管者と担保権設定者の間の平成○年○月○日付寄託契約書（その後の変更契約を含み、以下「保管契約」という。）に基づいて保管者が管理する本件倉庫（次項で定義される。）内に存在する担保権設定者所有に係る一切の在庫（以下「担保動産」という。）について、担保契約に基づき担保権者のために集合動産譲渡担保権が設定されていることを確認する。
2．前項における保管契約に基づいて保管者が管理する倉庫（以下「本件倉庫」という。）の名称及び住所は、以下のとおりとする。
　　名称：○○倉庫
　　住所：○○○

第2条（出庫の停止）
1．担保権設定者について、担保権設定者及び担保権者の間の平成○年○月○日付金銭消費貸借契約書（その後の変更契約を含む。）第○条第1項各号及び第2項各号に定める事由《注：期限の利益喪失事由》のいずれかが生じたと判断したときは、担保権者は保管者に対し、保管者が担保権設定者のために保管する担保動産（担保契約第○条第○項に定める担保在庫をいい、同条第○項に基づき追加にて担保に供された動産であって、保管者が担保権設定者のために保管するものを含む。以下同じ。）の出庫を停止するよう書面により請求することができる。
　　ただし、この書面には出庫を停止する事由を記載することを要する。
2．前項の請求があったときは、保管者は、直ちに担保動産の出庫を停止し、以後、担保権者からの別段の指示があるまでの間、担保動産を善良な管理者としての注意義務をもって保管しなければならない。なお、担保権者は当該出庫停止を理由として、保管者に対し損害賠償、違約金その他一

切の請求をしない。

3．担保権設定者は、前項に基づき保管者が担保動産の出庫を停止した場合、出庫停止の事由を付した書面の開示を保管者に対し求めることができ、該当する出庫停止の事由につき、担保権者に対してその治癒を証明できたときは、保管者に出庫停止の解除を求めることができる。

第3条（保管契約の解除）

1．担保権設定者は、担保権者の事前の書面による承諾なくして、保管契約を変更又は解除若しくは解約してはならず、またその変更又は解除若しくは解約に応じてはならない。

2．保管者は、保管契約を解除しようとするときは、事前に担保権者にその旨を通知するものとし、この場合において、担保権者から保管契約を継続する旨の申入れがあったときは、保管者は、担保権者との間で、担保動産の保管につき保管契約と同等の契約を締結するべく誠実に協議に応ずるものとする。

第4条（保管者の協力）

1．保管者は、担保契約に基づき、本件倉庫について担保権者と担保権設定者との間に使用貸借契約が自動的に成立する場合は、当該契約の成立について本合意によりあらかじめ承諾するものとする。

2．保管者は、担保権者による担保契約に基づく本件倉庫への立入り及び調査並びに譲渡担保権の実行に、実務上可能な限り協力するものとする。

3．保管者は、担保権者及び担保権設定者に対し、自らの留置権を主張しない。

第5条（準拠法）

本合意の準拠法は日本法とし、日本法に従って解釈されるものとする。

第6条（管轄）

担保権設定者、保管者及び担保権者は、本合意に関して生じるあらゆる紛争の解決に当たって、○○地方裁判所を第一審の専属的合意管轄裁判所とすることに合意する。

第7条（条項の独立性）

仮に本合意の一部の条項が不適法又は執行不可能となった場合においても、その他の条項は完全に有効なものとする。

> **第8条（完全合意）**
> 　本合意は本合意の当事者間における完全な合意を構成するものであり、対象とする事項について、当事者間で本合意の規定の他になされた書面又は口頭による従前の全ての合意は効力を有しない。

４　集合動産譲渡担保と否認権

(1)　倒産手続における集合動産譲渡担保の取扱い

　倒産手続において、譲渡担保権については、その取扱いが法律上明記されていませんが、実務上は、担保権としての実体を重視して、別除権または更生担保権として取り扱うことで解釈運用が定着しています。

(2)　新たに追加される担保は、担保権設定者の倒産手続で否認されるか

　破産法は、債権者の引当財産を不当に減少させ、または債権者間の公平を害する行為について、破産管財人が事後的にその効力を否定できるものとしており、例えば、債務者が支払不能になった後等に行われた担保の供与または債務の消滅に関する行為（破産法162条）、支払いの停止等があった後の権利変動の対抗要件具備行為（同法164条）は、破産手続開始後に破産管財人によって否認される可能性があります。民事再生法および会社更生法も同様の規定を設けています。集合動産譲渡担保は、前記のとおり、集合動産の構成物が常に変動することが予定されているため、当初の集合物に対する担保権設定時および対抗要件具備時以降も、構成物である流入する個々の動産に関して、否認権との関係で譲渡担保権の効力や対抗要件の具備の時期が問題となり得ます。

　かつては、集合物を構成する個々の構成物が担保目的物になるのか、一個の集合物として担保権が設定されるかは争いがありましたが、前記のとおり、判例は、一個の集合物として譲渡担保の目的物となり得るものとし[17]、また、集合動産は、その構成物が入れ替わることが前提とされており、対抗要件を具備した後に構成部分が変動しても、集合物としての同一性が失われ

ない限りは、対抗力は新たに構成部分になった動産を含む集合物に及ぶものとしています[18]。

　なお、上記後段を判示した最判昭和62・11・10は、個々の構成物に関する対抗要件の具備時期については述べていないとの評価もあり[19]、また、学説上は、集合物論を前提としつつも、新たに流入する個々の動産に関する対抗要件の具備の時期に関しては、個別の動産の加入時と解する説もあります。

　しかしながら、集合動産譲渡担保において、集合動産がそれ自体として譲渡担保権の対象となることを認める以上は、当初の設定契約締結時において集合物それ自体が譲渡担保に供されているのであり、個々の動産が後に集合物の構成部分として加入するごとに譲渡担保が設定されるわけではないことから、対抗要件の具備時期についても、当初、集合物に対する担保権について対抗要件を具備した時期というべきであると思われます。したがって、その後、構成物が変わっても同一性が否定されない限りは、後から流入した部分だけを取り上げて、詐害行為取消しの対象や否認の対象にはならないと考えることが自然と思われます。

　もっとも、集合動産譲渡担保の目的物の対象が被担保債権に比して著しく過大であるとか、譲渡担保権の設定時の目的物評価額に比して実行時の目的物の評価額が著しく増加しているなどといった場合には、過大な部分に関して、その限度で独立に詐害行為取消しや否認の対象となるとの解釈もあり得ると思われます。

　以上のとおり、集合動産譲渡担保権の対抗要件の具備時期は、原則としてその後に流入する個々の動産も含めて、当初の対抗要件が具備された時期であると考えるのが相当であり、契約上は、この点を明確にするため、構成物が変わっても担保権の効力が及ぶことを明記しておくことが考えられます。

　かかる条項例は、以下のとおりです。

17）最判昭和54・2・15民集33巻1号51頁。
18）最判昭和62・11・10民集41巻8号1559頁。
19）昭和62年最高裁判所判例解説（民事）679頁。

《条項例》

　本契約締結日以後に担保権設定者が本件保管場所へ収容した動産（別紙1に記載される種類のものに限る。）についても、当然に本契約の効力が及ぶものとする。

第2節 | 債権譲渡担保契約

1　売掛債権の特徴

(1)　将来債権の特定性

　売掛債権については、将来の債権を譲渡担保権の目的とすることが通例と思われますが、担保契約において債権の範囲をどのように特定し、担保目的物としての有効性を得るかが問題となり得ます。判例[20]は、「将来の一定期間内に発生すべき債権を目的とする債権譲渡契約について、右期間の長さ等の契約内容が譲渡人の営業活動等に対して社会通念に照らし相当とされる範囲を著しく逸脱する制限を加え、又は他の債権者に不当な不利益を与えるものであると見られるなどの特段の事情の認められる場合」には、公序良俗違反として効力が否定されることを留保しつつ、債権発生の可能性は有効性に影響せず、特定性が満たされる限り、将来の長期間にわたる債権の包括的譲渡の有効性を承認するに至っています。

　また、債権の特定性に関して、判例[21]は、「譲渡の目的となるべき債権を譲渡人が有する他の債権から識別することができる程度に特定されていれば足りる」としており、一般的には第三債務者、債権発生原因、債権発生の始期と終期、金額、弁済期などの債権の特定要素の全部または一部を用いることにより、当事者間で、ある債権が目的債権に当たるか否かが明確になって

---

20)　最判平成11・1・29民集53巻1号151頁。
21)　最判平成12・4・21民集54巻4号1562頁。

いれば、特定性が満たされるものと考えられています。

　その意味で、第三債務者を個別名で特定しなくても、第三債務者以外の要素によって特定性を満たすことは可能であり、実務的には第三債務者不特定の売掛債権譲渡担保権の設定も広く行われています。もっとも、動産債権譲渡特例法に基づく債権譲渡登記制度上は、既発生の債権については、第三債務者を特定する必要があるとされています。

　以上をふまえ、集合債権譲渡担保権設定契約書における担保対象となる債権の特定の仕方は、次のような記載になると思われます。

《条項例》

　担保権設定者は、被担保債務の履行を担保するため、担保権設定者が現在保有する別紙１記載の債務者に対する売掛債権及び本契約締結日から平成○年○月○日までの期間に発生する担保権設定者の全ての売掛債権（以下、総称して「対象売掛債権」という。）の上に、担保権者のために譲渡担保権（以下「本件債権譲渡担保権」という。）を設定する。

（別紙１）

<u>対象売掛債権目録</u>

	会社名称	本店住所
1	○○株式会社	札幌市○○区……
2	株式会社△△	仙台市○○区……

---

(2)　売掛債権担保の範囲

　将来債権譲渡の有効性については、過去の裁判例は、発生期間を１年以内に限るなど、発生の確実性を要求していましたが、前記のとおり、現在では、判例は、債権の発生可能性は譲渡の効力を左右せず、識別可能性があれば足りるとされています。なお、動産債権譲渡特例法上、第三債務者特定の債権が登記できるのは、原則として50年以内とされ、第三債務者不特定の債権の譲渡に係る債権譲渡登記期間は、原則として、10年以内とされています（動産債権譲渡特例法８条３項）。

では、将来債権の譲渡は、いつの時点で効力が生じるのでしょうか。

この点、多数説は、将来債権が現実に発生した時ではなく、譲渡契約時に債権の帰属移転が生じるとしており、その時点で対抗要件を有効に具備できるものと考えています[22]。

したがって、将来債権に対しても、公序良俗違反とされるような場合を除き、譲渡担保権の設定時点で譲渡担保権の効力が及ぶことになります。

(3)　譲渡禁止特約がある場合

債権は、自由に譲渡することができることが原則ですが（民法466条1項本文）、譲渡禁止特約を付けることが可能であり（同条2項）、譲渡禁止特約に違反した譲渡・担保権の設定は、原則として譲受人との関係でも無効となる（物権的効力説）と解されています。

したがって、債権譲渡担保権を設定する場合において、債権譲渡担保の対象となる債権は、譲渡禁止特約が付されていない債権としなければならず、譲渡禁止特約が付されている場合には、第三債務者の承諾を得る必要があります。

この点を記載した条項例は、次のとおりとなります。

《条項例》

担保権設定者は、対象売掛債権のうち譲渡禁止特約が付された債権（以下、これらの債権を総称して「譲渡禁止特約付対象売掛債権」という。）については、本件債権譲渡担保権の設定に関して、対象売掛債権に係る債務者（以下「第三債務者」という。）の承諾を得るよう努めるものとする。また、異議なき承諾を得ることができない場合には、担保権者の満足する内容の留保付き承諾が得られるように努めるものとする。譲渡禁止特約付対象売掛債権については、かかる承諾が得られることを条件として本件債権譲渡担保権の対象となる売掛債権となり、本件債権譲渡担保権が設定されるものとする。

なお、譲受人が譲渡禁止特約の存在について善意・無重過失であれば、譲渡（担保権の設定）は認められますが（民法466条2項）、特に担保権者が金

22）最判平成19・2・15民集61巻1号243頁参照。

融機関である場合、同種取引の専門家として、少なくとも重過失ありと判断されるケースが多いのではないかと思われます。

他方、譲渡禁止特約により債権譲渡（担保権の設定）が無効であった場合でも、債務者がその後債権譲渡に承諾を与えた場合には、債権譲渡（担保権の設定）は譲渡時に遡って有効となり、譲渡（担保権の設定）時の対抗要件をもって承諾後に現れた第三者にも対抗可能となります[23]。また、判例[24]は、譲渡禁止特約に反して債権を譲渡した者が同特約の存在を理由に譲渡の無効を主張することは、当該譲渡債権に係る債務者にその無効を主張する意思があることが明らかであるなどの特段の事情がない限り許されないとしています。

よって、譲渡債権に係る債務者（第三債務者）が事後的に譲渡を承諾すれば、債権譲渡担保権の設定は有効となり、担保権者としては有効に担保取得が可能となるものと考えられますので、譲渡禁止特約付き債権も含めてあらかじめ担保設定・対抗要件具備をしておくこともあり得ます。

なお、債権法改正との関係では、今日、金融の分野において債権譲渡が重要な機能を果たしていることに鑑み、譲渡禁止特約の効力はできる限り制限すべきとの指摘がなされており、この点の影響に関しては、後記第5部で述べます。

２　債権譲渡担保権の対抗要件と留意点

債権譲渡担保権は、債権譲渡の法形式をとりますので、その対抗要件の具備は、質権（民法364条）と同じく債務者に対する通知・承諾が対抗要件となります（民法467条）。

しかしながら、売掛債権等に関して、譲渡担保の対象とすることは、債務者の信用不安を惹起する可能性がありますので、第三債務者に対して知らせることを避けるため、第三債務者に対する通知または第三債務者の承諾を得ることは留保する場合が多いと思われます（いわゆるサイレント方式）。

この場合、債権譲渡担保の担保権者としては、担保権設定後速やかに第三者対抗要件を具備する必要があり、かつ、債務者の信用不安を惹起すること

23）最判昭和52・3・17民集31巻2号308頁。
24）最判平成21・3・27民集63巻3号449頁。

を回避するために、動産債権譲渡特例法に基づく登記により対抗要件を備えることが通常と思われます。この方法によれば、第三債務者に通知を留保するとしても、第三者対抗要件は具備することができます。

　ただし、債権譲渡登記によった場合、担保権を実行する際に、第三債務者に対して登記事項証明書を交付して通知することが必要となります（動産債権譲渡特例法4条2項）。

❸　担保実行の範囲

　集合債権譲渡担保権を実行する場合（回収活動に入る場合）、①担保権設定者に対する取立委任を解除したうえ、②債務者対抗要件の具備（特例法4条2項による通知等）を行うこととなります。この点、判例・通説は、集合動産譲渡担保権とは違って、集合債権譲渡担保権については、担保の対象を集合物としての債権ではなく、個別債権の束として考えていますので、第三債務者を特定せずに債権譲渡担保権を設定した場合、担保権実行の時点においては、個々の債権に係る第三債務者を特定する必要があります。なお、担保権実行の具体的な手続については、第4部をご参照ください。

　担保権実行に係る条項例は、次のとおりです。

《条項例》

第○条（債権譲渡担保権の実行等）
1. 担保権者は、(i)本債務の全部又は一部につき支払期日が到来しても支払が行われなかった場合、又は(ii)担保権設定者が本債務の期限の利益を喪失した場合、その裁量により、一般に公正かつ妥当と認められる方法、時期、価格等により、対象売掛債権の全部又は一部を直接取り立て、回収し若しくは担保権設定者に代わり処分した上、その取得金から当該取立て等に係る諸費用を差し引いた残額（以下「取得金残額」という。）を、支払期日が到来している本債務の弁済に充当することができる。この場合、弁済充当の順序及び方法は、法定の順序にかかわらず、本ローン契約第○条に定めるところによるものとする。担保権設定者は、対象売掛債権の取立て、回収又は処分の方法、時期、価格等について、異議を述べない。担保権者は、当該充当後、当該取得金残額に残余があるときは、当該残余金額を実務上可能な限り速やかに担保権設定者に返還する。ただし、当該返還

金には利息及び損害金を付さないものとする。

2．前項の場合において、担保権者は、その裁量により、一般に公正かつ妥当と認められる方法、時期、価格等により対象売掛債権を評価して取得し、その評価金額から諸費用（当該取得後の処分に係る費用を含む。）を差し引いた残額を、支払期日が到来している本債務の弁済に充当することができる（ただし、担保権者は、対象売掛債権を買い取る義務を負うものではない。）。この場合、弁済充当の順序及び方法は、法定の順序にかかわらず、本ローン契約第○条に定めるところによるものとする。担保権設定者は、対象売掛債権の評価又は取得後の処分の方法、時期、価格等について、異議を述べない。担保権者は、当該評価額から諸費用を差し引いた残額が、弁済充当した額を上回る場合には、その差額を担保権設定者に支払う。ただし、当該支払額には利息及び損害金を付さないものとする。

3．第1項に基づき、担保権者が対象売掛債権を取り立て又は回収する場合、担保権者は、必要に応じて合理的な条件にて第三債務者との間で和解等による減額、免除等の措置を講ずることができる。この場合、本債務が何ら減免されるものではない。担保権設定者は、かかる減額、免除等の措置が合理的なものである限り、かかる措置に異議を述べない。

4．担保権者は、担保権設定者に対し、第三債務者に対する対象売掛債権の直接の取立てその他の回収行為について一切の義務を負わず、また、その支払を確保するため、第三債務者の財産等に対する仮差押えの申立てその他対象売掛債権を保全するための行為を行う一切の義務を負わないものとする。

5．担保権設定者は、担保権者の本件債権譲渡担保権の実行に協力するものとし、担保権者から請求があるときは、その指示に従い、担保権者が合理的に必要と認める措置を講じなければならない。

また、取立委任に係る条項例は次のとおりです。

《条項例》

第○条（対象売掛債権の権利行使の委任等）

1．担保権者は、担保権設定者から譲り受けた対象売掛債権の権利行使を担保権設定者に委任し、担保権設定者はかかる委任に基づき第三債務者より対象売掛債権の弁済を受領することができる。

2．前項に基づく権利行使の委任は、(i)本債務の全部又は一部につき支払期日が到来しても支払が行われなかった場合、又は(ii)担保権設定者が本債務

の期限の利益を喪失した場合には、何らの行為を要さず自動的に解約されるものとし、また、担保権者は、債権保全上必要と判断した場合には何時でも、かかる委任の全部又は一部を担保権設定者に通知することにより任意に解約することができるものとする。この場合、担保権者は、担保権設定者に対し、かかる委任の解約につき、損害賠償義務その他一切の金銭支払義務を負わない。

3．担保権設定者は、第1項により委任を受けた対象売掛債権の権利行使を、本ローン契約、本契約及び各対象売掛債権に係る契約の各条項に従い適時適切に行う。担保権設定者は、当該権利行使及び弁済の受領について、何らの報酬を請求せず、これらに必要な一切の費用を負担する。

4．前各項にかかわらず、第1項に基づく権利行使の委任が解約された場合、以後、担保権設定者は、担保権者から別段の指示がある場合を除き、対象売掛債権について第三債務者からの弁済を一切受領してはならず、また、担保権者は、いつでも第三債務者に対して対象売掛債権を直接行使することができる。

5．本条第1項に基づく権利行使の委任が解約された以後、第三債務者が担保権者に対象売掛債権を直接弁済した場合には、第三債務者はかかる対象売掛債権の支払につき担保権設定者に対する関係でも免責されることについて、担保権設定者は同意する。

４　将来債権譲渡担保と譲渡禁止特約・相殺

　前記のとおり、判例・通説は、将来債権の譲渡担保に関しては、対抗要件は、将来債権が実際に発生した時点ではなく、当初の譲渡担保権の設定に係る対抗要件具備時に備えられるものと考えています。しかしながら、当該将来債権が発生する時点での契約において譲渡禁止特約がされている場合は、譲渡禁止特約付きの債権として発生していることから、原則として、譲渡の効力は生じません。

　また、将来債権譲渡担保においては、債権譲渡特例法に基づき譲渡登記を行うことにより第三者対抗要件を具備することになると思いますが、将来債権が発生したとしても、当該債権の第三債務者が反対債権を有することもあります。例えば、売掛債権を譲渡担保にとったとしても、担保権設定者が第三債務者に納品した製品に瑕疵があった場合は、当該第三債務者は、担保権設定者に対して、瑕疵担保責任に基づく損害賠償請求権を反対債権として持

つ可能性があります。その場合は、第三債務者は、担保権設定者に対する反対債権をもって、売掛債権と相殺することができることになりますが、譲渡担保権者としては第三債務者に対する通知が未了である以上は、債務者対抗要件を具備しておらず、第三債務者は「通知を受けるまでに譲渡人に対して生じた事由を譲受人に対抗することができる」（特例法 4 条 3 項）ため、第三債務者から相殺によって対抗されることとなります。

第3節 ｜ 電子記録債権の場合

1　電子記録債権とは

　電子記録債権とは、その発生または譲渡について電子記録債権法の規定による電子記録を要件とする金銭債権をいうと定義されています（電子記録債権法 2 条）。

　そして、電子記録債権は、売掛債権等の指名債権が当事者の合意によって発生するのとは異なり、当事者の請求に基づき、電子債権記録機関が調製する記録原簿に電子記録をすることによってはじめて成立するものであり、売買契約によって発生した売掛債権や手形債権とは、併存する別個の債権となります。また、発生原因が無効となっても当然には無効とならない（無因性）とされています。

2　電子記録債権のABLへの活用の可能性

　電子記録債権は、譲渡記録によって効力が生じるとされており（電子記録債権法17条）、譲渡記録がなされれば、債務者、第三者のいずれに対しても譲渡を主張・対抗できます。したがって、指名債権譲渡のような通知・承諾などの対抗要件の具備手続を取る必要はありません。そのため二重譲渡などの危険を回避することができ、また、譲渡禁止特約についても発生記録の任意的記載事項において譲渡記録ができないことの定めを記録しなければ、原契約において譲渡禁止特約が定められていても、当該電子記録債権の属性にはならず、原則として譲受人に当該電子記録債権の譲渡禁止特約を対抗でき

ません（電子記録債権法20条 2 項 1 号・16条 2 項10号）。

　かかるメリットからすれば、ABLにおいても、売掛債権等の指名債権とは別に、電子記録債権を譲渡担保の対象とすることも考えられます。

　しかしながら、電子記録債権は発生記録において債務者が一定の金額を支払う旨と債務者の氏名および住所を記録することが求められていることから（電子記録債権法16条 1 項 1 号・ 5 号）、債務者が特定され、また、金額を確定する必要があり、原則として既発生の債権のみを電子記録債権とできることになります。そのため、未発生の将来債権を電子記録債権とすることは困難であり、将来発生すべき売掛債権を譲渡担保の対象とすることが通例であるABLにおいて電子記録債権を活用するには、未だ法律上の課題があると言わざるを得ません。

第 4 節｜複数の債権者が同一の目的物に譲渡担保権を設定する場合の留意点

　例えば、シンジケートローンにより貸付を行う場合や、シニアローン・メザニンローンにより優先劣後関係が生じる場合など、複数の債権者が同一の債務者に対し貸付を行う場合において、同一の目的物に譲渡担保権を設定するニーズがあります。この場合、譲渡担保権は法形式上は譲渡であるために、二重譲渡として無効となる余地があるようにも思われ、後順位譲渡担保権や複数の譲渡担保権を設定することが可能かどうか問題となります。

　この点、判例[25]は、後順位譲渡担保権が設定された事案において「重複して譲渡担保を設定すること自体は許されるとしても、劣後する譲渡担保に独自の私的実行の権限を認めた場合、配当の手続が整備されている民事執行法上の執行手続が行われる場合と異なり、先行する譲渡担保権者には優先権を行使する機会が与えられず、その譲渡担保は有名無実のものとなりかね

25）最判平成18・ 7 ・20民集60巻 6 号2499頁。なお、同判例の解釈においては、「重複して譲渡担保を設定すること自体は許される」とした点は、仮定的な判示にとどまっていることから、「後順位譲渡担保権の成立の可能性を認めたもの」とする考え方もある。

い。このような機会を招来する後順位譲渡担保権者による私的実行を認めることはできない。」と判示しました。

　後順位担保権の設定は、設定自体は有効であるとしても、上記のような担保実行上の問題があることから、実務上は、複数の貸付人すべてに対して第一順位の譲渡担保権を設定し、貸付人がこれを準共有することで、第一順位の譲渡担保権者となり、債権者間の優先劣後関係や充当関係に関しては、債権者間協定で取り決めることにより、かかる懸念を解消する方法が取られることもあります。

　上記は、債権譲渡担保の場合にも当てはまりますが、金銭債権の場合、判例理論により当然に金銭債権が分割してしまい、準共有をすることはできないのではないかという疑問があり得ます。しかしながら、少なくとも不可分債権としての合意をすれば、かかる事態を回避することは可能と考えられ、債権譲渡担保権を準共有することは可能と考えられます。

書式例2：集合動産譲渡担保権設定契約書

集合動産譲渡担保権設定契約書

担保権設定者としての○○株式会社（以下「担保権設定者」という。）及び担保権者としての株式会社○○（以下「担保権者」という。）は、担保権設定者が所有する動産に対する譲渡担保権の設定に関し、平成○年○月○日（以下「本契約締結日」という。）付けで、次のとおり契約を締結した（その後の変更契約を含み、以下「本契約」という。）。本契約中で別途定められる場合を除くほか、本ローン契約（本契約第1条第1項に定義する。）中で定義された各用語は、本契約においても同義を有する。

第1条（譲渡担保）

担保権設定者は、担保権者及び担保権設定者との間で締結された平成○年○月○日付け金銭消費貸借契約書（その後の変更契約を含み、以下「本ローン契約」という。）に基づき担保権設定者が担保権者に対して負担する現在及び将来の一切の債務（以下「本ローン債務」という。）の履行を担保するため、本契約の各条項を承認の上、下記動産（第3項に基づき追加で担保に供された商品を含み、以下「担保動産」という。）を、本契約締結日において、担保権者に譲渡した（以下、本項に基づき設定された譲渡担保権を「本担保権」という。）。

記

①種　　類　　別紙1記載のとおり（第3項に基づき追加で担保に供された種類を含み、以下「本件種類」という。）

②保管場所　　別紙1記載のとおり（第3項に基づき追加で担保に供された保管場所を含み、以下「本件保管場所」という。）

③数　　量　　本件保管場所の本件種類の在庫品全て

2．本契約締結後に担保権設定者が本件保管場所へ収容した動産（別紙1に記載される種類のものに限る。）についても、当然に本契約の効力が及ぶものとする。

3．担保権設定者の取扱商品の種類又は在庫保管場所が増加した場合は、担保権設定者は、直ちに担保権者に通知する。かかる増加が生じた場合には、担保権者の指示に基づき、当該商品又は当該在庫保管場所所在の動産についても担保に供する。その場合、担保権設定者は、担保権者の指示に従い、担保権の設定及び対抗要件具備のために必要な手続を行う。

4．前項のほか、担保権設定者は、担保権者が債権保全上合理的に必要と認

めて請求した場合（本契約に基づく担保の対抗力が失われた場合を含む
が、これに限られない。）には、本契約又はその他の契約に基づく担保の
有無にかかわらず、担保権者の合理的に満足する担保を追加するなど必要
な措置を講ずるものとする。

第2条（対抗要件の具備）

1. 担保権設定者は、担保権者に対し、本契約締結日において、別紙1第1
   項記載の保管場所にある担保動産を占有改定の方法により引き渡した（な
   お、本契約締結後に本件保管場所に搬入される前条第1項記載の動産につ
   いても、当然に本契約の適用を受け、担保動産として担保権者に譲渡さ
   れ、別紙1第1項記載の保管場所にある担保動産として占有改定の方法に
   より引き渡される。）。また、担保権設定者は、本契約締結日中に、別紙2
   記載の様式又は担保権者が相当と認めるその他の様式による書面（公証人
   による確定日付を取得する。）を担保権者に対して提出し、以後も担保権
   者が求めた場合は、別紙2記載の様式又は担保権者が相当と認めるその他
   の様式による書面（公証人による確定日付を取得する。）を担保権者に対
   して提出する。

2. 担保権設定者は、本契約締結後速やかに、前条第1項に基づく担保動産
   の譲渡に関して、担保権者の指示に従い、動産及び債権譲渡の対抗要件に
   関する民法の特例等に関する法律（平成10年法律第104号。その後の改正
   を含む。以下「特例法」という。）第3条に基づく動産譲渡登記手続の申
   請を行い、登記完了後速やかに、特例法第11条第2項に定める登記事項証
   明書を、担保権者に交付する。登記の存続期間その他登記に必要な事項に
   ついては、担保権者において合理的かつ相当に決定し、担保権設定者は、
   それに異議を述べない。

第3条（担保動産の管理等）

1. 担保権者は、担保権設定者より担保として譲り受けた担保動産の保管を
   担保権設定者に委託し、担保権設定者はこれを無償で受託し、その保管に
   必要な一切の経費を負担する。ただし、担保権者はかかる委託を担保保全
   上合理的な必要性があるときは任意に解約することができ、この場合、担
   保権者は解約につき、損害賠償義務その他の金銭支払債務を負わない。

2. 担保権設定者は、担保権者のために、善良なる管理者としての注意義務
   をもって担保動産を保管する。

3. 担保権設定者は、本ローン債務の期限の利益を喪失した場合、若しくは
   本ローン債務の全部又は一部について弁済期が到来しても支払われなかっ

た場合、又は第1項に基づく委託が解約された場合は、担保権者の書面による事前の承諾がない限り、担保動産について一切の処分・変更等を行ってはならない。

4．担保権設定者は、前項の場合及び本ローン契約に別途規定される場合を除き、担保権設定者が担保権者のために保管する担保動産を、通常の商取引・営業販売方法に従って、第三者に販売し、又は他の本件保管場所又は担保権者が事前に承認した場所へ移動させることができる。なお、担保権設定者は、担保動産を他の本件保管場所へ移動する場合、事前に担保権者にその旨通知する。ただし、担保動産についてそれ以外の譲渡その他の処分（担保設定を含むがこれに限られない。）や他の場所への移動等を行ってはならない。

5．担保動産の保管・保存・販売に要する費用は担保権設定者が負担する。

第4条（別置表示義務）

担保権設定者は、本件保管場所において、担保動産を他の物と明確に区別し、担保動産に本担保権が設定されていることを、合理的な方法により表示しなければならない。ただし、担保権設定者は、店舗にある担保動産については、担保権者と協議の上で、担保権設定者の通常の営業の円滑な運営に悪影響を及ぼすことのない方法をとることができる。

第5条（保険金請求権等質権設定）

1．担保権設定者は、本担保権が存続する間、担保動産に対して、担保権者が指定する金額以上の損害保険契約を締結、更改又は継続するものとし、かつ、本ローン債務の履行を担保するため、当該保険契約及びそれらの更改契約又は継続契約（本条において「更改契約」とは、更改後の保険条件での保険契約を意味し、「継続契約」とは、保険条件は変わらず、保険契約継続証が発行される場合の保険契約を意味する。以下「本保険契約」と総称する。）に基づく保険金請求権及び解約返戻金請求権その他の保険会社に対する一切の債権（以下「本保険金請求権」という。）の上に、担保権者に対し第一順位の質権（以下「本保険金質権」という。）を設定する。担保権設定者は、本保険契約に係る保険証書の原本を担保権者に対して交付し、本保険金質権設定後可及的に速やかに、担保権設定者の費用負担により、本保険金質権の設定に係る保険会社の異議なき承諾を担保権者の合理的に満足する内容及び様式の書面で取得し、同書面に公証人による確定日付を付した上、担保権者に交付する。

2．担保権設定者は、担保動産に対し新たに保険契約を締結しようとする場

　　合には、事前に担保権者に通知し、担保権者の指示に従い、その保険金請求権につき、担保権者に対し第一順位の質権を設定し、担保権設定者の費用負担により、保険会社の異議なき承諾を担保権者の合理的に満足する内容及び様式の書面で取得し、同書面に公証人による確定日付を付した上、担保権者に交付しなければならない。

3．本保険契約の継続・変更・更改等については、担保権者の指示に従う。なお、本保険契約の継続・変更・更改等があった場合、担保権設定者は直ちに担保権者に通知し、担保権設定者は担保権者の指示に従い、前二項と同様の手続を行う。

4．本保険契約の保険料は、担保権設定者が負担する。

5．本保険契約に基づき保険金が支払われる場合には、担保権者がこれを受領し、本ローン債務の弁済期のいかんにかかわらず、本ローン債務の弁済に充当することができる。この場合の弁済充当の順序・方法については、法定の順序にかかわらず、本ローン契約第○条第○項に定める方法によるものとする。

6．本契約締結後、担保権設定者が担保権者以外の者に対し、本保険契約に係る保険金請求権を担保に供しようとする場合は、あらかじめ担保権者に通知し、担保権者の事前の書面による承諾を得なければならない。

7．担保権設定者は、本保険契約上の義務を全て履行し、かつ、本保険契約上必要とされる全ての手続を履践する。担保権設定者は、本保険契約の内容を、担保権者の事前の書面による承諾なく変更してはならず、本保険契約の内容を変更する場合には、担保権者の指示に従うものとする。

第 6 条（損害賠償請求権等）

　　担保権設定者は、担保動産に関して、担保動産の保管者、その他の第三者に対して有する損害賠償請求権・保険金請求権その他の金銭支払請求権（名目のいかんを問わないが、通常の営業活動にて発生する売掛債権は除く。）につき、担保権者に物上代位権があることを理解し、担保権者の事前の書面による承諾なく、当該請求権に関する交渉、及び当該請求権に係る金銭の受領をしてはならず、担保権者は、当該金銭支払請求権が発生した場合、本ローン債務の弁済期又は担保権設定者が通常の営業を継続しているかを問わずいつでも、当該金銭支払請求権に係る物上代位権を行使できる。

第 7 条（報告・資料提出等）

1．担保権設定者は、担保権者に対し、担保権設定者が保有する担保動産の在庫状況等を、本ローン契約第○条第○項に定める方法に従い、又は担保

権者が別途指定する方法により報告する。
2．前項のほか、担保権設定者は、担保権者が合理的に必要と認めて請求するときは、担保権者の請求後○営業日以内に、担保動産に関する資料、報告書等を担保権者に提出するものとし、また担保権者が自らこれを調査することに協力する。この場合における必要な費用は、担保権設定者がこれを負担する。

第8条（調査）

担保権者は、担保権者が合理的に必要と認めた場合において、自ら又は担保権者が指定する第三者をして本件保管場所及び担保権設定者の事業所、店舗、倉庫その他担保権者が必要と判断する場所に立ち入り、担保動産その他担保権者が必要と判断する事項を調査及び確認し、並びに担保権設定者の帳簿その他担保権者が必要と判断する書類及び資料を閲覧することができる（以下、これらの作業を「調査等」という。）。担保権設定者は、担保権者の当該調査等に協力しなければならない。

第9条（担保動産に対する侵害行為）
1．担保権設定者は、次の事由が発生した場合、直ちにその旨を、担保権者に通知しなければならない。
　⑴　担保動産の全部又は一部につき、差押え、仮差押え、仮処分、保全差押え、公租・公課等の滞納処分に係る手続若しくは競売手続が開始し又は申し立てられたとき。
　⑵　担保動産の所有権の帰属に関して争いが生じたとき又はそのおそれがあるとき、事由のいかんを問わず担保動産に損害が生じたとき又は損害が生じるおそれが生じたとき
2．担保権設定者は、前項各号の事由が生じ、又は生じるおそれがある場合、担保権者の指示に従って、担保動産の防御又は担保動産に対する侵害排除のために必要な措置をとる。

第10条（譲渡担保の実行）
1．本ローン債務の期限の利益を喪失した場合又は本ローン債務の全部若しくは一部について弁済期が到来しても支払われなかった場合は、第3条記載の管理委託は自動的に解約され、担保権設定者は、担保権者から特段の指示がない限り、担保動産を、担保権者又は担保権者の指示する第三者に速やかに引き渡す義務を負う。また、本ローン債務の期限の利益を喪失した場合又は本ローン債務の全部若しくは一部について弁済期が到来しても

支払われなかった場合は、担保権者は、担保動産の全部又は一部を、法令等に反しない範囲において、一般に公正かつ妥当と認められる方法、時期、価格等により任意に処分した上、その取得金から処分等に係る諸費用（第三者に処分を委託した場合における当該第三者が処分等に要した諸費用を含む。）を差し引いた残額を、本ローン契約の定めに従い本ローン債務の弁済に充当することができる。この場合、弁済充当の順序及び方法は、法定の順序にかかわらず、本ローン契約第○条第○項に定めるところによるものとする。なお、担保権者は、その独自の裁量により、かかる担保動産の処分について、担保権者の指定する第三者に委託して行わせることができる。担保権設定者は、担保動産の処分の時期、方法、価格等に一切異議を述べない。

2．本ローン債務の期限の利益を喪失した場合又は本ローン債務の全部若しくは一部について弁済期が到来しても支払われなかった場合その他担保権者が本ローン債務に係る債権保全の必要があると認めた場合、担保権者は、担保権設定者に対し、自ら若しくは担保権者の指定する第三者又はその両者との間で、担保権者又は担保権者の指定する第三者に対し、担保動産の処分その他の事務に関し担保権者の合理的に満足する内容の契約を締結するよう指示することができ、担保権者によるかかる指示があった場合、担保権設定者は直ちに異議を留めずかかる指示に従って同契約を締結する。

3．第1項の譲渡担保権の実行に際して、担保権者は、その裁量により、法令等に反しない範囲において、一般に公正かつ妥当と認められる方法、時期、価格等により担保動産を評価して取得し、その評価金額から諸費用を差し引いた残額を、本ローン契約の定めに従い本ローン債務の弁済に充当することができる。この場合、弁済充当の順序及び方法は、法定の順序にかかわらず、本ローン契約第○条第○項に定めるところによるものとする。

4．本ローン債務の期限の利益を喪失した場合又は本ローン債務の全部若しくは一部について弁済期が到来しても支払われなかった場合は、法令等に反しない範囲において、担保権者と担保権設定者との間に、全ての本件保管場所について、担保権者又は担保権者の指定する第三者による担保動産の調査、管理、保全、搬出及び処分を可能にすることを目的として、使用貸借契約が自動的に成立するものとし、かかる使用貸借の期間は、使用貸借契約成立の日から○か月を経過した日又は担保権者が終了を通知した日のうちのいずれか早い日までとする。

5．担保権設定者は、前四項の担保動産の処分又は評価の時期、方法、価格

等又は使用貸借の設定に一切異議を述べない。担保権設定者は、担保権者又は担保権者の委託する第三者による担保動産の処分及び担保権者による担保動産の評価その他本担保権の実行（法定の手続によらない任意の実行を含む。）について必要な協力（担保権設定者の事業所、店舗、倉庫その他担保権者が必要と判断する場所において、担保権者又は第三者が担保動産の処分をするに当たって必要となる当該場所の賃貸人その他関係者の承諾を得ること及び担保権者又は担保権者の指定する第三者により担保動産の処分が行われる場合の以下の各号に掲げる事項（当該事項を行うに当たり第三者の承諾を得る必要がある場合における当該第三者からの承諾の取得を含む。）を含むがこれらに限られない。）をしなければならない。

(1)　前項のほか、担保権者又は担保権者の指定する第三者が、処分の対象となる担保動産の保管場所（本件保管場所を含むが、これに限られない。）若しくは事業所を使用できるようにすること。

(2)　担保権者又は担保権者の指定する第三者が、トレード・ネーム及びロゴその他担保動産の処分に必要な知的財産権（商標を含むが、これに限られない。）を使用できるようにすること。

(3)　担保権設定者は、担保権者又は担保権者の指定する第三者のために、担保権設定者の顧客名簿その他担保動産の処分に必要な情報を使用する義務を負うこと。

(4)　担保権者又は担保権者の指定する第三者が、クレジット・カード機械、レジスター、コンピューター、その他担保動産の処分に必要な什器その他一切の物を使用できるようにすること。

(5)　担保権者又は担保権者の指定する第三者が、担保動産の処分に必要な人員を確保すること（担保動産の処分の対象となる事業所、店舗及び倉庫等の従業員を使用できるようにすることを含むが、これに限られない。）。

(6)　担保動産の処分その他の本担保権の実行（法定の手続によらない任意の実行を含む。）に関連して取得した債権、金銭その他の資産については、担保権者又は担保権者の指定する第三者の指示に従ってこれを取り扱うこと。

6.　担保権者は、第1項に基づき担保動産を任意に処分した取得金から処分等に係る諸費用を差し引いたものを本ローン債務に充当してもなお残額がある場合、又は第3項に基づき担保動産を評価した金額から諸費用を差し引いたものを本ローン債務に充当してもなお残額が発生する場合、当該残額を担保権設定者に対して、遅滞なく引き渡すものとする。ただし、当該返還金には利息及び損害金を付さないものとする。

第11条（表明及び保証）

1．担保権設定者は、担保権者に対して、本契約締結日において、次の各号に掲げる事項が真実かつ正確であることを表明及び保証する。

(1)　担保権設定者が、本ローン契約において表明及び保証した事実は、真実かつ正確であり、その真実性を疑わせる事実は存在しない。

(2)　担保動産に関する一切の権利、権限及び利益並びにそれらを処分する権限は、担保権設定者のみに帰属し、また担保権設定者は当該処分を行うのに必要な権利能力、行為能力その他の能力を有している。

(3)　担保動産につき、担保権設定者の所有権の完全な行使を妨げる何らの権利の設定又は義務を負担する契約は存在せず、差押えその他担保権者の権利行使を妨げる事実関係も一切存在しない。

(4)　担保動産は商品として取引通念上一般的に認められる品質及び性能を有する。

(5)　担保動産は担保権設定者が所有する本件保管場所において保管される在庫商品の全てであり、かつ、担保動産には担保権設定者の所有以外のものが含まれていない。

(6)　担保動産に悪影響を及ぼす、又はそのおそれのある処分（担保動産の放棄、第三者に対する譲渡、担保設定その他担保権者が完全な権利を取得するのに妨げとなる法令等の制限又は特約その他の合意を含むが、これらに限られない。）は行われていない。

(7)　担保動産に関連して第三者によるいかなる訴訟、仲裁、調停及び行政上の手続も係属又は発生しておらず、またこれらを争う請求、要求又は異議も表明されておらず、担保権設定者の知り得る限り、そのおそれもない。

(8)　本保険契約は、有効かつ適法に締結され、その効力が維持されている。

(9)　本保険金請求権について、質権その他担保権者が完全な第一順位の質権を取得するのに妨げとなる事由又は第三者の権利は存在しない。

(10)　担保権者において、本保険契約上の告知義務の違反その他本保険契約上の義務違反は存在しない。

(11)　本契約に基づく本担保権の設定は、担保権設定者の正常な取引であり、詐害の意図その他不当な意図に基づくものではない。

(12)　本契約及びその履行に関して担保権設定者が提供する情報は正確かつ真実である。

(13)　担保権設定者は無資力、支払停止、支払不能又は債務超過の状態に陥っておらず、かつそのおそれもない。

⒁　担保権設定者についていかなる倒産手続開始の申立ても行われておらず、かつ、そのおそれもない。

⒂　本契約に基づく本担保権の設定及びその対抗要件の具備により、担保権設定者は無資力、支払停止、支払不能又は債務超過に陥るものではなく、かつそのおそれもない。また、本契約の締結以降、本契約に基づく本担保権の設定時及びその対抗要件の具備時から30日以内に、担保権設定者は、無資力、支払停止、支払不能又は債務超過になるおそれはなく、また、いかなる倒産手続開始の申立ても行われるおそれはない。

⒃　本契約の締結及び履行に当たり担保権設定者が担保権者に対して提出した一切の書類及び報告の内容は完全かつ正確であり、これを疑わせる事実も存在しない。本契約に関し、その締結の前後を問わず、担保権設定者から担保権者に対して提供された情報は全て正確であり、その後重要な点において変化が生じていない。

2．前項各号に掲げる事項のいずれかが真実若しくは正確でないこと又は変更があったことが判明したときは、担保権設定者は、直ちに担保権者に書面により通知するとともに、それにより担保権者に生じた損失、経費その他一切の損害（損害又は損失を被らないようにするために支出した合理的な費用及び損害又は損失を回復するために支出した合理的な費用（合理的な弁護士費用を含む。）を含むが、これに限られない。）を負担する。

第12条（誓約）

1．担保権設定者は、本契約及び本ローン契約に基づく全ての債務が完済されるまでの間、担保権者に対して、次の各号に掲げる事項を、自らの費用と責任で遵守しなければならない。

⑴　担保権設定者が、本契約において表明及び保証した事実が、真実かつ正確であるよう維持する。

⑵　本契約に基づく誓約その他の合意事項を、履行すべき時期に完全に履行し、これらを遵守する。

⑶　担保権者の事前の書面による承諾なく、担保動産を本件保管場所から移動させてはならず、かつ、担保動産を本件保管場所以外に保管してはならない。ただし、第3条第4項本文に規定する場合を除く。

⑷　本担保権を毀損若しくは消滅させ又は価値を害するおそれのある一切の行為を行わない。

⑸　担保動産について何らかの紛議等が生じた場合には、担保権設定者が一切の責任を負い、担保権者に生じた損失、経費その他一切の損害（損害又は損失を被らないようにするために支出した合理的な費用及び損害

又は損失を回復するために支出した合理的な費用（合理的な弁護士費用を含む。）を含むが、これに限られない。）を負担する。

2．担保権設定者が前項各号に定める義務に違反した場合、担保権設定者は、これにより担保権者に生じた損失、経費その他一切の損害（損害又は損失を被らないようにするために支出した合理的な費用及び損害又は損失を回復するために支出した合理的な費用（合理的な弁護士費用を含む。）を含むが、これに限られない。）を負担する。

第13条（免責等）

1．本契約に基づく担保権が、担保権者が本ローン債務に関して有する他の担保又は保証（もしあれば。）に追加して設定されるものであっても、担保権者が、本ローン債務に関して有する他の担保又は保証の効力が本契約に基づく担保権によって影響を受けることはない。

2．担保権設定者は、担保権者がその都合によって本ローン債務に関して他の担保又は保証（もしあれば。）を変更、解除又は放棄しても異議を述べないものとし、また免責を主張しない。

3．担保権設定者は、いずれの担保から先に実行し弁済を受けるか、その全部又は一部を実行するか、どの部分を先に実行するかなど、担保権の実行の方法並びにその時期等については、担保権者の判断に委ねるものとし、担保権設定者は、かかる判断に対して一切の異議を述べない。

4．担保動産が事変、災害その他やむを得ない事情によって紛失、滅失又は損傷した場合には、これによって生じた一切の損害については担保権設定者の負担とし、担保権者は何ら責任を負わない。

第14条（追加書類等への調印）

担保権設定者は、本契約及び本ローン契約の目的を達成し、本契約及び本ローン契約に基づく取引を実行するために合理的に必要又は適切であるとして、担保権者が要求する場合には、担保権者の合理的に満足する内容及び様式により、追加の書類等に調印し、又はこれを作成の上担保権者に提出しなければならない。

第15条（費用）

本契約の作成及び履行、本契約に基づく担保権の対抗要件具備、担保権の実行、並びに担保動産の調査又は処分に関して生ずる一切の費用は、担保権設定者が負担し、担保権者が負担した金額については、直ちに担保権者に全額を償還する。

第16条（遅延損害金）

1．担保権設定者は、担保権者に対する本契約上の債務の履行を遅滞した場合には、かかる履行を遅滞した債務（以下「履行遅滞債務」という。）の支払期日の翌日（同日を含む。）から履行遅滞債務の全てを履行した日（同日を含む。）までの期間につき、履行遅滞債務の金額に年率○％を乗じた遅延損害金を、担保権者の請求により直ちに支払う。

2．前項の遅延損害金の算出方法は、1年を365日とした日割計算とし、除算は最後に行い、1円未満は切り捨てる。

第17条（譲渡禁止）

1．担保権設定者は、担保権者の事前の書面による承諾なく、本契約に基づく権利・義務及び本契約上の地位について譲渡、質入その他の処分をしてはならない。

2．本ローン契約上の担保権者の権利が譲渡された場合には、本契約に基づく担保権はかかる譲受人のためにも同様に効力を有する。

第18条（通知及び届出事項）

本契約に基づく通知及び届出については、本契約に別段の定めがある場合を除き、本ローン契約第○条の規定を準用する。

第19条（秘密保持義務）

1．担保権者及び担保権設定者は、(i)本契約に別途定める場合、(ii)適用法令等による場合、(iii)監督官庁又は裁判所等の公的機関に開示する場合、(iv)弁護士、公認会計士等に開示する場合、又は(v)その他当事者で合意する場合を除き、他の当事者の書面による事前の同意なしに、本契約（締結済みか交渉中かを問わない。以下、本条において同様とする。）の条項、本契約に基づく取引の内容並びに本契約に基づき、又はこれに関連して他の当事者から受領した情報（本契約の交渉過程において得た情報を含む。）一切につき、これを第三者に対し開示・漏洩してはならず、本契約の締結・交付・履行以外の目的で本契約に関する情報又は本契約に基づき開示された情報を使用してはならない。なお、受領者の責めによらず公知となった情報、受領時までに当事者が既に有していた情報及び受領者が正当な権限を有する第三者から適法に取得した情報はこの限りではない。

2．本条に定める守秘義務は、担保権者並びに担保権設定者の従業員及び役員（その職位・職制を問わない。）にも、前項の秘密情報を確実に保護させることを含む。

第20条（契約の変更）

　本契約の条項の全部又は一部の変更は、担保権者及び担保権設定者の全員が署名又は記名押印した書面によってのみこれを行うことができる。

第21条（準拠法）

　本契約の準拠法は日本法とし、日本法に従って解釈されるものとする。

第22条（管轄）

　本契約の当事者は、本契約に関して生じるあらゆる紛争の解決に当たって、○○地方裁判所を第一審の専属的合意管轄裁判所とすることに合意する。

第23条（権利の不行使）

　担保権者が本契約により定められた権利の全部又は一部を行使しないこと、又は行使の時期を遅延することは、いかなる場合であっても、担保権者が当該権利を放棄したもの、又は担保権設定者の義務を免除若しくは軽減したものとは解されず、当該権利又は義務にいかなる効果も与えない。

第24条（条項の独立性）

1．仮に本契約のある条項が不適法、無効又は執行不可能であるとされた場合であっても、又は本契約のある条項が特定の当事者について不適法、無効若しくは執行不可能であるとされた場合であっても、その他の条項の適法性、有効性若しくは執行可能性又は当該条項の他の当事者に対する適法性、有効性又は執行可能性には影響しない。仮に本契約のある条項が、ある状況下では不適法、無効又は執行不可能とされたとしても、その条項のその他の状況下での適法性、有効性又は執行可能性には影響しない。

2．法令等の改正又は制定により、本契約の各条項に規定する目的又は趣旨を達成することができなくなった場合には、本契約の当事者は、その目的又は趣旨に沿って当該条項の変更その他の調整に合意するものとし、上記合意が整わない場合にも、当該条項はその目的又は趣旨が達成されるよう読み替えられ、解釈される。

第25条（完全合意）

　本契約は当事者間における完全な合意を構成するものであり、対象とする事項について、当事者間で本契約の規定の他になされた書面又は口頭による従前の全ての合意に優先する。

書式例3：債権譲渡担保権設定契約書

債権譲渡担保権設定契約書

担保権設定者としての○○株式会社（以下「担保権設定者」という。）及び担保権者としての株式会社○○（以下「担保権者」という。）は、担保権設定者が保有する売掛債権に対する譲渡担保権の設定に関し、平成○年○月○日（以下「本契約締結日」という。）付けで、次のとおり契約を締結した（その後の変更契約を含み、以下「本契約」という。）。本契約中で別途定められる場合を除くほか、本ローン契約（本契約第1条第1項に定義する。）中で定義された各用語は、本契約においても同義を有する。

第1条（売掛債権に対する譲渡担保権の設定及び対抗要件の具備）

1. 担保権設定者は、担保権者及び担保権設定者との間で締結された平成○年○月○日付け金銭消費貸借契約書（その後の変更契約を含み、以下「本ローン契約」という。）に基づき担保権設定者が担保権者に対して負担する現在及び将来の一切の債務（以下「本ローン債務」という。）の履行を担保するため、別紙1記載の債務者に対して現在有する売掛債権及び本契約締結日から平成○年○月○日までの期間に発生する担保権設定者の全ての売掛債権（譲渡その他の処分を禁止又は制限する特約が付された売掛債権を除く。以下、これらを総称して「対象債権」という。）を、本契約締結日において、担保権者に譲渡した（以下、本項に基づき設定された譲渡担保権を「本担保権」という。）。

2. 担保権設定者は、本契約締結後速やかに、前項に基づく対象債権の譲渡に関して、担保権者の指示に従い、動産及び債権の譲渡の対抗要件に関する民法の特例等に関する法律（平成10年法律第104号、その後の改正を含む。以下「特例法」という。）第4条に基づく債権譲渡登記手続の申請を行い、登記完了後速やかに、特例法第11条第2項に定める登記事項証明書及び同法第13条第1項に定める概要記録事項証明書を、担保権者に交付する。登記の存続期間その他登記に必要な事項については、担保権者において合理的かつ相当に決定し、担保権設定者は、それに異議を述べない。

3. 担保権者は、債権保全上必要と判断した場合には何時でも、本契約に基づく債権譲渡及び前項の債権譲渡登記について、特例法第11条第2項に定める登記事項証明書を対象債権の各債務者（以下「第三債務者」という。）に交付して通知することができ、担保権設定者は、これに協力する。

4. 担保権設定者は、登記事項又は対象債権の内容について変更、追加、存

続期間延長等の合意がなされた場合には、自らの費用及び責任において、これらに必要な登記等の手続を行う。

5．本契約に基づく担保権設定により、担保権者は、対象債権に関連する何らの債務も引き受けるものではない。

第2条（権利行使の委任）

1．担保権者は、担保権者が担保権設定者から譲り受けた対象債権の権利行使を担保権設定者に委任し、担保権設定者はこれを無償で受託し、その権利行使に必要な一切の費用を負担する。

2．本ローン債務の期限の利益を喪失した場合又は本ローン債務の全部若しくは一部について弁済期が到来しても支払われなかった場合は、前項に基づく権利行使の委任は、何らの行為を要さず自動的に解約され、また、担保権者は、債権保全上必要と判断した場合には何時でも、前項に基づく権利行使の委任の全部又は一部を何らの方式を要せず任意に解約することができる。この場合、担保権者は解約につき、損害賠償義務その他の金銭支払債務を負わない。

3．担保権設定者は、第1項により委任を受けた対象債権を、本ローン契約、本契約及び各対象債権に係る契約の条項に従い適時適切に行使する。

4．第1項に基づく権利行使の委任が解約された場合、以後、担保権設定者は、担保権者から別段の指示がある場合を除き、対象債権について第三債務者からの弁済を一切受領してはならず、また、担保権者は、いつでも対象債権を第三債務者に対して直接行使することができる。

5．担保権設定者は、第1項に基づく権利行使の委任が解約された後に第三債務者が担保権者に対象債権を直接弁済した場合には、第三債務者がかかる対象債権の支払につき担保権設定者に対する関係でも免責されることについて同意する。

第3条（本担保権の実行等）

1．本ローン債務の期限の利益を喪失した場合又は本ローン債務の全部若しくは一部について弁済期が到来しても支払われなかった場合は、担保権者は、担保権設定者に事前に通知又は催告することなく、その裁量により、一般に公正かつ妥当と認められる方法、時期、価格等により、対象債権の全部又は一部を直接取立て、回収し若しくは処分した上、その取得金から処分等に係る諸費用（第三者に処分を委託した場合において当該第三者が処分等に要した諸費用を含む。）を差し引いた残額を、支払期日が到来している本ローン債務の弁済に充当することができる。この場合、弁済充当

の順序及び方法は、法定の順序にかかわらず、本ローン契約第○条第○項に定めるところによるものとする。担保権者は、その独自の裁量により、かかる対象債権の取立て、回収又は処分について、担保権者の指定する第三者に委託して行わせることができる。担保権設定者は、対象債権の取立て、回収若しくは処分の方法、時期、価格等に一切異議を述べない。

2．前項の場合において、担保権者は、その裁量により、一般に公正かつ妥当と認められる方法、時期、価格等により対象債権を評価して取得し、その評価金額から諸費用（当該取得後の処分に係る費用を含む。）を差し引いた残額を、支払期日が到来している本ローン債務の弁済に充当することができる。この場合、弁済充当の順序及び方法は、法定の順序にかかわらず、本ローン契約第○条第○項に定めるところによるものとする。担保権設定者は、対象債権の評価又は取得後の処分の方法、時期、価格等に一切異議を述べない。

3．第1項に基づき、担保権者又は担保権者が委託した第三者が対象債権を取立て若しくは回収する場合、担保権者は、法令で認められる範囲内において、必要に応じて適宜第三債務者との間で和解等による減額、免除等の措置を講ずることができる。この場合、本ローン債務が何ら減免されるものではない。担保権設定者は、かかる減額、免除等の措置に一切異議を述べない。

4．担保権者は、担保権設定者に対し、第三債務者が支払第三債務者に対する対象債権の直接の取立てその他の回収行為について義務を負わず、また、その支払を確保するため、第三債務者の財産等に対する仮差押えの申立てその他対象債権を保全するための行為を行う義務を負わないものとする。

5．担保権設定者は、担保権者の本担保権の実行に協力するものとし、担保権者から請求があるときは、その指示に従い、担保権者が合理的に必要と認める措置を講じなければならない。

6．担保権者は、第1項に基づき対象債権を任意に処分した取得金から処分等に係る諸費用を差し引いたものを本ローン債務に充当してもなお残額がある場合、又は第2項に基づき対象債権を評価した金額から諸費用を差し引いたものを本ローン債務に充当してもなお残額が発生する場合、当該残額を担保権設定者に対して返還する。ただし、当該返還金には利息及び損害金を付さないものとする。

第4条（対象債権に対する侵害行為）

1．次の事由が発生した場合、担保権設定者は、直ちにその旨を、担保権者

に通知しなければならない。

(1)　対象債権の全部又は一部につき、差押え、仮差押え、仮処分、保全差押え、公租・公課等の滞納処分に係る手続が開始し又は申し立てられたとき。

(2)　対象債権の帰属に関して争いが生じたとき、その他事由のいかんを問わず対象債権に損害が生じたとき又は損害が生じるおそれが生じたとき。

2．対象債権につき、第三者より差押え、仮差押え、仮処分、保全差押え、公租・公課等の滞納処分に係る手続がなされようとしたときは、担保権設定者は、対象債権が、担保権者の担保目的物であることを主張して、各執行手続から防禦しなければならない。

第 5 条（表明及び保証）

1．担保権設定者は、担保権者に対して、本契約締結日において、次の各号に掲げる事項が真実かつ正確であることを表明及び保証する。

(1)　担保権設定者が、本ローン契約において表明及び保証した事実は、真実かつ正確であり、その真実性を疑わせる事実は存在しない。

(2)　対象債権に関する一切の権利、権限及び利益並びにそれらを処分する権限は、担保権設定者のみに帰属し、また担保権設定者は当該処分を行うのに必要な権利能力、行為能力その他の能力を有している。

(3)　対象債権につき、担保権設定者の行使を妨げる何らの権利の設定又は義務を負担する契約は存在せず、差押えその他担保権者の権利行使を妨げる事実関係も一切存在しない。

(4)　対象債権に悪影響を及ぼす、又はそのおそれのある処分（対象債権の放棄、第三者に対する譲渡、担保設定その他担保権者が完全な権利を取得するのに妨げとなる法令上の制限又は特約その他の合意を含むが、これらに限られない。）は行われていない。

(5)　対象債権に関連して第三者によるいかなる訴訟、仲裁、調停及び行政上の手続も係属又は発生しておらず、またこれらを争う請求、要求又は異議も表明されておらず、そのおそれもない。

(6)　担保権設定者が本契約を有効に締結すること、本契約に基づく一切の義務・債務を履行すること及びそれに基づく取引を行うことについて、第三者の承諾又は第三者への通知が必要な場合には、それらが全て完了し、その効力が維持されている。

(7)　対象債権には、譲渡その他の処分を禁止又は制限する特約は付されておらず、かかる特約が付されている場合は、本契約に基づく対象債権の

譲渡について、第三債務者の承諾が得られている。

⑻　対象債権は、劣後特約等の存在により、第三債務者に対する他の一般債権者に劣後する扱いを受けない。

⑼　対象債権に関して電子記録の請求は行われておらず、また、対象債権の弁済を確保するために約束手形の振出しが行われていない。

⑽　担保権設定者は、対象債権その他対象債権に関する契約に基づく義務の一切をその条項に従い適切に履行しており、その不履行を疑わせる事実はなく、そのおそれもない。

⑾　第三債務者は支払停止の状態になく、かつ第三債務者について一切の倒産手続は開始されておらず、また開始されるおそれもない。

⑿　第三債務者は、過去 2 年間に一度も手形交換所の不渡処分又は銀行取引停止処分を受けていない。

⒀　本契約に基づく本担保権の設定は、担保権設定者の正常な取引であり、詐害の意図その他不当な意図に基づくものではない。

⒁　担保権設定者は無資力、支払停止、支払不能又は債務超過の状態に陥っておらず、かつそのおそれもない。

⒂　担保権設定者についていかなる倒産手続開始の申立て又は申出も行われておらず、かつ、そのおそれもない。

⒃　本契約に基づく本担保権の設定及びその対抗要件の具備により、担保権設定者は無資力、支払停止、支払不能又は債務超過に陥るものではなく、かつそのおそれもない。また、本契約の締結以降、本契約に基づく本担保権の設定時及びその対抗要件の具備時から30日以内に、担保権設定者は、無資力、支払停止、支払不能又は債務超過になるおそれはなく、また、いかなる倒産手続開始の申立ても行われるおそれはない。

⒄　本契約の締結及び履行に当たり担保権設定者が担保権者に対して提出した一切の書類及び報告の内容は完全かつ正確であり、これを疑わせる事実も存在しない。本契約に関し、その締結の前後を問わず、担保権設定者から担保権者に対して提供された情報は全て正確であり、その後重要な点において変化が生じていない。

2．前項各号に掲げる事項のいずれかが真実若しくは正確でないこと又は変更があったことが判明したときは、担保権設定者は、直ちに担保権者に書面により通知するとともに、それにより担保権者に生じた損失、経費その他一切の損害（損害又は損失を被らないようにするために支出した費用及び損害又は損失を回復するために支出した費用（弁護士費用を含む。）を含むが、これに限られない。）を負担する。

第6条（誓約）

1. 担保権設定者は、本契約及び本ローン契約に基づく全ての債務が完済されるまでの間、担保権者に対して、次の各号に掲げる事項を、自らの費用と責任で遵守しなければならない。

 (1) 担保権設定者が、本契約において表明及び保証した事実が、真実かつ正確であるよう維持する。

 (2) 本契約に基づく誓約その他の合意事項を、履行すべき時期に完全に履行し、これらを遵守する。

 (3) 本担保権を毀損若しくは消滅させ又は価値を害するおそれのある一切の行為を行わない。

 (4) 対象債権について何らかの紛議等が生じた場合には、担保権設定者が一切の責任を負い、担保権者に生じた損失、経費その他一切の損害（損害又は損失を被らないようにするために支出した費用及び損害又は損失を回復するために支出した費用（弁護士費用を含む。）を含むが、これに限られない。）を負担する。

 (5) 対象債権について、電子記録の請求をせず、第三債務者が振出人又は引受人となっている手形を一切受領しない。

2. 担保権設定者が前項各号に定める義務に違反した場合、担保権設定者は、これにより担保権者に生じた損失、経費その他一切の損害（損害又は損失を被らないようにするために支出した費用及び損害又は損失を回復するために支出した費用（弁護士費用を含む。）を含むが、これに限られない。）を負担する。

第7条（免責等）

1. 本契約に基づく担保権が、担保権者が本ローン債務に関して有する他の担保又は保証（もしあれば。）に追加して設定されるものであっても、担保権者が、本ローン債務に関して有する他の担保又は保証の効力が本契約に基づく担保権によって影響を受けることはない。

2. 担保権設定者は、担保権者がその都合によって本ローン債務に関して他の担保又は保証（もしあれば。）を変更、解除又は放棄しても異議を述べないものとし、また免責を主張しない。

3. 担保権設定者は、いずれの担保から先に実行し弁済を受けるか、その全部又は一部を実行するか、どの部分を先に実行するかなど、担保権の実行の方法並びにその時期等については、担保権者の判断に委ねるものとし、担保権設定者は、かかる判断に対して一切の異議を述べない。

第 8 条（追加書類等への調印）

　担保権設定者は、本契約及び本ローン契約の目的を達成し、本契約及び本ローン契約に基づく取引を実行するために合理的に必要又は適切であるとして、担保権者が要求する場合には、担保権者の満足する内容及び様式により、追加の書類等に調印し、又はこれを作成の上担保権者に提出しなければならない。

第 9 条（費用）

　本契約の作成及び履行、本契約に基づく担保権の対抗要件具備、担保権の実行、並びに対象債権の調査又は処分に関して生ずる一切の費用は、担保権設定者が負担し、担保権者が負担した金額については、直ちに担保権者に全額を償還する。

第10条（遅延損害金）

1．担保権設定者は、担保権者に対する本契約上の債務の履行を遅滞した場合には、かかる履行を遅滞した債務（以下「履行遅滞債務」という。）の支払期日の翌日（同日を含む。）から履行遅滞債務の全てを履行した日（同日を含む。）までの期間につき、履行遅滞債務の金額に年率○％を乗じた遅延損害金を、担保権者の請求により直ちに支払う。

2．前項の遅延損害金の算出方法は、1年を365日とした日割計算とし、除算は最後に行い、1円未満は切り捨てる。

第11条（譲渡禁止）

1．担保権設定者は、担保権者の事前の書面による承諾なく、本契約に基づく権利・義務及び本契約上の地位について譲渡、質入その他の処分をしてはならない。

2．本ローン契約上の担保権者の権利が譲渡された場合には、本契約に基づく担保権はかかる譲受人のためにも同様に効力を有する。

第12条（通知及び届出事項）

　本契約に基づく通知及び届出については、本契約に別段の定めがある場合を除き、本ローン契約第○条の規定を準用する。

第13条（秘密保持義務）

1．担保権者及び担保権設定者は、(i)本契約に別途定める場合、(ii)適用法令等による場合、(iii)監督官庁又は裁判所等の公的機関に開示する場合、(iv)弁

護士、公認会計士等に開示する場合、又は(v)その他当事者で合意する場合を除き、他の当事者の書面による事前の同意なしに、本契約（締結済みか交渉中かを問わない。以下、本条において同様とする。）の条項、本契約に基づく取引の内容並びに本契約に基づき、又はこれに関連して他の当事者から受領した情報（本契約の交渉過程において得た情報を含む。）一切につき、これを第三者に対し開示・漏洩してはならず、本契約の締結・交付・履行以外の目的で本契約に関する情報又は本契約に基づき開示された情報を使用してはならない。なお、受領者の責めによらず公知となった情報、受領時までに当事者が既に有していた情報及び受領者が正当な権限を有する第三者から適法に取得した情報はこの限りではない。

2．本条に定める守秘義務は、担保権者並びに担保権設定者の従業員及び役員（その職位・職制を問わない。）にも、前項の秘密情報を確実に保護させることを含む。

第14条（契約の変更）

本契約の条項の全部又は一部の変更は、担保権者及び担保権設定者が署名又は記名押印した書面によってのみこれを行うことができる。

第15条（準拠法）

本契約の準拠法は日本法とし、日本法に従って解釈されるものとする。

第16条（管轄）

本契約の当事者は、本契約に関して生じるあらゆる紛争の解決に当たって、○○地方裁判所を第一審の専属的合意管轄裁判所とすることに合意する。

第17条（権利の不行使）

担保権者が本契約により定められた権利の全部又は一部を行使しないこと、又は行使の時期を遅延することは、いかなる場合であっても、担保権者が当該権利を放棄したもの、又は担保権設定者の義務を免除若しくは軽減したものとは解されず、当該権利又は義務にいかなる効果も与えない。

第18条（条項の独立性）

1．仮に本契約のある条項が不適法、無効又は執行不可能であるとされた場合であっても、又は本契約のある条項が特定の当事者について不適法、無効若しくは執行不可能であるとされた場合であっても、その他の条項の適

　法性、有効性若しくは執行可能性又は当該条項の他の当事者に対する適法性、有効性又は執行可能性には影響しない。仮に本契約のある条項が、ある状況下では不適法、無効又は執行不可能とされたとしても、その条項のその他の状況下での適法性、有効性又は執行可能性には影響しない。

２．法令等の改正又は制定により、本契約の各条項に規定する目的又は趣旨を達成することができなくなった場合には、本契約の当事者は、その目的又は趣旨に沿って当該条項の変更その他の調整に合意するものとし、上記合意が整わない場合にも、当該条項はその目的又は趣旨が達成されるよう読み替えられ、解釈される。

第19条（完全合意）

　本契約は当事者間における完全な合意を構成するものであり、対象とする事項について、当事者間で本契約の規定の他になされた書面又は口頭による従前の全ての合意に優先する。

第4章

対抗要件の具備

第1節 | 在庫動産担保

在庫動産について譲渡担保権の設定を受けた場合、担保権設定の事実を第三者に対抗するためには、原則として、対抗要件を具備する必要があります。

■1 民法上の対抗要件

民法178条においては、「動産に関する物権の譲渡は、その動産の引渡しがなければ、第三者に対抗することができない。」と規定されています。このように、民法上、動産の譲渡を第三者に対抗するためには、引渡しを行う必要があります。

そして、この「引渡し」には、①現実の引渡し（民法182条1項）、②簡易の引渡し（同条2項）、③占有改定（同183条）および④指図による占有移転（同184条）の4種類があります。

(1) 現実の引渡し

現実の引渡しは、譲渡人が譲受人に動産の現物の占有を移転する方法です。例えば、売買契約において、動産の売主が目的物を現実に買主に交付する場合がこれに当たりますが、後述のように、在庫動産担保においては、日々入れ替わる在庫は担保権設定者が引き続き直接占有することが通常ですので、現実の引渡しの方法が用いられることは基本的に想定されません。

(2) 簡易の引渡し

簡易の引渡しは、譲受人がすでに譲渡人から動産を賃借するなどして動産

の現物を占有している場合に、両者の合意によって観念的に占有の移転を行う方法です。この方法によれば、譲受人は、一度、当該動産を譲渡人に返還したうえで改めて現実の引渡しを受ける必要がありません。もっとも、現実の引渡しと同様、在庫動産担保において用いられることは基本的に想定されません。

(3)　占有改定

　占有改定は、譲渡人が動産の現物を直接占有している場合に、譲受人に対して、「今後は譲受人のために占有する」旨の意思表示をすることによって、観念的に譲受人に占有を移転する方法です。例えば、動産の売主が目的物をそのまま買主から借りておく場合がこれに当たります。この場合、動産の現物自体は、引き続き売主が直接占有することになります。

　在庫動産担保においては、日々入れ替わる在庫は担保権設定者が引き続き直接占有し、通常の営業の範囲内において処分することが認められるのが通常です。そのため、在庫動産について集合動産譲渡担保権の設定がなされる場合には、この占有改定の方法によって対抗要件が具備されることが一般的です（次頁の書式例 4 参照）。もっとも、後記のとおり、動産譲渡登記によることも可能であり、実務上は、両者が併用されることも多いと思われます。

　なお、集合動産譲渡担保においては、上記のとおり、在庫の中身は日々入れ替わることが想定されており、その都度、担保対象物の構成部分が変動することから、個々の動産について、いつの時点で対抗要件が具備されるのかが問題となります。この点について、判例は、集合動産については集合物論（集合物を構成する個々の動産ではなく、一個の集合物の上に譲渡担保権が成立するという考え方）に立ったうえで、担保権者は占有改定により当該集合物を目的とする譲渡担保権につき対抗要件を具備することができ、当該対抗要件具備の効力は、その後、構成部分が変動しても、集合物としての同一性が損なわれない限り、新たにその構成部分となった動産を包含する集合物について及ぶものとしています[26]。そして、学説上は、担保権設定後に集合物の構成要素となった個々の動産につき、集合物に対抗要件が具備された時

26）最判昭和62・11・10民集41巻 8 号1559頁。

書式例4：占有改定通知書

平成○年○月○日

［担保権者］
株式会社○○　　　　御中

［担保権設定者］
東京都○○区○○町○丁目○番○号
株式会社○○
代表取締役　○○　○○

占有改定に関する通知書

拝啓　時下、益々ご清祥のこととお慶び申し上げます。
　さて、担保権者としての貴社及び担保権設定者としての弊社との間で締結された平成○年○月○日付集合動産譲渡担保権設定契約（その後の変更契約を含みます。）に基づき、弊社は、本日付で、下記の所在場所所在の担保在庫を、貴社のために占有を致しますので、この旨ご通知申し上げます。

敬具

記

名称	郵便No.	住所

［確定日付］

に遡って対抗要件が具備されたことになる、と考えられています（第2部第3章第1節**4**(2)参照）。

(4)　指図による占有移転

　指図による占有移転は、譲渡人がすでに倉庫業者等の第三者に預けるなどして当該第三者が動産を直接占有している場合に、譲渡人が当該第三者に対して、以後は譲受人のために占有することを命じ、譲受人がこれを承諾する

ことにより、譲受人に観念的に占有を移転する方法です。ここでは、承諾を行うのは譲受人であり、倉庫業者等の第三者ではないことについて注意が必要です。これは、占有代理人である倉庫業者としては、誰のために占有しているかを知ることができれば足りると考えられているためです。

在庫動産担保においては、担保権設定者が目的物たる在庫動産を他社倉庫で保管しているような場合も多く、この場合には、当該倉庫業者が在庫動産を直接占有していることから、指図による占有移転の方法により対抗要件が具備されることになります。もっとも、後記**2**のとおり、動産譲渡登記によることも可能です。

なお、上記のような場合に、担保権設定者が倉庫業者に対して未払いの保管代金・出庫費用等の債務を負担している場合には、担保権者が担保実行を行う際に、当該債務に関して商事留置権の対抗を受ける可能性があります。そのため、他社倉庫の在庫動産を担保取得する際には、担保権者、担保権設定者および倉庫業者の間で合意書を締結するなどして、あらかじめ商事留置権を行使しない旨を倉庫業者に確約させることが望ましいと考えられます（第 2 部第 3 章第 1 節**3**、第 3 部第 3 章第 1 節**4**参照）。

2　動産債権譲渡特例法上の対抗要件

(1)　動産譲渡登記制度の創設

平成17年に、動産及び債権の譲渡の対抗要件に関する民法の特例等に関する法律（動産債権譲渡特例法）が施行されたことにより、上記**1**の民法上の対抗要件具備方法に加えて、動産譲渡登記によって対抗要件を具備することが認められるようになりました。

(2)　動産譲渡登記の対象

譲渡人は法人に限られます。他方、譲受人は法人に限られません。

対象となる動産は、個別動産であるか集合動産であるかを問いませんが、①自動車、建設機械など特別法上の登記・登録制度があり、すでにこれによる登記・登録済みの動産、②貨物引換証、預証券および質入証券、倉荷証券、船荷証券が作成されている動産、ならびに③株券、無記名債権といった

ものについては登記の対象外とされています。

　また、登記の対象となるためには、動産の譲渡の事実が必要となるため、ファイナンスリース、所有権留保や動産質権については、登記することはできません。

(3)　動産譲渡登記の存続期間

　動産譲渡登記の存続期間は、原則として最長10年です。ただし、特別の事由がある場合（被担保債権の返済期間が10年を超える長期融資の場合等）には、10年を超えて存続期間を定めることができます（動産債権譲渡特例法 7 条 3 項）。そこで、通常は、被担保債権の返済期間等を考慮して必要な存続期間が定められることになります。なお、存続期間の起算日については、登記原因の日からではなく、登記申請の日からとなります。

(4)　不動産登記との違い

　不動産登記制度は、すべての不動産の存在と物権変動の公示を目的とし、個々の不動産が基準とされるため、担保権に順位を付すことができ、差押え、仮差押えの登記をすることも可能です。

　これに対し、動産譲渡登記制度は、すべての動産の公示はそもそも不可能であることから動産の存在の公示は目的とされておらず、登記申請があった限りで動産の譲渡の事実を公示するにとどまり、かつ譲渡人が基準とされています。そのため、動産譲渡登記には担保権の順位を付す制度はなく、動産への差押え、仮差押えの事実も登記されません。

③　在庫動産担保について対抗要件を具備する際の留意点

(1)　権利が競合した場合

　複数の動産譲渡が競合した場合には、登記に記録される「登記年月日時」、引渡し（民法178条）の日時の先後によって優劣が決まります。

　このように、権利が競合した場合の優劣は、対抗要件具備の先後によって決定されることから、引渡し（民法178条）によって対抗要件を具備するに当たっては、対抗要件具備時期を明確にするため、占有改定等により引渡し

が完了したことを明確にすべく、担保権設定契約や、別途担保権設定者が差し入れる占有改定通知書等、占有改定があったことが明らかとなる書面に確定日付を得ておくことが有益です。

(2)　即時取得との関係

　集合動産譲渡担保権の設定を受け、有効に対抗要件を具備した場合であっても、当該担保権の対象動産について第三者が即時取得（民法192条）の要件を満たす場合には、当該第三者が対象動産の所有権を原始取得（何らの法律上の負担のない権利を原始的に取得することをいいます）することになるため、以後、当該動産については集合動産譲渡担保権の効力は及ばなくなります。

　即時取得とは、取引行為により、平穏かつ公然に動産の占有を始めた第三者が、前主が無権利者であることにつき善意無過失であるときに、所有権等を原始取得する制度をいいます（民法192条）。このように、即時取得が成立するためには、第三者において、譲渡人が無権利者であることを知らず、かつ、そのことについて過失がないことが必要となりますが、仮に、譲渡担保権の設定について動産譲渡登記がなされていた場合であっても、それだけで直ちに第三者に過失があったことにはならないと考えられている点に注意が必要です。ただし、当該第三者が金融機関等の金融のプロである場合は、登記を確認しなかったことへの過失が認められる可能性が高まるものと考えられます[27]。

　また、第三者によって対象動産が即時取得されてしまうのをできる限り防止するという観点から、担保権設定契約においては、担保権設定者には、担保権者の求めに応じて、立札を立てる等の方法により明認方法を施すことが義務付けられることも多いといえます。

　なお、在庫動産担保においては、担保権設定者（借入人）が債務不履行等により処分権限を失うまで、通常の営業の範囲内で対象動産を処分することができることとされるのが通常ですが、この場合に、かかる通常の営業の範囲内で対象動産を取得した第三者は、当該対象動産を有効に取得することが

27）内田貴『民法Ⅰ［第4版］』（有斐閣）474頁参照。

できますので、上記の即時取得は問題となりません。そのため、実際には、即時取得が問題となるのは、担保権設定者（借入人）が債務不履行等により処分権限を失った場合ということになると思われます。

(3)　民法上の対抗要件具備と動産譲渡登記の併用

　動産譲渡登記を申請する場合であっても、動産譲渡登記の申請には時間がかかること、動産譲渡登記とは異なり、占有改定や指図による占有移転には存続期間の制限がないこと等から、動産譲渡登記により対抗要件を具備する場合であっても、まずは民法上の対抗要件を具備すべきと考えられます。そのため、在庫動産担保の設定を受ける場合には、占有改定等による民法上の対抗要件の具備および動産譲渡登記による動産債権譲渡特例法上の対抗要件具備の双方を行うことが多いと思われます。

(4)　先順位担保権等の有無

　在庫動産担保を取得するに当たっては、対象動産について、すでに先行して他の譲受人のために登記が備えられている場合には、当該登記に劣後することになってしまうため、そのような登記が存在していないかを調査する必要があります。この場合、担保権設定者に対して登記事項証明書の提示を求めるなどして、先行する登記の有無を確認することになります。また、担保権設定契約においては、担保権設定について動産譲渡登記が完了したことを確認するため、登記完了後にもあらためて登記事項証明書の提出を義務付けることが一般的です。

　なお、担保取得に先立ち登記事項証明書等の各種の証明書を取得したとしても、当該担保取得時点で第三者が登記手続中であったり、証明書の取得後、担保権者による対抗要件具備前に登記がなされる可能性もあります。また、第三者により先行して動産譲渡登記がなされていなかったとしても、占有改定等により民法上の対抗要件具備が先行している場合もあります。この点については、実査等により明らかとなる場合もありますが、一般的には、担保権設定契約において、先順位担保権が設定されていないことを担保権設定者に表明保証させることになると思われます。

第 2 節 ┃ 売掛債権担保

売掛債権について担保権の設定を受けた場合、担保権設定の事実を第三債務者ないし第三者に対抗するためには、原則として対抗要件を具備する必要があります。

■ 民法上の対抗要件

(1) 通知または承諾

民法上、売掛債権譲渡担保権の設定を第三債務者に対抗するためには、担保権設定者（譲渡人）が第三債務者に通知をし、または第三債務者から承諾を取得することが必要となります（民法467条 1 項）。また、第三者との関係では、かかる通知または承諾が、確定日付のある証書によって行われることが必要となります（同条 2 項）。

なお、売掛債権担保においては、担保権設定者が現在有している売掛債権に加えて、将来発生するいわゆる将来債権についても担保の対象とされることが一般的ですが、この将来債権について、第三者対抗要件具備の効力発生時期はいつなのか、という問題があります。この点については、将来債権は、譲渡契約時に確定的に譲渡されたことになると考えられています[28]（第 2 部第 3 章第 2 節■(2)参照）。

(2) 異議を留めない承諾

承諾により対抗要件を具備する場合、その相手方は担保権設定者（譲渡人）、担保権者（譲受人）のいずれでもよいと考えられています。そして、第三債務者が承諾をするに当たって異議を留めなかった場合には、第三債務者は、担保権者（譲受人）が債権を行使したときに、担保権設定者（譲渡

28）最判平成13・11・22民集55巻 6 号1056頁、最判平成19・ 2 ・15民集61巻 1 号243頁参照。

人）に対して主張できた一切の抗弁事由を担保権者（譲受人）に対して主張することができなくなります（民法468条1項前段）。

　この点、売掛債権担保の対象となる売掛債権の第三債務者が、担保権設定者に対して何らかの反対債権を有している場合には、担保権者としては、第三債務者から当該反対債権による相殺等の主張を受けることのないよう、あらかじめ異議を留めない承諾を取得しておくことも考えられます（次頁書式例5参照）。

　もっとも、第三債務者から異議なき承諾を取得することができたとしても、これにより担保権者（譲受人）が保護されるためには、判例上、担保権者（譲受人）が善意無過失でなければならないとされています[29]。したがって、売掛債権担保を取得する際には、単に異議なき承諾を取得できればよいということではなく、あくまで反対債権の有無等についての調査を十分に行うことが重要です。

(3) 売掛債権に譲渡禁止特約が付されている場合

　売掛債権譲渡担保権設定の対象となる売掛債権に譲渡禁止特約が付されている場合、原則として当該債権についての譲渡担保権の設定は無効となります。そのため、譲渡禁止特約付売掛債権についてはそもそも担保権設定の対象から除外されることも多いですが、当該債権について担保取得する場合には、譲渡禁止特約を解除するために第三債務者の承諾を得ることが必要となります。

　したがって、このような場合には、通常、譲渡禁止特約を解除するための承諾と、民法上の対抗要件具備としての承諾を同時に取得することになります。

---

29) 最判平成27・6・1金融・商事判例1473号16頁。

書式例 5 ：第三債務者の承諾書

債権譲渡担保権設定承諾依頼書兼承諾書

平成○年○月○日

株式会社○○　御中

　　　　　　　　　　　（担保権設定者）
　　　　　　　　　　　東京都○○区○○町○丁目○番○号
　　　　　　　　　　　株式会社○○
　　　　　　　　　　　代表取締役　　○○　　○○
　　　　　　　　　　　（担保権者）
　　　　　　　　　　　東京都○○区○○町○丁目○番○号
　　　　　　　　　　　株式会社○○
　　　　　　　　　　　代表取締役　　○○　　○○

　　株式会社○○（以下「担保権設定者」といいます。）は、株式会社○○
（以下「担保権者」といいます。）及び担保権設定者の間の平成○年○月○日
付金銭消費貸借契約（その後の変更契約を含みます。）に基づき担保権設定
者が担保権者に対して現在及び将来負担する一切の債務の履行を担保するた
め、担保権者及び担保権設定者との間で締結された平成○年○月○日付売掛
債権譲渡担保権設定契約（その後の変更契約を含みます。）に基づき、貴社
と担保権設定者との間で締結された平成○年○月○日付○○契約に基づき担
保権設定者が貴社に対して現在及び将来有する一切の売掛債権を担保権者に
譲渡しましたので、ご承諾下さいますよう、本書をもってお願い申し上げま
す。

・・・・・・・・・・・・

上記債権譲渡を異議なく承諾しました。

平成○年○月○日

　　　　　　　　　　　（第三債務者）
　　　　　　　　　　　東京都○○区○○町○丁目○番○号
　　　　　　　　　　　株式会社○○
　　　　　　　　　　　代表取締役　　○○　　○○

［確定日付］

2　動産債権譲渡特例法上の対抗要件

(1)　債権譲渡登記制度

　動産譲渡登記と同様、債権譲渡についても、動産債権譲渡特例法により、前記**1**の民法上の対抗要件具備方法に加えて、債権譲渡登記によって第三者に対する対抗要件を具備することが認められています（動産債権譲渡特例法4条1項）。

　債権譲渡登記による場合、担保実行の局面に至るまでの間、第三債務者は自らに対する債権が譲渡されたことについて知る機会が与えられないことが一般的です（ただし、担保取得に当たって譲渡禁止特約の解除が必要となる場合には、第三債務者に担保権設定の事実を伝え、承諾を得ることが必要となります）。そのため、債権譲渡の事実を知られることが担保権設定者の信用不安を惹起する可能性があるような場合には、民法上の通知または承諾によるのではなく、債権譲渡登記の方法を利用することが有益であり、ABLにおいては、実務上、この方法によることが一般的です。

　ただし、債権譲渡登記がされたとしても、あくまで第三債務者以外の第三者に対する対抗要件が具備されるにとどまります。そのため、第三債務者に対する対抗要件を具備して担保権を実行するためには、登記だけでは足りず、その登記がされたことについて、担保権設定者（譲渡人）もしくは担保権者（譲受人）が第三債務者に登記通知をし、または当該第三債務者の承諾を取得することが必要です（動産債権譲渡特例法4条2項）。

(2)　債権譲渡登記の存続期間

　債権譲渡登記の存続期間は、原則として、第三債務者がすべて確定している場合は最長50年、その他の場合は最長10年です。ただし、特別の事由がある場合（被担保債権の返済期間が10年を超える長期融資の場合等）には、10年を超えて存続期間を定めることができます（動産債権譲渡特例法8条3項）。そこで、通常は、被担保債権の返済期間等を考慮して必要な存続期間の債権譲渡登記が行われることになります。なお、存続期間の起算日については、登記原因の日からではなく、登記申請の日からとなります。

⑶　既発生債権についての債権譲渡登記

　売掛債権担保においては、担保権設定者が現在有している売掛債権および将来取得する債権の双方について、第三債務者を特定しない形で担保権が設定されることも多いですが、債権譲渡登記の制度上、すでに発生している債権について債権譲渡登記を行う場合には、将来債権の場合とは異なり、第三債務者を特定しなければなりませんので、登記申請の際には注意が必要です。

❸　売掛債権担保について対抗要件を具備する際の留意点

⑴　権利が競合した場合

　複数の債権譲渡が競合した場合には、登記に記録される「登記年月日時」、確定日付のある通知または承諾（民法467条 2 項）の日時の先後によって優劣が決まります。

⑵　先順位担保権等の有無

　このように、売掛債権担保を取得するに当たっては、対象債権が先行して譲渡され、すでに当該他の譲受人のために登記が備えられている場合には当該譲受人に劣後することになってしまうため、そのような登記が存在していないかを調査する必要があります。この場合、担保権設定者に対して登記事項証明書の提示を求めるなどして先行する登記の有無を確認することになります。また、担保権設定契約においては、債権譲渡登記が完了したことを確認するため、登記完了後にも改めて登記事項証明書の提出を義務付けることが一般的です。

　なお、担保取得に先立ち登記事項証明書等の各種の証明書を取得したとしても、当該担保取得時点で第三者が登記手続中であったり、証明書の取得後、担保権者による対抗要件具備前に登記がなされる可能性もあります。また、第三者により先行して債権譲渡登記がなされていなかったとしても、確定日付のある通知または承諾により民法上の対抗要件具備が先行している場合もあります。一般的な対応としては、担保権設定契約において、先順位担保権が設定されていないことを担保権設定者に表明保証させることが考えら

れます。

(3)　譲渡禁止特約付債権

　担保取得の対象となる売掛債権に譲渡禁止特約が付されている場合、原則として当該債権についての譲渡担保権の設定は無効となるため、譲渡禁止特約を解除するために第三債務者の承諾を得ることが必要となります。そのため、この場合には債権譲渡登記の方法によるだけでは、そもそも担保権設定の効力自体が認められない可能性が高いという点に注意が必要です。

第 3 部

ABLの期中管理

第1章
モニタリングとその手法

第1節 ABLにおけるモニタリングの目的

　ABLが普及するに伴い、ABLを検討する金融機関においては、モニタリングに費やす労力が大きいがために、ABLはハードルが高いと考える向きも多くなっているように感じられます。

　不動産担保融資やABLといった融資手法の別を問わず、融資を提供する債権者の究極的な目的は、債務者の信用リスクに応じた収益を確保しつつ、元本を毀損させることなく回収することであるのは言うまでもありません。もちろん、債務者の信用格付において正常先と判断されるような、実態として財務状態が優良な債務者に対する融資においては、回収に対する懸念はそれほど大きくはなく、むしろ継続して借りてもらうための努力が必要となりましょう。他方、要注意先・要管理先以下に区分される債務者に対しては、債権者は、いかなるタイミングでいかなるアクションを起こすのかということを常に想定し、準備しておくことが肝要となります。

　わが国におけるABL型融資は、現状では要注意先以下に区分されるような信用力が低い債務者に対し提供されることが多いと考えられます。ABLを実行するレンダーは、債務者自体の信用リスクに加えて、担保物が流動的な資産であり、それらが散逸するリスクが常に伴うという不安定さのために、不動産担保融資等の古典的な融資手法と比較し、より高い元本回収の不確実性にさらされるケースが大半となっています。このような状況において、ABLにおけるモニタリングは、債務者が置かれている状況と元本回収リスクの度合いに応じ、元本の一部回収や担保実行などの行動を自発的に起こすタイミングを判断するための材料を手に入れる手段であるといえます。

　この手段としてのモニタリングの主たる目的は、①ボロイングベース管理

のための担保評価額の洗い替え、②債務者の状況の把握、となります。継続的にモニタリングを行うことは、決して楽な作業ではありませんが、適切なモニタリングを継続することで、ABLの回収リスクを軽減することは可能であり、十分に労力に見合った結果が得られるものと思われます。

　また、債務者は、モニタリングを通じて債権者から常に「見られている」という心理的な牽制を受けることで、債権者に対し正確なレポーティングを行うインセンティブが高まることや、モニタリング資料の作成を通じて債務者の管理能力が向上するなどの副次的な効果が期待できます。

第2節 ｜ 実務としてのモニタリング

　ABLにおける一般的な担保物は、在庫や売掛債権といった債務者の事業継続において中核を成す資産であり、不動産等の移動が不可能な資産とは異なり、その変化には債務者の事業の状況が直接的に反映されやすいといえます。融資期間中のモニタリングにおいて、決算書や試算表に基づいた分析のみによって得られる情報に加え、これらの資産に生じている変化を把握することにより、債務者の状況に対する理解をより深いものとすることができ、債務者に重大な変化が起きている場合には早期の段階で発見することも可能となります。

　上記を踏まえ、本章ではあくまでも、「債務者が置かれている状況と元本回収リスクの度合いに応じた適切な行動を取るタイミングを判断するための材料を手に入れる手段」という点にフォーカスし、実務家の視座から、債務者の実態把握を高い水準で達成しつつ、実務に耐え得る形式のモニタリングについて述べていきます。

第3節 ｜ 融資実行前に行うデューデリジェンス （内部管理体制の把握）の重要性

　ABLを検討する金融機関においては、兎にも角にも「融資実行後のモニタリングをどのように行うべきか」という方法論のみが重要視される風潮が否めません。モニタリングの手法には一義的な正解はないと考えますが、融資実行前に行うデューデリジェンスこそが、モニタリングにおいて最も重視すべきプロセスのひとつであることを理解する必要があります。

　「段取り八分の仕事二分」という諺にもあるとおり、モニタリングは、「段取り」である融資実行前のデューデリジェンス、「仕事」である融資実行後のモニタリングに大別されることを十分に理解しなければなりません。債権者が望む完璧なモニタリングの継続は理想ではありますが、債権者および債務者双方に実務上相当の負担を強いることとなり、時間的・物理的制約を勘案した場合におよそ現実的ではありません。したがって、融資実行後のモニタリングは、あくまでも「変化」の把握にとどまらざるを得ません。

　そこで、融資実行前のデューデリジェンスは、融資実行後にどのようなモニタリングを行うのかということを十分に念頭において行わなければなりません。融資実行前に明確な目的を伴ったデューデリジェンスを実施することにより、融資実行後に行うモニタリングにおいて重点的に注視すべき項目や数値の特定が可能となり、またモニタリングの結果得られる情報の妥当性および信頼性を高めることが可能となります。この意味で、モニタリングは融資実行前のデューデリジェンスを開始する時点からすでに始まっているのです。そして、融資実行後のモニタリングの主たる目的の一つである「債務者の状況の把握」は、「債務者の変化を捉えること」と換言できましょう。

第4節 ｜ モニタリングの頻度

　ABLにおいてモニタリングの頻度はどの程度に設定すべきでしょうか。この問いに対する一義的な解はありません。それは、債務者の個別の信用リスク（融資残高の絶対額も含め）が異なるうえに、それに対する債権者側のリスク許容度もそれぞれ異なるためです。資金繰りが安定しており、比較的リスクの度合いが低いと判断できる債務者の場合、特にモニタリングを行う必要がないと判断されるケースもあるでしょう。債権者として回収懸念が高いのであれば、モニタリングの頻度は高い方がよいでしょう。一般的には、債務者の資料作成能力上の限界から、モニタリングは月次ベースで行われるケースが多いものの、モニタリングの実施頻度について、明確な基準は存在しません。かえって、頻度に関するルールを規定することにより、そのルールさえ守っていればモニタリングを行っていることになるという要らざる安心感を創出してしまう結果につながりかねず、モニタリングそのものが機能しなくなるおそれがある点に留意が必要です。

　そもそもモニタリングとは、主に債務者の現時点での実態把握、すなわち変化の把握を目的としたものであることはすでに述べたとおりです。資金繰りに窮し、数ヵ月後の資金の目処が立たないような債務者であれば、危機的な状況に直面する可能性をより正確に把握するために、高頻度でのモニタリングが必要となることは言うまでもありません。このように、債務者の状況に応じ、柔軟にモニタリングの内容を変化させていくことが肝要となるのです。

　ただし、金融機関における審査部門等、集中的に信用力の低い債務者を管理するような部署においては、高頻度のモニタリングを実施すべき債務者が相当数に上ることが考えられます。その場合、全債務者について高頻度のモニタリングを実施することは、マンパワー等の物理的な制約により現実的には困難と思われます。その意味で、モニタリングの実施頻度については、他債権者の支援姿勢や債務者ごとの担保特性等に応じて、重点的にモニタリン

グする事項の絞り込み、また債務者ごとにモニタリングの優先順位を設定できる仕組みを構築しておくことが肝要となります。

第5節 | ボロイングベース管理のための担保評価額の洗い替え

1 売掛債権の担保評価額の洗い替え

売掛債権のモニタリングは以下の手順で行います。

(1) モニタリング資料の入手

モニタリングに際して債務者から入手するデータは、正確にモニタリングを行うためにも必ず電子データで受領するようにしなければなりません。売掛債権のモニタリングにおいて受領すべきデータは以下のとおりです。

① 得意先個社別の月次売掛債権残高一覧表

販売先コード・販売先名称・売掛債権残高の記載があるものを入手します。

② 得意先コードマスタ（または名寄せリストの作成）

販売管理システムを導入している債務者の場合、それぞれの得意先について得意先コードを割り当て、各得意先を管理するコードを単一の管理コードとしているケースがよく見られます。それぞれの得意先のコードが示されるリスト（コードマスタ）を入手することで、より正確にモニタリングを行うことができます。

販売管理システム等を導入していない債務者の場合、営業部門が経理部門に売上報告をする場合に、同一の得意先であるにもかかわらず毎回名称が異なることがあります。

これは実際にあった事例ですが、同一の得意先について、「株式会社○○、㈱○○、㈱○○第○部」という得意先名が使用されていました。このような場合、適格担保売掛債権を算出するために、譲渡禁止条項を設定している得意先を把握したり、得意先ごとの評価率を使って担保評価を算出する際に、非常に手間がかかってしまいます。名寄せリストを作成し、複数の名称

【図表 3 － 1】名寄せリストの例

入手データ上の得意先名称	名寄せリスト名称
株式会社ABL	ABL
㈱ABL	ABL
㈱ABL第1部	ABL

を集約することで、より正確に、より早くモニタリングを行うことが可能となるでしょう。

③　**買掛先等個社別の月次反対債権（買掛債務・前受金等）残高一覧表**

反対債権についても、売掛債権同様、買掛先コード・買掛先名称・買掛債務残高が記載されたデータを受領します。

債務者によっては、同一の取引先であっても、得意先コードと買掛先コードを管理上区別して設定している場合がありますので、得意先コードと買掛先コードを突き合わせる、または名寄せリストを作成する等の方法により、評価対象売掛債権から確実に反対債権を除外できるようにします。

(2)　売掛債権残高データと試算表上の売掛債権残高の確認

債務者からデータを受領したら、売掛債権残高データの残高と、試算表上の売掛債権の残高の数字が合致しているか確認を行います。以下は実際のモニタリングにおいて発生を確認した違算の例です。

①　**売上入金処理のミスに起因する違算**

売掛金請求額と販売先からの入金の消込を行う際、入力担当者の誤入力により相違が発生。

②　**システム変更時の入力ミスに起因する違算**

システム変更時入力において、入力担当者の誤入力により、本来発生しないはずの特定の売掛先に対する繰越残が発生。

③　**販売先との認識の相違に起因する違算**

販売先に対しリベートや手数料（反対債権）を支払っている場合、それらの金額の認識が実態と異なることにより違算が発生。

違算を発見した場合、債務者に対しヒアリングを行い、違算の原因について確認を行います。違算金額が少額であり、債務者から明確な回答がなされ、その説明が合理的である場合においては、特段大きな問題はないと考え

ても差し支えないでしょう。

⑶　担保評価額の算出

担保評価額は、以下の算式に基づいて算出されます。

> 売掛債権担保評価額＝適格担保売掛債権残高×評価率

適格担保売掛債権残高の算出、評価率の設定方法のそれぞれについて、以下のとおり算出、設定を行います。

①　適格担保売掛債権残高の算出

第2部第2章「ABLの担保評価」において述べたとおり、デューデリジェンスにおいて、譲渡禁止特約を合意している販売先、延滞債権、反対債権の存在、関係会社宛て債権の有無等の確認ができている前提となりますが、これらの不適格担保売掛債権を除外し、適格担保売掛債権残高を算出します。

②　適格担保売掛債権に係る得意先（第三債務者）の評価

第三債務者の評価については、それぞれの金融機関により評価が異なると思われますので、一義的な評価方法は存在しません。

一例を挙げると、例えば当該第三債務者に係る企業調査報告書を取り寄せ、当該調査報告書の結果に基づいてランク付けを行うなどの方法があります。すべての第三債務者について詳細な分析を行うことは不可能でしょうか

【図表3－2】担保評価額の算出例

得意先 CD	得意先名	① 売掛債権残高	② 譲渡禁止 債権	③ 関係会社 宛て債権	④ 反対債権 （買掛金等）	⑤＝ （①－（②＋③＋④）） 適格担保 売掛債権残高	⑥ 評価率	⑦ ＝（⑤×⑥） 担保評価額
1234567	A社	92,000,000			10,000,000	82,000,000	65%	53,300,000
1234568	B社	84,000,000	該当		－	－	－	－
1234569	C社	76,000,000			6,000,000	70,000,000	55%	38,500,000
1234570	D社	73,000,000			－	73,000,000	50%	36,500,000
1234571	E社	65,000,000			－	65,000,000	65%	42,250,000
1234572	F社	58,000,000	該当		－	－	－	－
1234573	G社	50,000,000			5,000,000	45,000,000	60%	27,000,000
1234574	H社	48,000,000	該当		－	－	－	－
1234575	I社	36,000,000		該当	－	－	－	－
1234576	J社	18,000,000			2,000,000	16,000,000	50%	8,000,000
		600,000,000			23,000,000	351,000,000		205,550,000

ら、簡易的な評価にとどまらざるを得ません。その意味では、売上の多くが数少ない得意先に集中している場合よりも、ある程度分散されている方が、リスク分散という観点から好ましいといえるでしょう。

　また、融資期間が長期にわたる場合には、定期的に第三債務者の評価を洗い替えることも重要となりますので、融資実行の段階で洗い替えを行うタイミングを予め決定しておくなど、ルール化しておくことが望ましいといえます。

(4)　より厳格なモニタリング

　債務者の管理体制に問題があり、売掛債権残高データと試算表データにおける違算が頻繁に発生している、また入金の消込が杜撰である等の場合には、より厳格なモニタリングを行う必要があります。

①　売掛債権の入金履歴の確認

　図表3-3は、売掛債権のモニタリングにおいて実際に使用されたデータの一部を加工したものです。

　債務者の回収予定額と実際の入金額（入金履歴（通帳）に基づく回収額）に差異があることが読み取れます。債務者に対する確認により、一部は売上計上の認識において、債務者と得意先との間で相違があったことがわかりました。売掛債権自体は存在しており、翌月には入金されることが確認されたのですが、この種の「期ズレ」による入金額の相違は大きな問題ではありません。

　他方、別の売掛債権において、債務者が得意先（第三債務者）から相殺さ

【図表3-3】入金履歴のモニタリング例

データ上売掛先名称	正式名称	20XX年1月期末残高	20XX年2月売上高	20XX年2月回収予定額	20XX年2月月末残高	入金履歴（通帳）に基づく回収額	回収率
●●	㈱●●	7,848,750	13,334,925	9,340,435	13,334,925	8,133,676	87%
△△	㈱△△	346,500	248,350	371,550	248,350	327,465	88%
××	㈱××	2,326,800	1,744,680	2,476,300	1,744,680	2,164,332	87%
■■	㈱■■	336,000	463,600	365,850	463,600	322,875	88%
○○	○○㈱	968,625	968,625	968,625	968,625	968,625	100%
▲▲	▲▲㈱	420,000	420,000	420,000	420,000	420,000	100%
□□	□□㈱	1,370,250	2,121,460	1,508,750	2,121,460	1,316,252	87%

れるべき反対債権の算入を忘れていたことにより、債務者の想定回収額と実質入金額が異なっていました。この点については、20XX年 2 月末の売掛債権残高に、請求できない（相殺された）残高が含まれていたことが、その後の追跡調査により明らかとなりました。

このように、債務者によっては、売掛金入金口座の入金履歴を確認することも必要となってきます。

② 売掛債権残高の推移の確認

毎月の売掛債権残高を横一列に並べることで、異常な取引を発見することも可能です。図表 3 - 4 は、ある実在する企業の実際の売掛金残高推移表です。売掛債権の残高が 6 ヵ月間全く変化していない得意先が存在することが容易に確認できます。

【図表 3 - 4】個社別月次売掛残高推移表の例

得意先 CD	得意先名	20X1年 12月度	20X2年 1月度	20X2年 2月度	20X2年 3月度	20X2年 4月度	20X2年 5月度	20X2年 6月度
1234567	A社	46,815,946	48,487,911	40,753,673	17,801,929	15,075,574	27,039,728	20,302,396
1234568	B社	30,663,038	3,068,166	4,140,850	3,835,593	6,917,105	5,772,038	2,739,610
1234569	C社	19,017,768	16,915,522	12,658,325	8,580,556	6,689,125	9,772,591	7,694,810
1234570	D社	15,378,893	25,937,611	19,904,336	18,554,723	19,757,131	19,331,282	20,417,630
1234571	E社	12,698,909	27,598,140	35,961,949	18,335,050	32,815,302	28,428,963	25,951,445
1234572	F社	11,907,916	20,206,010	13,981,519	15,027,868	13,266,909	17,933,832	15,738,635
1234573	G社	9,972,000	12,201,597	6,999,603	13,629,328	10,306,029	8,281,571	8,058,031
1234574	H社	9,659,688	6,109,629	10,571,344	10,341,774	22,273,530	19,459,051	18,677,022
1234575	I社	9,235,165	16,355,032	8,546,917	3,483,265	7,681,762	7,500,144	21,393,888
1234576	J社	9,222,696	4,675,338	8,353,256	14,914,118	8,089,932	14,000,638	16,113,377
1234577	K社	9,163,127	4,321,243	1,081,044	4,178,868	5,263,534	11,294,735	11,995,792
1234578	L社	7,667,041	13,090,313	12,783,935	13,299,101	12,025,926	11,104,250	10,501,048
1234579	M社	7,530,558	12,241,672	11,086,958	10,441,712	10,864,319	12,262,007	13,150,542
1234580	N社	7,012,561	7,012,561	7,012,561	7,012,561	7,012,561	7,012,561	7,012,561
1234581	O社	7,001,882	7,001,882	7,001,882	7,001,882	7,001,882	7,001,882	7,001,882
1234582	P社	6,666,679	7,885,391	4,883,983	3,795,576	2,269,482	5,129,846	8,138,623
1234583	Q社	6,610,633	6,610,633	6,610,633	6,610,633	6,610,633	6,610,633	6,610,633
1234584	R社	6,605,713	6,605,713	6,605,713	6,605,713	6,585,713	6,585,713	6,585,713
1234585	S社	6,489,708	6,640,590	3,348,199	5,156,808	6,366,440	7,612,689	6,522,469
1234586	T社	6,362,127	806,887	-141,263	2,010,425	3,189,701	1,588,213	3,057,900
1234587	U社	6,109,231	4,296,835	2,838,698	5,594,301	5,691,318	4,495,860	5,495,424
1234588	V社	6,023,657	8,389,261	7,466,462	8,590,798	7,306,548	8,309,205	9,087,745
1234589	W社	6,015,523	7,467,291	3,045,185	2,393,910	1,901,383	1,056,548	792,392
1234590	X社	5,965,990	8,445,702	7,466,555	6,905,431	7,446,753	16,902,130	17,675,609
1234591	Y社	5,841,618	1,109,569	5,194,793	4,805,850	6,967,337	5,688,348	5,092,240
1234592	Z社	5,605,650	5,605,650	5,605,650	5,605,650	5,605,650	5,605,650	5,605,650
‥‥‥		‥‥‥	‥‥‥	‥‥‥	‥‥‥	‥‥‥	‥‥‥	‥‥‥

❷　在庫の担保評価額の洗い替え

　在庫のモニタリングの手順は以下のとおりです。順を追ってみていくことにしましょう。ここでは、モニタリング手順がより複雑となる、多店舗展開を行う小売業者に対するモニタリングについて紹介していきます。

⑴　モニタリング資料の入手

　モニタリングに際して債務者から入手するデータは、売掛債権のモニタリング同様、必ず電子データで受領するようにしなければなりません。

　卸売業者は、その事業規模にもよりますが、一般的には倉庫を中心に在庫を保管しているケースが多くなっています。したがって、卸売業者に対するABLのモニタリングにおいては、在庫保管場所について毎月のように確認を行う必要性は低いと判断されます。

　他方、数十から数百店舗という規模で多店舗展開を行っている小売業者については、出店や退店等が定期的に発生します。すなわち、担保契約において在庫保管場所とされておらず、動産譲渡登記により登記されていない在庫保管場所が追加されたり（担保権の効力が及ばない）、退店により換価シナリオ策定に当たって活用を想定していた店舗が減少する（ひいては在庫の評価率が変化することとなる）といった、ボロイングベースに影響を与える事象が発生し得ることから、在庫それ自体に加えて、在庫保管場所の増減についてのモニタリングが必須となります。

①　最小管理単位（SKU）ベース在庫残高一覧表

　在庫品番、在庫名称、在庫分類、在庫金額、販売金額等が記載されたデータを入手します。

　債務者から入手したデータの形式が最小管理単位となっていない場合（例えば品目別による管理にとどまっている場合等）は、可能な限りブレイクダウンされたデータを入手するようにします。ABLの実行前に行う在庫評価の時点でそのようなデータを入手しているはずですので、同様の資料を依頼するようにしましょう。

②　在庫保管場所一覧表

　在庫保管場所一覧表については、新規出店または新規保管場所（倉庫等）の追加、退店等の情報を入手します。

【図表 3 − 5 】在庫保管場所一覧表の例

在庫データ											
	在庫登録日	保管場所コード	保管場所名称	大分類コード	大分類名	中分類コード	中分類名	在庫コード	在庫名	在庫数量	数量単位(pc等)	在庫原価(簿価)
	20XX年○月○日	2000	0	100	●●	0	●●●●	100200101	●●●●●●●●	100	pc or set	10,000
	20XX年○月○日	3000	0	200	▲▲	0	▲▲▲▲	200315200	▲▲▲▲▲▲▲▲	150	pc or set	20,000
	20XX年○月○日	2000	0	500	■■	0	■■■■	200315201	■■■■■■■■	200	pc or set	30,000
	……											
	……											

　債務者が小売業者である場合、出店は新規保管場所の追加となることから、当該新規保管場所に所在する在庫を適格担保在庫としてみなすためには担保対象に追加したうえで登記を行う必要があります。しかしながら、1〜2店舗の出店であれば、当該新規保管場所に所在する在庫金額はそこまで大きくはないでしょう。そして毎月のように登記を行うことは、債権者および債務者双方に事務手続や登記費用の負担を発生させます。したがって、実務上は直ちには適格担保在庫に含めず、2、3ヵ月に一度まとめて登記を行う等の方法により対応します。

　ただし、新規保管場所として新たな倉庫を賃借する等、新規保管場所に移動される在庫金額が大きくなる可能性がある場合、または債務者の財務状況が不安定であり、担保権実行の可能性がある場合には、逐一追加登記を行うようにしなければなりません。

⑵　在庫残高データと試算表上の在庫残高の確認

　売掛債権データにおける確認同様、在庫データの残高と試算表上の在庫残高が合致しているかについて確認を行います。

⑶　担保評価額・適格担保在庫残高の算出

　担保評価額は以下の算式に基づいて算出されます。

> 在庫担保評価額＝適格担保在庫残高×評価率

　適格担保在庫残高は、以下のとおり算出、設定を行います。

　第 2 部第 2 章「ABLの担保評価」において詳説のとおり、譲渡禁止特約を設定している在庫保管場所等担保権の効力が及ばない在庫、また不良品等の

【図表3−6】適格担保在庫残高の算出例

総在庫	1,000,000,000
委託販売在庫	10,000,000
担保提供禁止ブランド在庫	230,000,000
不良品	40,000,000
担保提供禁止店舗在庫	20,000,000
不適格担保在庫高	300,000,000
棚卸ロス引当前適格担保在庫残高	700,000,000
棚卸ロス率	0.5%
棚卸ロス引当額	3,500,000
適格担保在庫残高	696,500,000

担保物として価値が見られない不適格担保在庫を除外し、適格担保在庫残高を算出します。棚卸ロス率については、債務者の過去の実地棚卸における帳簿との乖離率の平均的な数値を適用します。

第6節 | モニタリングにおける債務者の報告事項

　定期的に行う売掛債権および在庫のモニタリングが完了し、ボロイングベースの洗い替えが完了した段階で、債務者に対しボロイングベースを通知します。債務者との間の融資契約においては、債務者側にボロイングベース報告書の提出を義務付ける形で報告義務を課すことが一般的ではありますが、実務上、ボロイングベースの算定を債務者が行うことは困難であり、内容の確認も必要となることから、債権者が報告書の作成を行い、債務者の確認を経たうえでボロイングベース報告書を提出してもらうことがスムーズなモニタリングにつながると考えられます。

(1)　財務制限条項／誓約事項の遵守状況の確認

　ABLの実行時点において債務者に対し要求した財務制限条項、またその他制約事項等が遵守されているかについて、財務制限条項遵守確認書（書式例6）により確認を行います。

　主たる財務制限条項としては、担保金額が融資残高全額、または融資残高のある一定の水準（融資残高の80％等）を超過していることを要求する条項

書式例6：財務制限条項等遵守確認書

平成　年　月　日

［債権者］　御中

〇〇県〇〇市
株式会社〇〇
代表取締役　〇〇　〇〇　　　印

　［債権者］及び株式会社〇〇（以下「借入人」といいます。）の間で締結された平成〇年〇月〇日付〇〇契約書（以下「本契約」といいます。）に基づき、借入人は、以下の情報が正確かつ適正であることについて表明します。
(1)　本確認書と共に提出された財務情報が正確であること。
(2)　本確認書と共に提出されたボロイングベース報告書とそのバックアップ資料が正確であること。
(3)　本契約上に定める期限の利益喪失事由が生じていないこと。
(4)　その他の財務制限条項を遵守していること。
(5)　以下の財務制限条項を遵守していること。

	基準	実績	財務制限条項遵守
最低手元流動性	円	［　］円	YES □　NO □
担保金額	円	［　］円	YES □　NO □

上記遵守規定に抵触している場合（NO）は、抵触理由と改善策を下記にご提示ください。

抵触事由：

改善策：

や、債権者が特定する時点において一定の水準の流動性現預金残高の維持を要求する条項等を設定することが一般的です。これに加え、売上高や粗利益率等の維持に関する条項を必要に応じて適宜追加するようにしましょう。

(2)　ボロイングベースの確認

担保評価額の洗い替えを定期的に行うことで、債権の保全状態を確認します。適格担保売掛債権残高および適格担保在庫残高を算出後、それらに債権者所定の評価率や掛け目を乗じ、ボロイングベースを算出します。

書式例7：ボロイングベース報告書

○○株式会社
ボロイングベース報告書

通番：
作成日：平成○年○月○日
基準日：平成○年○月○日

担保適格在庫

当月末在庫　①		1,000,000,000
不適格担保在庫　②		
合意書の無い第三者倉庫に所在する在庫		−10,000,000
展示品・サンプル品		−7,000,000
不良品		−5,000,000
棚卸ロス引当前適格担保在庫　③		978,000,000
棚卸ロス引当金（③×棚卸ロス率）　④	棚卸ロス率 −0.5%	−4,890,000
適格担保在庫　⑤＝③−④		973,110,000
評価率　⑥	60.0%	
掛目　⑦	80.0%	
総率　⑧＝⑥×⑦	48.00%	
担保評価額　⑨＝⑤×⑧		467,092,800

担保適格売掛金

売掛債権残高　(1)	
売掛債権残高（最優良）	20,000,000
売掛債権残高（優良）	80,000,000
売掛債権残高（良）	100,000,000
売掛債権残高（可）	30,000,000
売掛債権残高（譲渡禁止）（評価対象外）	230,000,000

売掛債権残高（関係会社）（評価対象外）		410,000,000
売掛債権残高（少額債権等）（評価対象外）		130,000,000
売掛債権残高合計		1,000,000,000
相殺対象未払金残高　(2)		
相殺対象未払金残高（最優良）		− 3,000,000
相殺対象未払金残高（優良）		− 2,000,000
相殺対象未払金残高（良）		− 3,500,000
相殺対象未払金残高（可）		− 1,500,000
相殺対象買掛金残高合計		− 10,000,000
適格担保売掛債権残高　(3)＝(1)−(2)		
適格担保売掛債権残高（最優良）		23,000,000
適格担保売掛債権残高（優良）		82,000,000
適格担保売掛債権残高（良）		103,500,000
適格担保売掛債権残高（可）		31,500,000
適格担保売掛債権残高合計		240,000,000

適格担保売掛債権評価額　(4)＝(3)×掛け目	掛け目	
適格担保売掛債権評価額（最優良）	65.0%	14,950,000
適格担保売掛債権評価額（優良）	60.0%	49,200,000
適格担保売掛債権評価額（良）	50.0%	51,750,000
適格担保売掛債権評価額（可）	40.0%	12,600,000
適格担保売掛債権評価額　(5)＝(4)		128,500,000

担保評価額合計　⑨＋(5)		595,592,800

	貸付限度額	
貸出可能額　〈1〉	300,000,000	300,000,000
融資残高合計　〈2〉		300,000,000
金消契約第○条第○項に基づき、追加的措置が必要となる金額		
〈3〉 ＝ 〈1〉−〈2〉 （〈1〉が〈2〉を下回った場合）		0

この確認書に署名するものは、○○株式会社と債権者との間に締結された金銭消費貸借契約に基づき本確認書を提出しており、当該内容が正確であることを表明します。

○○県○○市
○○株式会社
代表取締役　○○　○○　㊞

第7節 | モニタリング事例——債務者の変化を捉える

　第6節までは、債権の保全状況を確認するうえで必要不可欠となるボロイングベース算出という、定型的に行うモニタリングの具体的な方法について紹介しました。このボロイングベース算出は、「債権保全状況の確認」という、債権者として最低限行わなければならない作業といえます。

　モニタリングとは、しかるべきタイミングでアクションを起こすための材料を得る手段であり、債務者の変化を捉えることを目的とするものであることはすでに述べたとおりです。本節では、ボロイングベースの把握からさらに一歩進んで、「変化を捉える」ことに主眼を置いたモニタリング、すなわち、在庫や売掛債権の変化に加え、資金繰りや事業計画の進捗等も含めた債務者の状況全般の総合的なモニタリングについて、株式会社ゴードン・ブラザーズ・ジャパン（以下「GBJ」と表記します）のファイナンス部門によって実際に行われた融資をもとに紹介していきます。

　事例紹介に当たっては、あえてABLの初期的検討から回収までを網羅的に記載することとしました。その方が、ABLの全体像の中でのモニタリングについて読者の方々により具体的なイメージをもっていただけるであろうと考えるためです。

　もちろん、何をやればモニタリングとなるというマニュアルのようなものは存在せず、状況の変化に応じて機動的にモニタリング内容を変化させていかなければなりません。実際に、本事例で紹介されるABLは、GBJのファイナンスチームも非常に苦労をした案件であり、必死に債務者とコミュニケーションを取りながら、日々モニタリングを行いました。モニタリングには一義的な手法というものは存在しませんが、それでも本事例を通じて得られるモニタリングのエッセンスは、その他のケースにも十分に応用可能であると考えます。

1 打診

　2011年3月11日、GBJのファイナンス部長と担当者は、事業再生ファンドFの取締役およびプリンシパルとの間で、同ファンドの投資先である子供服卸・小売業者P社に対する在庫を活用した融資についてミーティングを行っていた。

　案件のキックオフは、奇しくも東北地方太平洋沖地震が発生したその日であった。地震はミーティングの最中に発生し、一同は共に机の下に潜り込んだ。発生時点において日本周辺における観測史上最大の地震といわれる天災を経験した両者の間には、戦地を潜り抜けた戦友の間に見られるような、ある種の特殊な連帯感が生まれていた。

　P社は創業から90年の歴史を有する九州地盤の老舗企業である。子供服の製造卸・小売業者として一定の知名度を有し、全国の百貨店約200店舗、直営店約40店舗を中心とした小売販売に加え、大手量販店をはじめとする卸売先約300社に対して卸売販売を行っていた。

　ピーク時には300億円近い売上高を計上していたものの、2000年代に入り、少子化に伴う子供服マーケット自体の縮小に加えて、長引く不況とデフ

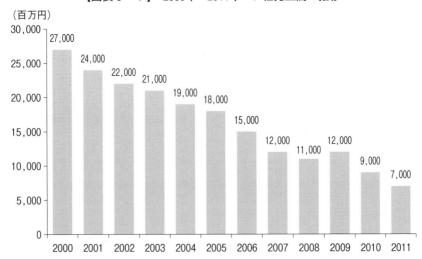

【図表3－7】　2000年～2011年　P社売上高の推移

【図表3－8】　百貨店　子供服売上高

年度（暦年）	売上高（百万円）	減少率
2010	161,853,717	
2011	159,227,380	−1.6%
2012	155,786,725	−2.2%
2013	152,778,595	−1.9%
2014	151,382,992	−0.9%

（出所）日本百貨店協会

レというマクロ環境の悪化が引き起こしたターゲット層消費者のマインドの変化、すなわち「安くてそれなりの品質」を求める消費者のニーズを満たすことができず、ロードサイドに大型店舗を展開し、安価な商品を供給する子供服専門チェーン等の台頭によりシェアを奪われていく。Ｐ社の主戦場であった百貨店自体の業績低迷という構造的な問題を抱えつつ、2010年には売上高が100億円を割り込み、そしてその翌年には70億円程度にまで落ち込むこととなった。

　ファンドＦは、2006年に第三者割当増資および創業家からの株式譲受によって、スポンサーとしてＰ社に資本参加。4名の取締役を派遣して経営陣を刷新したものの、資本参加以降の5年間で売上高は半減し、営業赤字を継続するという憂き目を見ることとなった。業績は悪化の一途を辿っていた。ファンドＦは店舗閉鎖、人員削減、不採算ブランドの統廃合、本社不動産売却等数々のリストラを断行し、何とか踏みとどまっていた。

　Ｐ社の売上高低下は底を打ち、大規模なリストラによるコスト削減も寄与して、2010年10月から2011年2月の間、月次で連続営業黒字を計上するまでに回復。しかしながら、東日本大震災に端を発した消費低迷、計画停電による営業時間の短縮に起因する売上高減少により、震災発生と同月の2011年3月の売上高は事業計画対比10％にまで落ち込んだ。

　Ｐ社が月次ベースで再び営業赤字に転落することは、火を見るよりも明らかであった。

　この状況を打破するため、Ｐ社はさらなる店舗閉鎖および人的リストラを行う必要に迫られ、リストラ資金を確保する必要がある一方で、事業計画の骨子であった新規営業施策に関する仕入資金を調達したいというニーズを有

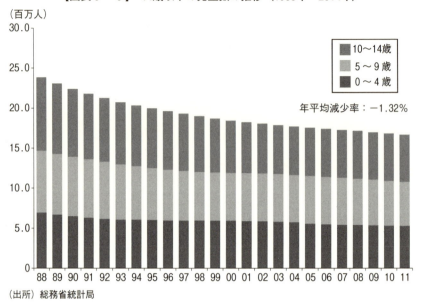

【図表3－9】　14歳以下の児童数の推移（1988年～2014年）

（出所）総務省統計局

していた。ファンドＦがGBJに対し融資検討を依頼した調達希望額は3～4億円であった。

2　初期的検討

　P社の資産においてABLの担保物として適当と思われた資産は在庫と売掛債権であった。過去の月次試算表により、月によって変動はあるものの、それぞれの残高は10～15億円程度のレンジで推移していることがわかった。

　在庫は衣料品であり、自社ブランドや某スポーツブランド等を冠した製品であった。自社ブランド以外のブランドについてはライセンス料を支払い、ライセンシーとなることで生産し、販売を行っていたが、ライセンス契約を精査した結果、ライセンスブランド製品の担保提供について特に支障はないと判断された。

　他方、売掛債権については、百貨店および直営店での売上に基づく売掛金が売上高の75％を占め（残りの25％は卸売による売上）、これらの売掛債権は、第三債務者が百貨店であり、また直営店舗ではクレジットカード売上に

基づくクレジットカード会社に対するものが多く、それらの第三債務者とP社との間の取引契約書を確認した結果、その多くに譲渡禁止条項の設定が確認された。そこで、GBJとしては、在庫のみを担保としたABLの検討を開始した。

　P社の得意先を確認したところ、ABLの活用によってP社に信用不安が発生する可能性は低いと判断され、P社も同様の認識であった。取引金融機関との関係でも、約定どおり弁済を行っており、また東日本大震災の影響で資金繰りが苦しいことは明白であったため、各取引金融機関は、P社がGBJに対し在庫を担保提供して資金調達することについて、積極的にではないが容認した。

　GBJの在庫評価部門による在庫の概算評価の結果、在庫だけを担保とした場合であっても、ファンドFの調達希望額に近い金額で、想定融資可能額を提示することが可能であると思われた。GBJはP社に対し融資提案を行い、当該提案内容に満足したP社からGBJに対し正式に在庫評価業務の委託がなされた。

❸　在庫評価──換価シナリオの策定

　2011年4月末の融資実行を目指し、GBJの在庫評価部門は2011年3月の終わり頃から評価業務を開始した。在庫の評価はある一時点の在庫の残高に基づいて行われる。融資実行に向けてのスケジュールはタイトであり、3月中に作業に着手する必要があったことから、2011年2月末時点を評価基準日として在庫の評価を行った。

　在庫評価基準日を2月末、換価シナリオ上の換価開始日を3月1日とし、どのブランドの、どのアイテムを、どこで、誰に販売するかという具体的なシナリオが策定された。P社の展開店舗数173店舗に対し、直営店舗31店舗、百貨店16店舗、インターネット店舗1店舗の合計48店舗を活用して換価を行うというシナリオが描かれた。百貨店の展開店舗数は100を超えていたが、百貨店はその他テナントへの配慮から閉店セールを許可しないことが多いため、シナリオにおいて採用した店舗は、GBJが過去に閉店セールを取り組んだ実績のある百貨店のみに限定することとした。

【図表 3 −10】換価シナリオ

《店頭換価方式》　　　　　　　　　　　　《卸売方式》

百貨店ブランド 直営店ブランド 春・夏・通期物	→	店頭での消費者 に対する販売

卸売ブランド 春・夏・通期物	→	P社既存卸売先 に対する販売
百貨店ブランド 直営店ブランド 秋・冬物・キャリー品	→	P社既存卸売先に 対する販売 新規卸売先に対す る販売
卸売ブランド 秋・冬物・キャリー品	→	ディスカウンター に対する販売

　P 社の既存販売チャネルは百貨店・直営店・卸売であり、P 社は百貨店・直営店で販売する製品については百貨店ブランド、量販店等へ卸売を行う製品については卸売ブランドというように、販売先によってブランドを区分けしていた。想定した換価開始日は春から夏に向かう時期となる。したがって、百貨店・直営店ブランドの春物・夏物・通期物（年中販売可能な商材）については店頭換価方式によって、百貨店・直営店ブランドの秋・冬物、および卸売ブランドの製品については、卸売方式で換価を行うこととした。

４　デューデリジェンス

　融資実行前のデューデリジェンスにおいては、大きな懸念事項は見当たらなかった。毎月中旬には前月末の在庫データや試算表等各種資料の作成が可能であることが確認され、月次でのモニタリング資料提出には十分に対応できると判断された。

　ただし、資料の正確性については、一部懸念される点も見受けられた。

　在庫管理において、百貨店での販売の際、値札が付いていないものについてダミーコードで売上計上を行う、またファミリーセールなどの催事の際には、物流子会社から出荷される在庫について、システム入力を行わずに出荷する等の処理がなされ、実地棚卸において実在在庫とシステム上の在庫に乖離が発生する原因となっていた。この実地棚卸における乖離率については、ボロイングベース算出時に乖離率を引当額として控除することで対応することとした。

　また請求業務についても、百貨店に対する売上において、百貨店側が支払

明細書を発行するという商慣習に基づき、Ｐ社側からの請求は行っておらず、これに加えて百貨店側が返品を見越して支払いを留保するために、売掛入金の正確な消込が困難となっていた。しかしながら、Ｐ社はデューデリジェンスの３ヵ月前に売掛債権残高一覧表と銀行口座の入金履歴を突合して差異を確認し、差異が発生している売掛先に連絡して入金を要請するプロセスを管理業務に追加したことから、今後は入金消込作業の精度が向上するであろうと思われた。

5　モニタリング方法の設計およびコベナンツ

　ボロイングベースについては、ABLにおいて一般的である月次での更新（毎月末の在庫残高をベースに洗い替え）を行うこととした。

　Ｐ社の在庫高の月次推移には一定の季節性が確認され、換価開始時期によっては、その時期に見合った適切な商品を販売できるかどうかによって換価額が大きく変動する可能性があった。そこで、この季節性リスクの軽減を目的として、在庫評価率自体の更新（在庫の再評価）は半年に一度行うことを融資条件とした。

　資金繰りはモニタリングにおける最重要項目である。Ｐ社の資金繰り表の精度は、デューデリジェンスにおいてある程度信頼してもよい水準であるこ

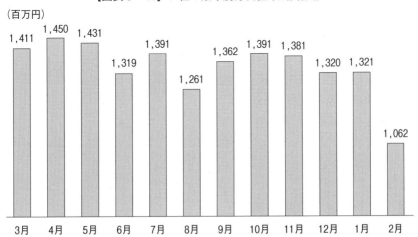

【図表３－11】Ｐ社の某年度月次在庫残高推移

（百万円）

3月	4月	5月	6月	7月	8月	9月	10月	11月	12月	1月	2月
1,411	1,450	1,431	1,319	1,391	1,261	1,362	1,391	1,381	1,320	1,321	1,062

とを確認していた。融資契約においては、資金繰り表、損益予算実績対比表、および試算表を月次で提出することを義務付けた。

P社が属するアパレル業界、特に卸売業における商慣習の中で、業績見通しを大きく変動させる特徴的な取引が返品条件付販売（常時返品を可能とする条件が付された販売）である。この返品条件付販売に起因して、決算書の見栄えを良くするために、決算期において在庫の「押し込み」（売上計上）を行い、翌月に返品してもらうといった取引が発生しやすい。また、仕入れる側においても常に返品が可能であることから、在庫リスクを負わずに売場の商材確保ができるため、取引に応じることに何ら問題意識を抱いていないことが多い。

P社に関するGBJの在庫評価レポートにおいて、返品条件付販売の存在について記載がなされていたことから、GBJのファイナンスチームは、試算表上の売上高と純売上高の間に記載されている「売上戻り（返品額）」の推移を、モニタリング項目とすることとした。

また、財務制限条項として、流動性預金残高（預金担保等拘束性のある預金を除く）を常時100百万円維持しなければならないものとした。P社に対し毎月末時点の流動性預金残高の報告義務を課し、加えて銀行預金残高を確認できる資料の提出を求めた。後に、この財務制限条項がモニタリングにおいて大きな意味を持つこととなる。

6　融資実行

2011年4月28日、限度貸付枠を450百万円とする限度貸付契約、およびP社が所有する在庫に譲渡担保権を設定する担保権設定契約が締結され、同日200百万円の引き出しが行われた。

この日から826日間、融資は継続することとなる。GBJのファイナンスチームは、近い将来においてP社が資金繰りに窮し、担保権実行の準備をする事態にまで発展するとは、この時点では知る由もなかった。

7　第1回融資期限延長

P社の上半期（3月〜8月）は、春夏物の販売が中心であり、これらは秋

冬物と比較して販売単価が低い商材であることから、例年営業赤字を計上していた。震災の影響を考慮した2012年2月期（2011年3月～2012年2月）の修正事業計画では上半期の営業損失を130百万円としていたが、震災の影響により売上高は計画比未達となったものの、円高による仕入れコスト低減により売上総利益率が改善したこと、また継続して行ってきたリストラ効果が寄与したことから、90百万円の営業損失にまで縮小することに成功した。また、GBJの融資から2ヵ月後の2011年6月末、P社はS銀行に対し売掛債権を担保として提供し、S銀行から100百万円を調達した。

　2011年9月、担保余力は200百万円程度と十分に保全がなされている状況であったこと、また業績が安定していたことから、GBJのファイナンスチームはP社の要請に応じて50百万円の追加引出に応じた。

　P社は、2012年2月期下半期（9月～2月）には計画どおりの営業利益を計上し、通年では240百万円の営業利益を達成するまでに回復した。通年での営業利益黒字化は実に8期ぶりのことであった。上記売掛債権担保融資を活用した追加的な資金調達にも成功した結果、資金繰りはよりいっそう安定することとなり、P社は再生への途を順調に歩んでいるかに思われ、穏やかな日々が流れた。

　そして、2012年3月、ファンドFおよびP社より融資期限を1年間延長したいとの申入れがなされ、GBJのファイナンスチームはこれに応じた。この融資期限延長時において、P社がライセンシーとなっていた某スポーツメーカーから、当該ブランドを冠した製品について担保提供を禁止する旨の通知がなされた。担保対象在庫から当該ブランドの在庫を除外しなければならなくなり、結果として担保評価額が減少したため、限度貸付枠を450百万円から350百万円に引き下げることで対応した。

⑧　物流子会社売却とメインバンクの交代

　連日真夏日が続いていた2012年9月7日午前9時、GBJのファイナンスチームは、業績についてのヒアリングを行うために九州のP社事務所を訪ねた。

　P社のCFOは、P社の上半期は売上単価の低い春夏物を販売することから例年営業赤字となる傾向があるが、2013年2月期の上半期は営業黒字で折り

返すことができたと上機嫌であった。

　また、負債を減少させることで資金繰りの改善および金利負担を削減することを目的に、物流子会社の売却を行い、子会社に委託していた物流業務をアウトソーシングする計画を披露した。Ｐ社が保有していた土地建物を売却し、当該不動産に第一順位の抵当権を設定していたメインバンクに対し借入を全額返済するとのことであった。

　Ｐ社によれば、既存メインバンクとの関係はあまりしっくりいっていないとのことであり、この物流業務のアウトソーシング・不動産売却スキームを提案した準メインバンクを今後のメインバンクと位置付けたい考えであり、当の準メインバンクもＰ社を積極的に支援していく意向であるらしい。

　GBJのファイナンスチームは、メインバンクの交代に一抹の不安を覚えながら、在庫の保管場所移転に伴い、新規の物流業務委託先となる倉庫会社との間で締結する合意書（倉庫会社による商事留置権放棄、および有事の際には担保権者（GBJ）の要請に基づいて出庫停止を行う等、担保権者に対し協力することを合意する覚書）について準備を進めることとした。

9　モニタリング

　2012年11月１日午後１時30分、GBJのオフィスの応接室でＰ社のCFOが直近の業績推移と資金繰りについて説明を行っていた。

　上半期は営業利益17百万円を確保（計画値どおり）したものの、下半期のスタートである９月の実績は売上計画408百万円に対し実績186百万円、翌10月は551百万円に対し322百万円と、苦戦を強いられていた。売上高の計画未達は、天候不順による秋物の販売不振に起因するものとの説明がなされた。しかし、GBJの融資担当者は、９月および10月の売上戻りがそれぞれ149百万円（前年同月比42百万円増加）、181百万円（同58百万円増加）という異常な数字の出現をモニタリングにより把握していたことから、上半期の営業黒字は、８月の押し込み販売（返品条件付販売）およびその後の売上戻り計上のタイミングのズレによって作られた数字に違いないという確信を抱いていた。

　Ｐ社は下半期の計画見直しを行い、実態を反映した計画を作成するとのことであった。足許の苦戦はさておき、上半期の営業黒字化は資金調達面でＰ

社の立場を優位にし、9月末には某金融機関から無担保で100百万円の新規融資を受けることに成功していた。また別の金融機関が新規融資を行いたいと打診してきているとのことであり、既存融資の折り返しも順調に行われる見込みであったことから、資金繰りにおいて大きな懸念材料は見当たらなかった。

CFOとの面談は、「例の物流業務のアウトソーシング・不動産売却スキームを提案し、不動産の仲介を行った準メインバンクのP社所管部署の部長は、当該不動産の買い手に対する融資も行った功績が認められ、9月末に栄転した」という他愛もない話で終わった。GBJのファイナンスチームは、上半期の作られた営業黒字と、9月および10月の大幅計画未達、そして準メインバンク（新メインバンク）の営業店においてP社を積極的に支援する方針を打ち出した張本人がいなくなったという事実に、どこか薄気味の悪さを感じていた。

⑩　Day625——兆候

年が明けた2013年1月11日、GBJのファイナンス部長と担当者は千代田区にあるファンドFのオフィスを訪問し、ファンドFの出口戦略などについてヒアリングを行った。ファンドFはP社に投資してから6年が経過しており、営業利益の黒字化を達成したことから、P社の株式を売却する意向であった。そしてその売却時期の目標を2012年12月末に定め、買い手候補者へのサウンディングを行っていた。しかしながら、打診先から思うような金額が提示されなかったこともあり、またP社は2013年2月期も営業黒字を見込んでいたことから、より高いリターンを得ることを目論んだファンドFは、2013年8月まで売却期限を延長する方針を固めた。

物流業務のアウトソーシングに伴う不動産売却に加え、S銀行に売掛債権を担保提供していたことから、もはや新規資金調達を行うために担保として供するその他の資産を保有していなかったP社は、在庫を重要な資金調達のための資産として位置付け、ファンドFはGBJのABLについて融資期限の延長を要請した。

上半期は17百万円の営業黒字で折り返したものの、実際には押し込み販売による利益の先食いであったことは、9月から11月にかけての売上戻り高合

計額が前年比166％に達しているという事実が如実に表していた。しかしファンドＦによれば、業績不振の要因はリブランディングしたブランドの展開が上手くいっておらず、期待したほど売上に寄与していないからであるとのことであった。今後リブランディングの効果が売上高を押し上げるであろうという、ファンドＦの強気の姿勢は崩れていなかった。

しかしながら、GBJのファイナンスチームは、Ｐ社の状況はファンドＦの見通しほど楽観的ではないと判断していた。この時点でＰ社は、1月および決算月である2月において、合計154百万円の営業利益を達成しなければ通期赤字に転落してしまう状況となっていた。以下は面談後に書かれたGBJの担当者のメモである。

> 「計画：1月売上高755百万円（昨対115％）、2月売上高1,124百万円（昨対124％）。1月および2月の営業利益率を保守的にそれぞれ10％と仮定（計画値はそれぞれ11％および15％）した場合、2ヵ月で売上高合計1,540百万円を確保しなければ通期赤字となる。これは2ヵ月合計で対計画売上高達成率が87％以上必要であることを意味しており、また昨対売上高では103％以上達成しなければならないことを意味している。下半期の実績およびこれらの事実を総合的に勘案した場合、通期営業黒字の達成はほぼ不可能に近いと判断され、したがって、通期営業赤字転落は必至とみられる。
>
> 　Ｐ社によって提出された最新の資金繰り計画では、1月末の流動性預金残高は、コベナンツの一つである最低流動性預金維持条項（常時流動性預金残高100百万円以上の維持）を下回る可能性がある。
>
> 　一方、遊休不動産の売却により得られる資金を弁済に回すものの、手元にはいくぶん残余が残るため、これを考慮した場合1月末の流動性預金残高は120百万円内外となることが予想される。しかし2月の計画売上高は過大であり、この達成率および金融機関からの支援状況いかんでは、近い将来において資金繰り破綻の懸念がある。」

11　**調整**

Ｐ社にとって決算月である2013年2月は、惨憺たる結果で幕を閉じた。計画上の売上高1,124百万円に対し、実績はわずか644百万円であった。この売

【図表3−12】P社の売上戻り月次推移（2010年4月〜2014年6月）

（単位：百万円）

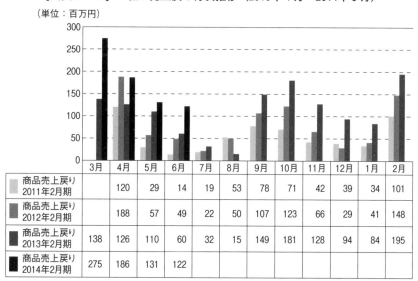

	3月	4月	5月	6月	7月	8月	9月	10月	11月	12月	1月	2月
商品売上戻り 2011年2月期		120	29	14	19	53	78	71	42	39	34	101
商品売上戻り 2012年2月期		188	57	49	22	50	107	123	66	29	41	148
商品売上戻り 2013年2月期	138	126	110	60	32	15	149	181	128	94	84	195
商品売上戻り 2014年2月期	275	186	131	122								

上高計画比大幅未達の要因は、①店頭売上の不振、②新倉庫のオペレーション上の問題により出荷作業ができず、250百万円程度の売上が4月へずれ込んだこと、そして③195百万円に上る多額の返品であった。

　モニタリングによって、百貨店事業の売上総利益が通常より10％程度高くなっていることを把握していたため、この点について質問をしたところ、某ブランドのライセンス料支払いを「調整（支払わなければならない分を翌期に支払う処理）」したことによる売上原価の減少が寄与したとのことであった。P社に対し当該処理は適切だと思われない旨伝えたところ、「監査の結果どうなるか分からない」と正直に不正まがいの行為であることを認めた。取引金融機関に対しても、会計監査後に営業赤字に陥る可能性があることを伝えているとのことであった。

　結果的に、2013年2月期は通期にて営業利益35百万円（計画比8％）と、黒字を捻出した格好となったが、ライセンス料の費用未計上が否認される可能性があったほか、下半期に返品が前期より大幅に増加したことに起因して返品調整引当金等の積み増しを行わなければならない可能性があった。そして2月においても相当の押し込み販売を行っていたとみられ、実質的には架

空の利益が計上されているに等しいものと考えられた。事実、翌月3月の売上戻り高は275百万円に上っており、当該売上を考慮しない場合、通期で営業赤字に転落していたであろう。

　決算期である2月の売上高の大幅な下振れは、資金繰り計画にも大きな影を落とした。2013年3月末の資金繰りは、極めて不安定な状況となっていた。

　GBJは資金繰りの手当てについて、P社に対し明確な対応方針の説明を求めた。以下は、これを受けてP社との面談の際に示された資金調達計画である。

2013年3月調達計画

B銀行：20百万円　折り返し融資実行済

K銀行：100百万円　調達予定（支店決裁完了し、近日本店審査部へ回付）

新メインバンク：130百万円　調達予定

GBJ：30百万円　追加引出予定

2013年4月調達計画

新メインバンク：200百万円調達予定

GBJ：280百万円　融資期限延長依頼

　　　（既存融資残高250百万円＋3月追加引出残高30百万円）

　P社は新メインバンクに対し、3月および4月で合計330百万円の融資を打診しており、面談当日は融資担当者が本部へ赴いているとのことであった。仮に上記資金調達に成功した場合、4月以降8月までの毎月末の流動性預金残高は110百万円から178百万円で推移すると予想された。

　また、資金繰りには反映されていないが、P社は保有する滞留在庫を、中国国内販売用商品として中国の子会社に対し売却することを検討しており、当該売却代金のうち100百万円を資金繰りのバックアップとしているとのことであった。しかしながら、中国の子会社に対し売却する在庫の量、またどの程度の金額で売却されるのかについては、「現在確認中」の一点張りであり、回答を得ることはできなかった。恐らく画餅であろうとGBJの融資担当者は判断した。

　GBJからの追加引出30百万円については、新メインバンクおよびK銀行の融資がなされなければP社は資金繰りが破綻するため、GBJとしては追加引出前に2行のスタンスを見極める必要があった。いずれにせよ、仮にGBJが3月末に追加引出要請に応じると仮定しても、下半期の売上戻りが多く、また資金繰りの逼迫に伴う仕入れ圧縮により、在庫評価率および在庫評価対象金額の両方が減少することが見込まれるため、GBJとしては、4月末には早々に返済してもらうこととなる可能性が高い旨を、P社に伝えた。

🔢 不信感

　2013年3月22日、ファンドFのEXITスケジュール、P社に対する支援スタンスおよび資金繰りについての対応方針を確認するために、GBJはファンドFに対するヒアリングを行った。以下はその際のやりとりである。

ファンドF：予定どおり2013年7月から9月にEXITするスケジュールで進めている。現在インフォメーション・メモランダムを作成中である。スポンサー次第だが、GBJの融資が継続されるように紹介は行う。事業会社がスポンサーとなった場合、GBJの融資は不要となる可能性が高い。しかしながら、P社はもはや担保に供する資産を有していないので、ファンド等であればGBJの融資を好むであろう。今回のEXITでは、前回のEXIT検討時より高い金額での売却を期待している。2013年2月期は返品が非常に多かったことは反省しなければならない。特に決算月であった2月の実績は惨憺たるものであり、原因究明をP社に指示している。

GBJ：仮に資金調達できない状況に陥った場合、ファンドFとして資金支援を行うつもりはあるか。

ファンドF：当ファンドとしては、これ以上追加資金の投入はできない。ただし、別の形での調達を考えている。GBJには迷惑をかけないことは約束する。

GBJ：それは具体的にどういった調達か。

ファンドF：滞留在庫を現金化する。

GBJ：在庫はGBJの担保となっているが。

ファンドF：基本的にはGBJの担保対象外となっている某スポーツブランド

の在庫の秋冬物等滞留在庫を中心に売却を検討している。わずかではあるが、一部担保対象の在庫が含まれるものの、担保金額に及ぼす影響は小さいと考える。

GBJ：具体的な販売先等は決定しているのか、またそのような売り方をして、秋冬物の売上に対する影響はないのか。

ファンドF：話はかなり具体的な段階まで進んでいる。売却先のチャネルは、P社のチャネルとは異なり、エンドユーザーの毛色も異なるため、売上に対する影響は限定的である。

GBJ：資金調達の状況はどうなっているのか。新メインバンクの支援姿勢はどうか。

ファンドF：現在3月末の支援を新メインバンクにて検討中であるが、4月にずれ込む可能性がある。

GBJ：3月中に新メインバンクから調達できなければ、3月末に最低手元流動性100百万円を下回り、コベナンツにヒットする資金繰りとなっている。

ファンドF：新メインバンクから調達不可能でも、そうはならない。

GBJ：そうはならない具体的な理由を説明してほしい。

ファンドF：在庫の現金化、経費・投資削減で対応可能である。

GBJ：新メインバンクから3月中に調達できない場合、3月に30百万円をGBJから引き出したければ、特に在庫の現金化について、現金化対象在庫の詳細およびいつ入金があるのかについて説明が必要である。また、3月に追加引出に応じたとしても、4月末には返済してもらわなければならない可能性が高い。これは、在庫評価率および在庫評価金額の両方が減少する可能性が非常に高いためである。

ファンドF：説明の件、また評価率が下がることは承知した。それを念頭に資金繰りを考える。

　面談を通じて、ファンドFは資金繰りの状況についてあまり危機感を持っているように感じられなかった。在庫の現金化についても説明は極めて不十分であり、到底納得のいくものではなかった。GBJとしては、余程明確な資金調達プランの説明がない限り、3月末の追加引き出しには応じないとする対応方針を固めた。

　これに先立ち、Ｐ社に対しては、３月15日に提出されている最新の月次資金繰り表をもとにヒアリングを行っていたが、ファンドＦとの面談で初めて明らかになった事実も多く、Ｐ社がGBJに対し説明していないことが多すぎた。もはやＰ社の言葉を信用することはできなかったし、Ｐ社がファンドＦから何か口止めをされているようにも感じられた。ファンドＦおよびＰ社に対する不信感が募る中、新メインバンクの追加的な支援も難航しているようであり、2013年４月末に予定していた融資期限延長は相当程度慎重に行う必要があると思われた。

🔟🔟　絡繰り

　Ｐ社の資金繰りに懸念を抱いていたGBJは、前回３月22日のファンドＦとの面談以降、Ｐ社およびファンドＦに対し、資金調達の進捗状況について回答を求め続けていた。しかしながら、Ｐ社およびファンドＦは、「ある事業会社に対し在庫を売却し、資金化して資金繰りを維持する」と述べたほかは、明確な回答を避け続けた。通常の営業活動の範囲を超えた在庫の大量処分については、融資契約上GBJの事前承諾を得なければならないものと定められている。GBJの承諾を得ないままにそのような行為を行うことは、契約違反、かつ担保権の侵害に他ならず、期限の利益喪失事由に該当するということを伝えたが、承諾依頼はおろか、在庫の資金化に関する明確な回答も得られないまま、３月の最終営業日前日である28日を迎えた。GBJの融資担当者は朝から電話をかけ続けたが、Ｐ社のCFOを捕まえることはできなかった。このままでは担保実行も視野に入れなければならないとファイナンスチーム内で相談していた頃、Ｐ社のCFOからメールが届いた。時刻は19時38分であった。

　本日は、連絡が遅くなり申しわけございませんでした。

　さきほど、明日の入金確認ができました。

　３月末の現預金残高は280百万円（担保預金除く）程度になると思います。

　明日11時頃までに、メールにて今回の売買に係る概略をご説明のうえ、お電話させていただきます。

あくる3月29日、P社のCFOから、翌週4月2日に訪問したいとの申し入れがなされた。そして4月2日の面談において、漸く事態の一部が明らかとなった。

CFOからのメールのとおり、P社は3月末時点において預金担保分270百万円を除き流動性預金280百万円程度を維持していた。預金残高はインターネットバンキングの口座明細により確認できた。

新メインバンクからの調達に失敗したにもかかわらず、P社が3月末時点において280百万円の流動性預金を維持できていたという事実に、GBJの融資部長と担当者は驚きを隠せなかった。どのような手品を使って資金調達を行ったのかということについて、2人は暫くの間考えを巡らせていた。その絡繰りは意外なほど単純であった。P社のCFOによる説明は以下のとおりである。

「3月末に支払い予定であった中国子会社に対する税務関連の支払いについて、緊急性がないことが明らかとなり、150百万円の支払い予定を50百万円としたことにより、100百万円のキャッシュアウトを抑制した。そして、滞留在庫を200百万円でファンドFの別の投資先である旅行業W社に売却した」

「ある事業会社」とは聞かされていたものの、旅行業者に衣料品を売却するなど、常軌を逸した取引である。仮に1枚当たりの在庫簿価単価を1,000円、P社の粗利益率を「P社における通常の卸売の水準」というP社の説明を信じて50％と仮定しても、簿価100百万円、その数量は10万枚ということになる。P社CFOからは、「これまでP社はW社のサービスを利用してW社の売上に貢献しており、今回の在庫の売買はさらなる互恵関係を構築するための一環である」という、理解に苦しむ説明がなされた。無論、この取引はファンドFの仲介であった。

このような形での在庫の現金化は、前記のとおり融資契約上GBJの事前承諾を要する取引であり、GBJはこの間、P社に対して、再三再四その詳細の説明とGBJに対する承諾依頼書の提出を要求していた。しかしながら、P社は、「当該取引は在庫処分には該当せず、通常の卸売の範疇に入ることから承諾を得る必要性はない」という主張を続けた。GBJとしては、すでになされた取引はともかく、今後同様の売買を行う際には必ずGBJの事前承諾を取

得するよう伝え、Ｐ社CFOはしぶしぶ承諾した。

　GBJの融資担当者は、売却された約10万枚とみられる在庫を、倉庫などを持つ必要性がない旅行会社がどこに保管しているのか質問した。案の定、売買取引が行われたにもかかわらず在庫は出荷されておらず、依然としてＰ社の倉庫に保管されたままであるとの回答がなされた。GBJとしては、有事の際にGBJの担保物である在庫と、Ｗ社に売却済みのＷ社所有物である在庫とを明確に判別できない可能性を懸念し、在庫の管理状況について質問したところ、「倉庫内における保管場所は明確に区別している」との回答がなされた。

　Ｗ社が大量の在庫をどのように捌くのかという点については、Ｗ社が企画する旅行のノベルティ等で活用されるということであった。しかしノベルティは通常何かのサービス等に加えて"無料"で配布されるものであり、そのようなものに対してＷ社が、小売業者等の購入価格水準と同等の200百万円もの代金を支払うというのは、どう考えても不自然であった。ましてや、それらは滞留在庫である。GBJの融資担当者は、Ｐ社とＷ社との売買契約書には、Ｐ社が将来においてＷ社から在庫を買い戻さなくてはならない「買戻特約」あるいはそれに類似する条項が入っているに違いないと確信した。これが事実である場合、この取引は実質的にはファンドＦのグループ会社への在庫の"飛ばし"であり、到底資金調達と呼べる代物ではない。そこでGBJは、Ｐ社に対し、Ｗ社との売買契約書の提出を求めたが、Ｐ社のCFOは「即答できないので後日回答する」というスタンスを崩さなかった。GBJは、4月末の融資期限延長は当該契約書の開示を前提条件とし、開示されない場合には期日に全額返済を行う必要がある旨を伝えた。

　その調達手段はさておき、事実として資金繰りは安定しており、Ｐ社は3月末時点で預金担保分を除く手元流動性280百万円程度を確保（預担270百万円除く）している。Ｐ社によれば、4月の資金繰りも同様に、中国子会社に対する送金予定額200百万円程度を100百万円とすることで、100百万円の余剰キャッシュが生まれるとのことである。また、詳細未定ではあるが、さらに一部の在庫を資金化することにより、4月末の資金繰りもある程度の余裕をもって推移する見込みであるという。

　新メインバンクではＰ社に対する追加融資が本部決裁の対象となり（従前は支店決裁であったため、今回の追加融資検討から遡って1年間、Ｐ社に対

する融資の状況について把握していなかった）、2013年2月期の業績を考慮した結果、新規の追加融資は不可能であるという判断が下された。これは当然の結果であった。金融機関出身のP社CFOは、新メインバンクによるP社の信用格付は「正常先」であると推測していたが、例の粉飾まがいの会計操作が修正されればP社は営業赤字に転落し、その結果、信用格付が1ノッチダウンして要注意先となることは、ほぼ確実と思われた。もっとも、P社CFOによれば、（真偽の程は定かではないが）折り返し融資については、支店決裁となっていることから検討は可能という回答を得たとのことであった。B銀行は担保フルカバーのため折り返し融資に応じてくれることは確実と見込まれる一方、K銀行は形式基準（経常赤字）により追加融資を拒否しており、このままでは既往融資の折り返しも危ういとして、P社は資金繰り計画においてK銀行からの調達を織り込んでいない。他方でS銀行については、売掛債権を担保として提供しており、相応の保全率を維持していると考えられたことから、P社が折り返し融資を受けられる可能性は非常に高いと思われた。

🔢 電話

　GBJのファイナンスチームは、4月2日の面談以降、4月末の融資期限延長に向けて、一応は社内の手続を進めていた。しかし依然として、P社とW社との間で締結された在庫の売買契約書は開示されないままであった。その日、GBJの融資部長は朝からファンドFの取締役に何度か電話を入れ、折り返しの電話を待っていた。今日はもう連絡がないかと思われた頃、ファンドFの取締役からの電話が鳴った。

　「P社とW社との間で締結された売買契約書を開示することが、4月末の融資期限延長の条件です」融資部長はストレートに伝えた。
　「そのような書類まで開示する義務はない」
　「しかし、GBJの事前承諾を得ることなく大量の在庫処分を行ったとことは融資契約違反であり、P社は期限の利益喪失事由（請求失期事由）に抵触する行為を行ったものと考えています。これについてGBJとしては看過することはできず、まずその詳細を把握する必要があります。特にP社とW社と

の間の売買契約書について、買戻特約の有無を確認する必要があります。買戻特約が入っている場合、W社との取引の実態はファイナンス行為であり、P社はGBJの在庫を二重譲渡していることになります」

「そのような特約は入っていない」

「そうおっしゃるならば、なぜ売買契約書を開示できないのですか……」

その後何度か同じ内容の会話が繰り返された後、ファンドFの取締役の「貴社のそのような要求はトゥーマッチだ！」という言葉で電話は切られた。電話の向こう側で、受話器を投げ付けた音が聞こえた。

🔢 虚偽報告

2013年4月19日、P社のCFOは沈鬱な表情でGBJの会議室に腰を下ろしていた。GBJが、売買契約書の開示がなされない限り融資期限延長は不可能であるという最終意思を伝え、ファンドFおよびP社はついに折れたのであった。P社のCFOが差し出したP社とW社の間の商品売買契約書には、GBJの推測どおり、買戻特約が含まれていた。

> 「甲（P社）は、2013年10月末日までに、前条で定める販売業務委託契約書に基づき、本商品を全量販売できなかった場合、残商品について別紙で定めた価格で買い戻さなければならない」
>
> 「前条の買い戻し期限については、2013年9月末日までに甲（P社）から乙（W社）に申し入れがあった場合は、甲・乙協議の上、延長することができる」

買戻条項のみならず、4月末時点においても再度100百万円の同種の取引を行うこととなっていた。3月末の売買では、簿価92百万円の在庫（担保対象在庫70百万円、担保対象外となっていた某スポーツブランド在庫22百万円）を200百万円、4月に予定されている取引では簿価45百万円の在庫（担保対象在庫26.5百万円、担保対象外となっていた某スポーツブランド在庫18.5百万円）を100百万円で取引する旨が記載されていた。

この取引について、GBJは元より通常の営業の範囲を超えた売買とみなしており、それに加えて、買戻特約について虚偽の報告がなされている。GBJはP社に対して、事前承諾なしに通常の営業の範囲を超えた売買を行ったことにより、すでに期限の利益喪失事由が生じている旨を伝えた。P社CFOは

本件に関し、虚偽報告であることを素直に認め謝罪した。

　GBJからP社CFOに対して、融資延長に応ずるための条件を説明したところ、P社の信義にもとる振る舞いにより、厳しい条件となることはやむを得ないと全面的に承諾。ファンドFに報告するとのことであった。

　ここで、P社が承諾した、GBJが融資延長に応ずるための追加条件は以下のとおりである。

　以下の追加条件についてP社は承諾。
・融資期間を1年から6ヵ月に短縮すること
・4月末において40百万円の返済を行うこと
・すでにS銀行に担保提供されている売掛債権に第二順位での譲渡担保権を設定すること
・週次で日繰り資金繰り表を提出すること
・得意先別売掛債権残高一覧表を提出すること
・在庫の再評価を受け入れること
・毎月の保管場所訪問（実地調査）を受け入れること
・流動性預金残高75百万円（変更前は100百万円）を常時維持すること（今回40百万円の返済を要求することで資金繰りのボトムが79百万円となることが予想されたことから、協議のうえ75百万円で再設定した）
・確認書（以下の内容を確認する証書）を提出すること
――W社との取引は融資契約上の強制期限前返済事由に該当し、その違反による期限の利益喪失をGBJが留保していること
――以下のすべての条件を充足する限りにおいて、上記GBJの権利の行使および借入人の義務の履行が留保されること
　― GBJの事前承諾なくして、W社に売却した在庫を通常の商取引・営業販売方法を超えて、倉庫から搬出または移動しないこと（この条件は、P社がW社に売却した在庫が、P社倉庫から移動されておらず、当該在庫に含まれるGBJの担保対象在庫について現実に引き渡しが行われていないことから、P社倉庫に所在する限りにおいては、GBJの担保権の効力が及ぶという判断に基づき設定した）
　― GBJの事前承諾なくして、今後ファンドFの支配力が及ぶ相手方との間の取引、または同一の相手方に対して1ヵ月間の販売代金が累

　　　計80百万円を超えることとなる取引を行わないこと

　──　GBJの事前承諾なくして、W社との今般の取引と同種または類似
　　　の取引を行わないこと

―――――――――――――――――――――――――――――――

　また、W社との間の買戻特約において、P社の買戻し期日が2013年10月末
日となっていた。今回のGBJの融資期限延長は、延長期間をそれまでの1年
間から半年間に短縮したため、延長後の返済期日がP社の上記買戻し期日と
同日となった。GBJとしては、上記買戻し期日を11月末に変更するようP社
に要請し、これを合意するP社とW社の間の変更契約書の提出を融資期限延
長の前提条件とした。

16　ドラマ

　同じ4月19日、P社CFOとの面談後の同日午後3時、ファンドFの取締役
が、午前中にP社CFOが座っていた同じ席に腰を下ろしていた。彼はゆっく
りと口を開き、面談は雑談もなく本題に入った。

　「買戻特約が付されていたことに関し、虚偽の報告をしたことについては
謝罪することしかできない。ただ、これは、組織ぐるみではなく、P社CFO
が独断で虚偽の報告をしたということをご理解いただきたい。ファンドFと
しても、この事態を重く見ており、ファンドFの社長にも早速伝えている。
ご呈示いただいている融資期限延長条件については、こちらで検討するが、
W社との間で締結されている売買契約の買戻期限の1ヵ月後ろ倒しについて
は困難と思われる。GBJの事前承諾なしに「通常の営業の範囲を超えた売買」
を行ったため、期限の利益喪失事由に抵触しているということは理解した。
本当に申しわけない。今後は、信頼関係を回復するべく努めていきたい」。

　ドラマでしか見たことがないような責任転嫁を目の当たりにし、GBJの融
資部長と担当者は言葉を失った。その後の厳しい説得と交渉の結果、W社に
対する買戻期限の1ヵ月後ろ倒しについても、最終的にはファンドFとして
受け容れるに至った。

17　実地調査

　2013年４月26日、融資期限の延長を前に、懸念されていたW社との取引に係る在庫の保管状況を確認するべく、P社倉庫の実地調査を行った。倉庫会社のセンター長と名刺を交換し、有事の際の出庫停止要請はGBJからセンター長に対し通知することとした。W社との取引対象在庫はデータ上の数値と同等のカートン数が存在することを確認し、GBJの担保対象在庫とは別のフロアに保管され、明確に別置されていることも確認した。

　2013年３月の売上戻り高は274百万円に達し、過去最大となっていた。GBJの担当者は、倉庫の１階に保管された返品在庫と、それらの再生（再度販売可能な状態にする）作業を黙々と行うパートタイマーの女性従業員達を、何とも言えない思いで見つめていた。

18　粉飾

　GBJは４月末の融資期限延長に応じたが、そのための条件として、新たに提出を義務付けた売掛債権残高一覧表により、またしてもP社の異常な取引が判明する。

【図表３−13】　P社得意先別売掛金残高推移

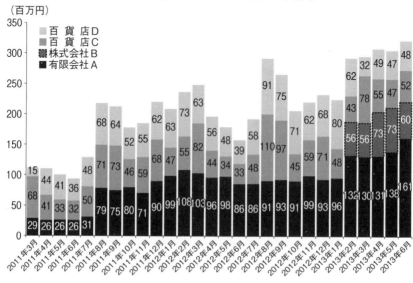

　図表 3 − 13に見るとおり、2013年 2 月から有限会社 A に対し売掛金が増加し、また突如、株式会社 B に対し膨大な売掛金が発生している。これら 2 社の詳細について確認したところ、このような売掛金が発生する巨額の仕入れを行うことができるような規模の会社ではないことが分かった。これらの取引先に対する売掛金残高は、P 社の主力販売先である百貨店に対する売掛金残高よりも多くなっていたのである。これが粉飾であったことが、後に明らかとなった。

19　任意期限前返済

　融資期限延長から 2 ヵ月半後の 7 月18日、突然ファンド F の取締役から電話があり、GBJの融資について任意期限前弁済を行いたいとのことであった。そして 7 月31日、融資残高210百万円全額が無事返済された。返済原資は某金融機関がリファイナンス資金を提供することで賄われたということであり、要するにファンド F と P 社としては、五月蠅いGBJとはこれ以上付き合えないということであろうと推察された。

　P 社からの入金を確認したGBJの担当者は、P 社のCFOに電話をかけた。P 社CFOはこれまでの経緯について、本意ではなくやむにやまれず行うこととなり心苦しかったこと、GBJのABLについて感謝していたこと、そして毎月提出する資料を読み込み、数多くの質問を投げかけてきた金融機関はGBJだけであったこと、そのGBJに嘘はつけないと思っていたことなどを語った。そして、両者は電話越しに今後の互いの健闘を祈りあった。

　突然の全額繰上返済という予想外の展開に驚きつつも、薄氷を踏む思いを何度も経験したGBJのファイナンス部長と担当者は、何よりも資金が無事に回収されたことに深く安堵した。826日に及ぶモニタリングが真に実を結んだ瞬間であった。

20　その後

　任意期限前返済が行われた後、GBJは風の噂で、ファンド F による P 社のEXITが難航していると聞いていた。それから間もなく、任意期限前返済から約 3 ヵ月後、P 社は破産手続の開始を申し立てた。

　2014年11月某日、GBJは在庫換価のアドバイザーとしてP社の破産管財人とアドバイザリー契約を締結した。P社の実情を把握していたGBJのファイナンス担当者は、破産手続における在庫換価プロジェクトの一員として、在庫状況の確認のために破産後のP社の倉庫を訪れた。返品在庫は前回訪問時に増して累々と積まれており、P社も生き延びるために必死であったことを感じさせた。

　倉庫会社のセンター長によれば、P社は半期決算および本決算時に、倉庫関係者の間で「爆弾」と呼ばれる出荷依頼を行っていた。出荷された在庫はトラックに載せられ、販売先の倉庫に行くことは行くのであるが、そのまま返品を受け、P社の倉庫に戻ってくるのである。経理処理上、すぐには返品処理を行わないことで、当面の間売上が立ち、損益計算書上は利益が上がっているように見える。破産申立ての数ヵ月前からは、もはや出荷すら伴わない架空の売上を計上していた。前記GBJが察知した有限会社Aおよび株式会社Bに対する異常な売掛金残高の増加は、こうした架空売上の一環であった。

第2章

モニタリングを受けた対応

1 対応を要すべき兆候と初動的対応

融資実行後のモニタリングにおいて対応を要すべきサインは様々な形で現れます。本章では、第1章第7節「モニタリング事例——債務者の変化を捉える」で紹介した事例に基づいて、対応を要すべき兆候と初動的対応について述べていきます。

(1) 事業者と金融機関の関係性の変化

事業者にとって、事業を継続する上で欠かすことができない、言わば血液ともいえる資金を提供する、金融機関との取引は非常に重要なものとなります。P社に対するABLの事例では、メインバンクが交代するという出来事がありました。あくまでもP社に対するヒアリングを通じての判断ではありますが、GBJとしては、P社と新メインバンクとの間で信頼関係が築けていたとは考えられなかったのです。もしメインバンクと良好な関係を構築することができ、継続的な支援を得ることができていたら、あるいはP社は破産を回避できたかもしれません。

P社の事例ではメインバンクの交代という、客観的に非常にわかりやすい事象が発生しましたが、そうでない場合においても、ABLレンダーとしては、常に取引金融機関の動向について注視し、事業者との関係性の変化を捉えるよう心がけることが大切です。そしてその変化に気付いた場合には、特に資金繰りに対する影響を把握し、モニタリングの頻度を高めることや、取引金融機関から資金調達ができない場合の対応策等について、事業者とコミュニケーションを取ることが重要であると考えられます。

(2) 融資実行前に定めたモニタリング対象項目の異変

P社の事例では、売上戻り高（返品）をモニタリングの必須項目としてい

【図表 3 －14】P 社の売上戻り月次推移（2010年 4 月～2014年 6 月）（再掲）

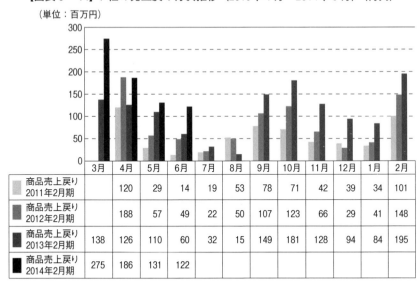

（単位：百万円）

	3月	4月	5月	6月	7月	8月	9月	10月	11月	12月	1月	2月
商品売上戻り 2011年2月期		120	29	14	19	53	78	71	42	39	34	101
商品売上戻り 2012年2月期		188	57	49	22	50	107	123	66	29	41	148
商品売上戻り 2013年2月期	138	126	110	60	32	15	149	181	128	94	84	195
商品売上戻り 2014年2月期	275	186	131	122								

ました。特に上半期において黒字を計上した後、売上戻り高が異常値を示した2012年 9 月以降、毎月のモニタリングをより注意深く行っていました。

(3)　資金繰りの悪化

　P 社の資金繰りが逼迫する2013年 3 月末、その約 3 ヵ月前の 1 月初旬の時点で、P 社の資金繰りが近い将来行き詰まるであろうと予測することは、難しいことではありませんでした。それは P 社の事業計画と実績の売上高が大きく乖離するトレンドを示していたこと、売上戻り高が異常値を示していたこと、その結果、営業赤字に転落する可能性があり、そのような中では、交代したばかりのメインバンクを含めた取引金融機関から資金支援を得ることは容易ではないであろうことが予想されたからです。

　P 社は資金調達と称して在庫の資金化を行っていました。この行為は通常の営業の範囲を超えた在庫の売却であり、担保権の侵害であることは事例において述べたとおりです。2013年 4 月末が融資期限であったことは、GBJ にとっては幸運でした。そのタイミングで P 社の資金に多少の余裕があったため、40百万円の回収を行うと共に、以下の新たな条件を P 社に課しました。

- 融資期間を 1 年から 6 ヵ月に短縮すること
- すでに S 銀行に担保提供されている売掛債権に第二順位で GBJ のための譲渡担保権を設定すること
- 週次で日繰り資金繰り表を提出すること
- 得意先別売掛債権残高一覧表を提出すること
- 在庫再評価を受け入れること
- 毎月の保管場所訪問（実地調査）を受け入れること

2　担保権実行に向けた準備

　P 社の資金繰りの状況が相当程度不安定となり、資金調達手段の明確な説明もないまま、融資期限延長前を目前に控えた2013年 4 月中旬、GBJ は念のため担保権実行に向けた準備を行っていました。

　具体的には、まず、債務者に対し期限の利益喪失事由に抵触している事実を通知する書面（書式例10、213頁）を準備しました。内容証明郵便にて期限の利益喪失事由に抵触している状態の治癒を債務者に要求し、当該治癒がなされるべき期限を定め、定められた期限内に治癒がなされない場合には、担保権実行を進めていくことを想定していました。担保権実行の具体的な進め方については、第 4 部「ABL の回収」に詳述しています。

3　民事再生手続申立が行われた場合の対応方針

　P 社の事例では、民事再生手続申立がなされる可能性も想定していました。以下は当時 GBJ が策定した、P 社が申立てを行った場合の対応方針です。

　「GBJ が在庫を担保として押さえている状況下では、GBJ の協力なしには再生計画の実現性がない（裁判所が民事再生手続開始決定を出さないだろう）ことから、申立代理人は事前に GBJ に相談を持ちかけてくる可能性が高い。申立代理人としても、GBJ の協力を得るために GBJ の意に沿わないことはしないであろうと判断し、この場合においては担保権実行通知および倉庫会社に対する出庫停止通知は特に行う必要はない。担保目的物は、生鮮品のように急激にその価値が劣化する性質のものではないので、GBJ とし

ては焦る必要はない。

　仮に、Ｐ社ないし申立代理人からの事前の相談なく申立てが行われた場合、GBJは倉庫会社に対し出庫停止の通知を行う。その際、Ｐ社を含む関係者全員に対する通知は必須とする（後でそのような通知について関知していなかった主張されることを回避するため）。実際には、倉庫に直接赴いて直接通知を行う。GBJ、Ｐ社、倉庫会社間で締結している合意書（GBJによる出庫停止通知がなされた場合、保管者たる倉庫会社はそれに応じることに合意する旨が記載された文書）を持参する。倉庫の責任者に合意書を提示し、出庫停止通知書を手交し、書面による出庫停止の通知を行う。手交したエビデンスとして、出庫停止通知書の受領証明を入手（誰に通知書を手交したかについて、後に疎明可能とするため）。

　出庫停止時点における在庫データの入手は必須事項とし、倉庫の状況の写真撮影等も行う。倉庫会社はその業種柄、このような状況を過去に経験しているであろうし、合意書がある以上、GBJの出庫停止通知を無視することはないと考える。

　出庫が停止されれば、その状態を維持したまま申立代理人との交渉を行う。もし倉庫会社が合意書に規定された事項を遵守しなかった場合、GBJは倉庫会社に対し損害賠償請求を行う」

④　モニタリングとは

　融資実行前のデューデリジェンスに基づいて、モニタリングの設計がしっかりとなされていれば、モニタリングによって債務者の状況の変化を捉えることは難しいことではありません。しかし、それらの変化を捉えることができたとしても、ABLのレンダーができることは（これはABLのレンダーに限りませんが）限定的です。もちろん、モニタリングをより厳格にすること、内入れ弁済を要求すること、また融資条件を債務者にとって厳しいものとすることなどは可能たり得ますが、これらの対応によって債務者の資金繰りが改善されるわけではなく、対処療法的な対応でしかありません。根本的な解決策は資金全額の回収ということになりますが、ABLレンダーがを有していない債務者から資金の回収を行う場合、究極的には、在庫や売掛債権に設定された担保権を実行する以外方法はありません。もっとも、担保権を実行す

ることは、債務者の事業が大幅に毀損し、多くのケースにおいては事業の継続が困難な状況に陥るということを意味します。その一方で、担保権の行使を躊躇していれば、担保物が散逸するなどして、担保価値が毀損し、保全が低下していくリスクが発生するという、２つのジレンマに苛まれることとなります。ABLレンダーにとって担保権の実行は極めて難しい判断となり、決して軽々しく行うことはできません。

　モニタリングを行う目的は、元本の一部回収や担保実行などの行動を自発

書式例8：担保権実行通知書

　　　　　　　　　　　　　　　　　　　　　　　　　　平成○年○月○日
○○県○○市…
［ABL借入人］
代表取締役　○○　○○　殿

　　　　　　　　　　　　　　　　　　　　　　○○県○○市…
　　　　　　　　　　　　　　　　　　　　　　　［ABL貸付人］
　　　　　　　　　　　　　　　　　　　　　　代表取締役　○○　○○

　　　　　　　　　　　　譲渡担保権実行の通知

　弊社は、貴社との間で締結した平成○年○月○日付「集合動産譲渡担保権設定契約書」（その後の変更契約を含み、以下「原契約」といいます。）の規定に基づき、譲渡担保権を実行しますので本書をもって通知します。
　貴社は、本通知到達の時点で原契約に基づく担保に供されている後記表示の在庫（以下「本物件」といいます。）をいかなる事由によっても処分し、又は弊社の指示なく移動することが禁止されます。
　貴社は、弊社の指示に従い、直ちに本物件を弊社に現実に引き渡して下さい。
　貴社は、弊社に対する本物件の引き渡しが完了するまで、原契約の規定に基づき引き続き本物件を善良なる管理者の注意をもって保管する義務があります。
　　　　　　　　　　　　　　　記
（本物件の表示）
種類：○○
保管場所：○○

　　　　　　　　　　　　　　　　　　　　　　　　　　　　　　以上

的に起こすタイミングを判断するための材料を手に入れる手段であることはすでに述べました。ABLにおける担保権の実行は、債務者の息の根を止めるに等しい行為です。だからといって、指をくわえて担保価値が毀損していくことを見ていることもできません。この究極的な判断を行うタイミングを見極めるために、モニタリングは存在すると言っても過言ではないでしょう。

第1節 | 在庫動産担保における変動

■1 在庫の種類の変動

在庫動産について集合動産譲渡担保権が設定された後、担保権設定者が、それまでに取り扱っていた在庫とは異なる種類の商品を取り扱うことになったような場合、担保権者としては、どのような対応が必要になるでしょうか。

(1) 当初設定された担保権の効力が及ぶ範囲

この点、譲渡担保権も物権である以上、担保権設定を行うためには対象となる目的物が特定される必要があります。

そして、在庫動産のように日々内容が入れ替わる集合動産について譲渡担保権を設定する場合には、対象動産の範囲を、動産の①種類、②所在場所、③量的範囲等によって特定する必要があると考えられています。集合動産譲渡担保権の効力は、これらの要素によって特定された種類、場所ないし量的範囲の動産について及ぶことになります。

そのため、当初担保権を設定した際に対象とされていた種類とは異なる種類の動産については、そのままでは当初の集合動産譲渡担保権の効力は及びません。

(2) 担保権の追加設定の要否

このように、担保権設定者において従前とは異なる種類の動産が取り扱われるようになった場合、担保権者としては、当該動産について追加的に担保権の設定を受ける必要があるか否かを検討する必要があります。

この点、当初担保権を設定した際に対象とされていた種類の動産のみで十分な担保価値が見込まれ、新たに取り扱われることになった種類の動産について担保取得する必要がないのであれば、担保権者としては特段の対応は不要です。

他方で、例えば担保権者が既存の商品に変わるものとして新たな商品の取扱いを開始した場合等には、今後は当初担保権を設定した際に対象とされていた種類の動産のみでは十分な担保価値が見込まれず、担保権者としては新しい種類の動産についても担保取得する必要があると考えられます。このような場合、担保権者は、担保権設定者との間で、改めて担保権設定契約を締結するなどして、新しい種類の動産についても追加で担保権の設定を受けることが必要になります。

また、追加で担保権の設定を受けた場合には、占有改定や動産譲渡登記等の対抗要件具備についても、改めて行うことが必要です。

なお、一般に、動産譲渡登記については、一度登記が完了した後に登記事項に変更が生じたり、登記事項に誤りがあった場合でも、原則として変更または更正の登記申請をすることができません。そのため、新しい種類の動産に関して、改めて新規の登記申請を行う必要があります。

２　在庫の保管場所の変動

次に、在庫動産について集合動産譲渡担保権が設定された後、担保権設定者が、それまでに在庫動産を保管していた場所とは別の場所での保管を開始したような場合、担保権者としては、どのような対応が必要になるでしょうか。

(1)　当初設定された担保権の効力が及ぶ範囲

上記１のとおり、日々内容が入れ替わる集合動産について譲渡担保権を設定する場合、動産の①種類、②所在場所、③量的範囲等によって特定する必要があると考えられており、集合動産譲渡担保権の効力はこれらの要素によって特定された種類、場所ないし量的範囲の動産について効力が及ぶことになります。

そのため、在庫動産の保管場所が変更される場合、新たな保管場所に搬入

される在庫動産については、そのままでは当初の集合動産譲渡担保権の効力
は及びません。

(2)　担保権の追加設定の要否

　このように、従前とは別の保管場所で在庫動産の保管が行われることと
なった場合、担保権者としては、当該保管場所で保管される在庫動産につい
て担保権の設定を受ける必要があるか否かを検討する必要があります。

　担保権設定者内部における在庫の移動に伴う場合など、当初保管場所の動
産のみでは十分な担保価値が見込まれず、新しい保管場所の動産についても
担保取得する必要があるのであれば、担保権者は、担保権設定者との間で、
改めて担保権設定契約を締結するなどして、新しい保管場所に係る在庫動産
についても追加で担保権の設定を受けることが必要になります。

　また、その場合には、占有改定や動産譲渡登記等の対抗要件具備について
も改めて行うことが必要です。

❸　在庫動産を保管する第三者の変動

　在庫動産担保においては、担保権設定者が目的物たる在庫動産を他社倉庫
で保管している場合も多く、このような場合には、当該倉庫業者が在庫動産
を直接占有していることから、指図による占有移転の方法もしくは動産譲渡
登記、またはその両者によって対抗要件を具備することになります。

　では、その後に、従前の倉庫業者が変更されることになったような場合、
担保権者としてはどのような対応が必要になるでしょうか。

　この点、新たな倉庫業者が保管を開始するに当たり、保管場所が変更され
るようであれば、上記❷のとおり、新たな保管場所に搬入される在庫動産に
ついては、そのままでは当初の集合動産譲渡担保権の効力は及びません。

　そのため、担保権者としては、必要に応じて、担保権設定者との間で、改
めて担保権設定契約を締結するなどして、当該保管場所に係る動産について
も新たに担保権の設定を受け、対抗要件具備を行うことが必要になります。

　他方で、新たな倉庫業者が、従前と同様の保管場所での保管を継続する場
合には、当初設定された集合動産譲渡担保権の効力は、引き続き当該保管場
所に搬入される新たな動産にも及ぶものと考えられます。

　ただし、当初の担保権設定の際に指図による占有移転の方法により対抗要件が具備されていた場合には、念のため、新たな倉庫業者に対しても、同様の方法により通知を行うことが望ましいと考えられます。また、担保権者が担保権設定者および倉庫業者との間で、担保権実行時における出庫停止等の協力について定める合意書を締結している場合、担保権者としてはいずれにせよ、新たな倉庫業者との間で合意書を締結し直すことが必要となります。

４　抗弁権の付着

　在庫動産担保を取得する際、担保権設定者が目的物たる在庫動産を他社倉庫で保管している場合には、倉庫業者が在庫動産を直接占有していることから、指図による占有移転の方法または動産譲渡登記により対抗要件が具備されることになります。

　ただし、上記のような場合に、担保権設定者が倉庫業者に対して未払いの保管代金・出庫費用等の債務を負担している場合には、担保権者が担保実行を行う際に、当該債務に関して倉庫業者から商事留置権の対抗を受ける可能性があります。

　商事留置権については、商法521条において、「商人間においてその双方のために商行為となる行為によって生じた債権が弁済期にあるときは、債権者は、その債権の弁済を受けるまで、その債務者との間における商行為によって自己の占有に属した債務者の所有する物又は有価証券を留置することができる。ただし、当事者の別段の意思表示があるときは、この限りでない。」と定められています。担保権設定者が倉庫業者との間の契約に基づく保管代金・出庫費用等の債務の支払いを、弁済期が到来しているにもかかわらず滞納しているような場合には、担保権者の対抗要件具備時期にかかわらず、担保権者がいざ担保権を実行しようとした際に、倉庫業者から、滞納している債務が支払われない限り在庫動産を引き渡さない、と主張されてしまう可能性があります。

　そのため、他社倉庫の在庫動産を担保取得する際には、担保権者、担保権設定者および倉庫業者の間で合意書を締結するなどして、あらかじめ商事留置権を行使しない旨を確約させることが望ましいと考えられます。もっとも、倉庫業者によっては、かかる合意書の締結に応じてもらえない場合も多

いのが実情です。したがって、そのような場合には、日頃から、担保権設定者の倉庫業者に対する保管料債務の未払いの有無等をチェックし、担保権を実行する際に支障が生じることのないよう、継続的にモニタリングを行うことが重要になります。

第2節 ｜ 売掛債権担保における変動

■1　第三債務者の変動

　売掛債権について集合債権譲渡担保権が設定された後、担保権設定者が、それまでとは異なる取引先との間で取引を開始したような場合、担保権者としては、どのような対応が必要になるでしょうか。

(1)　当初設定された担保権の効力が及ぶ範囲

　この点、当初売掛債権担保を取得するに当たり、特定の第三債務者に対する売掛債権を担保対象としていた場合には、新たな取引先に対する売掛債権について、そのままでは従前の債権譲渡担保権の効力は及びません。

　他方で、当初売掛債権担保を取得する際に、第三債務者を特定することなく、すべての売掛債権を包括的に担保対象としていた場合には、新しい取引先に対する売掛債権についても従前の売掛債権担保権の効力が及ぶと考えられますので、特段の対応は不要と考えられます。

(2)　担保権の追加設定の要否

　このように、従前とは異なる取引先との間で取引が行われるようになった場合であって、当初売掛債権担保を取得するに当たり、特定の第三債務者に対する売掛債権を担保対象としていた場合には、担保権者としては、当該取引先に対する売掛債権について、担保権の設定を受ける必要があるか否かを検討する必要があります。

　既存の取引先との取引が終了し新たな取引先に移行したようなケースでは、当初担保権を設定した際に対象とされた取引先に対する売掛債権のみで

は担保価値が見込まれず、新しい取引先に対する売掛債権についても担保取得する必要があるでしょう。この場合、担保権者は、担保権設定者との間で、改めて売掛債権担保契約を締結するなどして、新しい取引先に対する売掛債権についても追加的に担保権の設定を受け、対抗要件具備を行うことが必要になります。

❷　抗弁権の付着

　売掛債権担保を取得するに当たって、債権譲渡登記の方法により対抗要件を具備した場合には、担保実行に際して第三債務者に、動産及び債権の譲渡の対抗要件に関する民法の特例等に関する法律（動産債権譲渡特例法）に基づく通知を行ったときに、当該第三債務者から、当該通知までの間に担保権設定者に対して生じた事由をもって対抗を受ける可能性があります。具体的には、第三債務者に生じた反対債権による相殺等の主張を受ける場合です。民法上の通知により対抗要件を具備した場合や、承諾を取得する際に第三債務者から異議が述べられた場合も同様です（民法467条 1 項・468条参照）。

　通知により第三債務者対抗要件が備えられた場合、第三債務者が相殺の抗弁を担保権者に対して主張するためには、第三債務者に対する対抗要件具備前に、第三債務者が反対債権を取得している（売掛債権と反対債権の両者の対立が、債権譲渡の通知以前に発生している）必要があります。この点については、学説・判例上争いがありません。

　そのうえで、第三債務者対抗要件具備以前に相殺適状が生じている必要があるか（すなわち、第三債務者の有する反対債権の弁済期が、第三債務者対抗要件具備の前に到来していることを要するか）という点について、判例は、第三債務者対抗要件具備の時点で第三債務者の反対債権の弁済期が到来している必要はなく、さらに、反対債権の弁済期が譲渡された債権の弁済期より後に到来する場合でも、第三債務者は自らの反対債権の弁済期を待って相殺できる、という考え方を採っているといわれています[1]。

　したがって、上記判例によれば、第三債務者に対する通知により第三債務者対抗要件が具備される前に反対債権が発生している場合、仮に反対債権の

---

1 ）最判昭和50・12・ 8 民集29巻11号1864頁。もっとも、同判決は事例判断に過ぎないという評価も有力である。

弁済期が未到来であったとしても、担保権者としてはその後に第三債務者から相殺の主張を受ける可能性がありますので、注意が必要です。

　そして、このような場合、担保取得時に想定していた金額よりも実際の回収金額が減少してしまう可能性がありますので、担保取得時はもちろん、その後も、日頃から第三債務者の反対債権の有無、金額等についてのモニタリングを継続的に行うことが重要といえます。

第 4 部

ABLの回収

第1章

法的手続によらない回収

第1節 | 借入人との交渉の重要性

　回収懸念のある取引先（債務者）からABLを回収する局面となった場合、最も効率的な回収方法は、何よりも交渉によりお互い合意のうえで返済を行ってもらうことです。法的手続による回収については後述のとおり、裁判上での手続に時間とコストがかかるため、債権者は回収を図るに当たり多大な労力を要することとなります。また、ABLの主要担保物となる在庫や売掛債権といった資産は流動的であるため、不動産などと比較して売却等の処分が債務者により安価で行われやすく、担保物の棄損が著しく発生しやすい問題点があると考えられます。そのため、債権者にとって回収手続が遅れれば遅れるほど弁済率が下がるおそれが大きくなってしまうことに留意が必要です。

　債権回収において、スピードは非常に重要です。これはABLだけに限られたことではありませんが、融資業務において、融資スキームの設計に満足してしまい、貸付実行後のモニタリングを怠り胡坐をかいているようであれば、債権者は回収に踏み切る判断を誤り、回収不能に陥る可能性が非常に高くなります。

　例えば債務者が虚偽の報告をした場合に、債権者がそれを見抜くことができなければ、どんなに優れた融資契約書をもってABLを実行したとしても、無意味になってしまいます。債権者は、モニタリングを通じていち早く債務者の信用不安を察知し、債務者の状況に応じた適切な対応策をとっていくことが重要となります。また、回収が必要であると判断した場合には、債務者とは極力協力的な関係を維持しつつ交渉を進め、早急な回収を行うことで、労力を最小化させることが可能となります。

　法的手続によらない回収の場合、債務者は事業継続をしていくことが想定されますので、事業継続させるうえで重要な在庫、売掛債権を担保対象物として担保取得している債権者（担保権者）にとっては、一般的には債務者が返済計画をめぐる協議に応じてくれやすい環境にあるといえます。

　株式会社ゴードン・ブラザーズ・ジャパン（以下「GBJ」といいます）では、2015年6月末時点で、累計70件超のABLを実行していますが、今のところ貸倒れもなく運用に成功し、また、実質的な担保権実行を経ることなく債権の回収を行っています。本項では、GBJがどのような手順でABLを回収してきたか、実例を踏まえて記述していきます。

第2節 ｜ 回収手続の初期行動

　債務者の信用不安情報をつかんだとき、また約定どおりに貸付金の回収ができない懸念が発生してきた場合において、担保権者がとるべき初期行動は、債務者の窓口担当者とコンタクトを取り、最新の状況を確認し今後の資金回収の必要性を判断するためのヒアリングを行うことです。もちろん、債務者から情報を聞き出すことができるのは、事前にお互いの関係性があってこそのことです。そのため、債務者とは信用状況等が悪化する前から日々のモニタリング業務において窓口担当者と定期的にコンタクトを取り、良好な信頼関係を構築することで、信用状況が悪化した場合でも適切な対応と最新の情報を報告してもらえるようにしておくことが必要になります。

　次のチャート（図表4−1）は、回収の局面と判断される事象が発生した際に、債務者からの事前相談があった場合と無かった場合の回収の難易度の関係性を示しています。

　チャートが示すとおり、事前に債務者から連絡が無い場合の方が、明らかに回収の難易度は高くなります。これは、事前に連絡が無い場合、担保権者が回収を進めるための事前準備等の時間を確保できなくなり担保権者が的確な意思決定を行えなくなってしまうことや、回収に際して債務者の協力が得られなくなる要素があるためで、その後の担保権者の回収額に大きく影響す

【図表 4 － 1 】融資資金回収の決定

回収を決定する きっかけ		事前相談の 有無	失期の方法	回収の 難易度	方向性
弁護士介入					
	受任通知の受領	事前相談あり	請求失期	低	弁護士と協力して回収に当たれる可能性あり。
		事前相談なし	請求失期	中	弁護士との交渉次第。
	法的手続き申立て	事前相談あり	当然失期	低	弁護士と協力して回収に当たれる可能性あり。
		事前相談なし	当然失期	中	弁護士との交渉次第。
資金繰り悪化					
	延滞	事前相談あり	請求失期	中	回収の意思決定が重要。
		事前相談なし	請求失期	高	会社と良好な関係が無い可能性あり。
	不渡り	事前相談あり	当然失期	中	迅速な対応が必要。
		事前相談なし	当然失期	高	会社と良好な関係が無い可能性あり。
その他					
	事業譲渡	事前相談あり	請求失期	中	会社に協力姿勢があるかが重要。
		事前相談なし	請求失期	高	会社が悪意を持っている可能性が非常に高い。
	財産の差押・競売等	事前相談あり	当然失期	中	迅速な対応が必要。
		事前相談なし	当然失期	高	会社と良好な関係が無い可能性あり。
	外部信用情報	事前相談あり	請求失期	高	回収の意思決定が重要。
		事前相談なし	請求失期	高	回収の意思決定が重要。

ることとなります。そのため、従前から債務者との間で適宜最新の情報を聴取できる関係性を築き、より早いタイミングで回収に向けた行動に移行できる体制を担保権者側で構築できているかが非常に重要となります。

　ヒアリングにおいて、債務者から聞き出すべきポイントは、主に①状況の確認、②返済意思の確認、③返済能力の確認です。

■1　状況の確認と情報共有

　担保権者が、回収に懸念があると判断するきっかけは、債務者から提出された資金繰り表等の財務関連報告資料からの分析によるもの（資金繰りショート懸念）や、支払いの延滞や不渡りといった実際の事象、または第三者からの信用情報の提供など様々な要因が挙げられます。こういった要因が発生した場合、まずは債務者の財務担当者などの窓口担当者に対して事実確

認を行うことで、実際の状況がどうなっているかを把握し、本当に回収懸念を決定づける事象であるかどうかを判断するための材料を収集することとなります。

懸念要因について社内で最も把握しているのは会社経営に関与している財務担当者や経営陣張本人であり、すでに今後の対応策を十分に練ったうえで計画を具体的に準備しており、担保権者が想定していたほどの深刻な状況ではない、あるいはすぐさま回収手続に移行する必要はないということも十分にあり得ます。

まずは懸念材料について、債務者がどのような理解をしていて、今後どのようにしていくつもりなのか、面と向かって話を聞き、お互いの情報共有を行うことで理解を進め、最終的に担保権者として本当に回収に懸念がある事態なのかどうかを適切に判断できるようにすることが、初期行動として最も大切なステップであると考えられます。

❷　返済意思の確認

状況を確認したうえで回収に懸念があると判断した場合、債務者は担保権者に対して融資を返済する意思があるのか確認することが必要となります。債務者に返済の意思があれば、今後回収を進めるに当たり、具体的にどのように返済資金を捻出していくか、双方で建設的な協議や交渉を行うことが可能となりますが、債務者に約定期日に支払う意思がない場合や担保権者との協議に前向きに対応する気がなく協力的でない場合などは、交渉や回収手続における時間と手間暇が余計にかかることとなり、回収の難易度が格段に高くなります。そのため、交渉の初期段階で、債務者に対して担保権者の立場であることを明確に示したうえで、やむを得ない場合には強制的に担保対象物となる資産を引き揚げる必要がある旨を説明し、建設的に具体的な返済のための協議を進めることが双方にとって最良な方法であることを、債務者に理解してもらうことが重要となります。

債務者から自発的に今後の事業計画と返済プランを策定してくることもあります。このような場合は、協議の際に建設的な議論を進めることが可能となり、担保権者にとっても回収の確度が大幅に上がることとなります。そのためにも、回収を進める局面においては、なるべく早い段階で、債務者との

間で返済の必要性に関する認識を共有し、最良な形で返済を終えるよう、双方の目標の照準を合わせることが理想的であると考えられます。

３　返済能力の確認

　債務者の返済意思を確認できた後は、具体的に債務者のどこに返済を行う資金余力等があるのか、またどのように返済を行う予定であるのか確認を進めることで、回収を行うための債務者の返済能力の検証を行うこととなります。

　具体的には、債務者に対して、最新の計画資料を要請し、どのような返済計画を想定しているのか確認したうえで、モニタリングの強化により債務者の財務状況と資金繰り計画表を入手し、実現性の精査を行いつつ、他方で担保資産の再調査によって担保余力の程度を精査し、ABLが引き続き保全されているか検証を行うことになります。また、有事の際に備えて、いつでも提出ができるよう、担保実行通知等の書面の準備を事前に行うことも必要となります。

第3節 ｜ 回収を進めるに当たっての措置

１　モニタリングの強化

　回収を進めるに当たっての措置としては、まずモニタリングの強化により、債務者の状況を適宜把握する体制を構築することから始めます。

(1)　面談、ヒアリングの頻度を上げる

　債務者の信用が大きく悪化し、今後の動向が読みづらくなってきたと判断した場合、毎週、もしくは必要であれば毎日の頻度で債務者の事務所を訪問して、最新の情報を共有してもらうことが重要です。

　物理的に遠方に所在している場合、または時間的制約により事務所を訪問できない場合、電話連絡により最低限の情報共有を行うべきですが、実際に面と向き合って面談を行った方が、双方の考えの理解が深まり、より多くの

情報を共有できるため、好ましいと考えられます。

(2)　資金繰り表の要請

　最新の資金繰り予定表を提出してもらうことで、債務者の資金繰り状況と返済の可能性について把握を行います。資金繰り予定表は、債務者の資金そのものの流れを示し資金余力を直接反映する資料となりますので、具体的に協議を進める際の判断材料にもなります。そのため、場合によってはモニタリングの強化として提出の頻度を上げることも必要になります。

　また、従来、月次ベースでの資金繰り表を提出してもらっていた場合、資金繰りの推移をより細かく確認するために、必要に応じて週次や日繰りベースでの資金繰り表の提出を求めることがあります。資金繰りは毎日の売上や仕入れ等の営業活動により日々変動します。そのため、資金繰り表の詳細と提出頻度を上げることで、今後の資金の推移がより予測できるようになり、担保権者として回収毀損を防ぐため主体的な対応を取ることが可能となります。

(3)　担保物の再調査

　債務者の売上が低迷した際には、その後に発生する売掛債権が減少することは容易に想定されます。また、債務者の資金繰りが逼迫している場合、資金をつなぐために、在庫を通常の値段より安価で販売したり、最悪の場合は在庫を投げ売りしたりするなどの行為により、担保価値が大きく毀損される可能性があります。そのため、最新の売掛債権明細や在庫残高表といった資料を受け取り、以前より大きな変動が無いか確認を行い、与信が継続して保全されているかどうかの検証を定期的に行う必要があります。

　在庫に関しては、融資担当者自ら、または対象在庫に関して精通した知識をもつ専門の動産評価会社に依頼を行って、保管場所を訪問するなど、実際の現物を調査することも重要となります。また、必要に応じてモニタリング資料の提出頻度を上げ、随時担保物の毀損がないかの確認を行い、債務者が担保権者の意思に反して担保物を処分しないようモニタリングを継続して牽制を図っていくといった、きめ細やかな対応を心がけることが、毀損を防ぐための鍵になると考えられます。

2　必要書面の提示、準備

　債務者が財務制限条項に抵触した場合、後日、抵触の有無について債務者と債権者の認識に齟齬が生じるといった事態を未然に防ぐためにも、債務者から抵触の事実を確認するコベナンツ抵触書面を取得しておくことが望ましいと考えられます。

書式例9：コベナンツ抵触の確認書

確認書

　株式会社○○（以下「貸出人」いいます。）と株式会社○○（以下「借入人」といいます。）は平成○年○月○日付金銭消費貸借契約書（その後の変更契約書を含み、以下「金銭消費貸借契約」といいます。）、平成○年○月○日付集合動産譲渡担保権設定契約（その後の変更契約書を含み、以下「動産担保契約」といいます。）及び売掛債権譲渡担保権設定契約（その後の変更契約書を含み、以下「売掛債権担保契約」といいます。）を締結しておりますが、同契約に関して本書のとおり確認します。

1．金銭消費貸借契約第○条第○号に定める財務制限条項の最低手元流動性の維持義務について、平成○年○月○日時点で違反していたこと。
2．金銭消費貸借契約第○条第○号に定める報告資料である試算表の提出義務について、平成○年○月○日時点から違反していること。
3．前記1、2は、金銭消費貸借契約第○条第○項第○号の「本契約又は関連担保契約上の借入人の義務違反があったとき」として請求失期事由に該当し、貸出人が請求した場合に借入人は貸出人に借入金全額を一括で返済しなければならないこと、かつ動産担保契約第○条及び売掛債権担保契約第○条に基づいて、担保権の実行が可能であること。
4．貸出人の金銭消費貸借契約、動産担保契約又は売掛債権担保契約により定められた権利の全部又は一部の留保は、貸出人がいかなる権利を放棄したもの、又は借入人の義務を免除若しくは軽減したものではなく、各契約上の権利又は義務にいかなる影響を及ぼすものではないこと。

平成○年○月○日
借入人：

貸出人：

　また、抵触した財務制限条項について、治癒が不可能と判断した場合に速やかに回収手続に移行できるよう、事前に次のような担保権行使の通知書面を準備しておくことが推奨されます。

書式例10：期限の利益の喪失通知書

平成〇年〇月〇日

株式会社〇〇
代表取締役　〇〇　〇〇殿

通知書

　弊社は、貴社との間で平成〇年〇月〇日付金銭消費貸借契約（その後の変更契約書を含み、以下「金銭消費貸借契約」といいます。）を締結しておりますが、貴社は平成〇年〇月〇日までに約定どおりの返済がなされませんでした。本事実は、金銭消費貸借契約の第〇条第〇項に定める期限の利益喪失事由に該当します。よって、弊社は、本書をもって金銭消費貸借契約における貴社の【金〇〇万円】の元本債務その他金銭消費貸借契約に基づく貴社の一切の債務につき、期限の利益を喪失させることを請求します。弊社は、貴社との間の平成〇年〇月〇日付売掛債権譲渡担保権設定契約（その後の変更契約書を含み、以下「売掛債権担保契約」といいます。）第〇条に基づき譲渡担保権を実行しますので、本書をもって通知します。

　併せて、弊社は貴社との間の平成〇年〇月〇日付集合動産譲渡担保権設定契約（その後の変更契約書を含み、以下「動産担保契約」といいます。）第〇条に基づき譲渡担保権を実行しますので、本書をもって通知します。

　つきましては、動産担保契約に定義される担保動産（以下「担保動産」といいます。）を直ちに弊社に引き渡すよう催告いたします。
　なお、貴社は、今後、担保動産及び売掛債権担保契約に定義される担保債権（以下「担保債権」といいます。）の回収、処分が禁止され、弊社への担保動産の引渡し及び弊社による担保債権の回収が完了するまでの間、引き続き担保動産、担保債権を善良なる管理者の注意をもって管理する義務があるほか、弊社による担保権の実行に必要な協力をする義務がありますので、ご留意ください。

以上

〈通知人〉
　東京都○○
　株式会社○○
　代表取締役　　○○

第4節 ｜ 具体的な回収方法

　具体的な返済原資となる資金の捻出方法については、主に下記の方法が挙げられます。

① キャッシュフロー（CF）弁済
② リファイナンス
③ 資産売却

■1 キャッシュフロー（CF）からの返済

　債務者が事業による収益を上げ、その収益から返済を受けることは、債権回収の正道ともいえ、双方の負担が最も少なく理想的ではありますが、そもそも回収の局面では、当初予定していた収益が上がらず資金が詰まることで、返済が行えない状態に陥っていることが多く、このような回収方法は、実務上も困難な場合が多いといえます。

　CFからの返済を受けるためには、まず初めに債務者の窓口担当者から最新の事業計画と資金繰り計画資料の提出を受け、その計画の妥当性を見極める必要があります。

　回収が必要な局面で作成された最新の計画資料は、債務者があくまでも担保権者を一時的に納得させるためだけに、実現性に乏しい内容で作成しがちであり、それまでの事業低迷から一気に脱して収益を上げ返済原資を捻出す

るといった、絵に描いた餅のような計画になっていることも少なくありません。そのため、計画資料の提出を受けた場合には、そのままの数値を受け入れるのではなく、売上計画が極端に過大になっていないかなど、過去の実績との比較検証を行うことが重要です。

　過去の売上実績より業績が上振れした計画になっている場合、どのような改善が行われ、なぜ売上が増加するのか、また売上に伴う仕入れの支払いや経費についても、実績と比較して数値の増減が合理的なものかどうかの分析を行い、窓口担当者に対して本当に達成可能な計画内容であるか詳細に確認を取らなくてはなりません。細かく分析を行い、かつ窓口担当者にも確認を取ることで、債務者の実質的な返済能力を把握できますし、債務者側にも細かくモニタリングされているという心理的プレッシャーを与え、資産の投げ売り等の安易な行動に走ってしまうことを未然に防ぐことができます。

　また、当初の約定どおりの回収が難しいとなった場合でも、提出された資金繰り計画が妥当で、かつ長期での回収が現実的に可能と判断できる場合、融資契約の条件変更を行い期限の延長を行う選択肢もあり得ます。ただし、条件変更をする場合でも、資金繰り計画を精査のうえ、可能な範囲で月次での約定弁済額を設定する条件などを加えて、継続的にCFからの回収を図ることが推奨されます。

❷　リファイナンス

　債務者の財務格付が比較的よいと判断される場合、他の金融機関等からのリファイナンスにより返済を受ける可能性があります。その場合においては、具体的にどういった先にリファイナンスの検討をしてもらっているのか、検討してもらっている金融機関の窓口担当者がどのような反応を示しているのか、またリファイナンスの具体的日程はどうなっているか等、細かく確認を行い、リファイナンスの可能性が高いのかどうかを把握することが重要となります。

　リファイナンスを検討している金融機関等が同様に動産あるいは売掛債権を担保として検討している場合、担保権設定に係る登記手続が必要となり得ます。この場合、登記解除のための委任状作成等、金融機関等と調整を行う必要が生じます。

　通常、債務者の信用が悪化し回収が懸念される状況において、他行が新規融資を実行する可能性は低いと考えられます。もしその金融機関が、回収局面であると判断しているにもかかわらず新規融資を検討しているとすると、実際の融資実行に至らない可能性も十分にありますので注意が必要です。

3　親会社、取引先からの資金融通

　債務者に親会社が存在する場合、親会社からの資金支援により回収が進む可能性があります。また、債務者と懇意にしている取引先からの資金支援またはそれに準じる支払い融通などの支援により、債務者が返済原資を捻出するというパターンも考えられます。

Case Study

《事例》親会社からの資金調達による回収事例

　GBJでは過去に、アパレル・寝装品・宝飾品の卸売並びに小売企業をもつ上場持株会社の100％子会社に対して、宝飾品在庫を担保に融資を行った後、財務状況悪化に伴う担保価値の棄損が進んだため、交渉による回収を進めたことがありました。

　この在庫担保融資の貸出先は、全国で数十店舗の宝飾品小売業を営む宝石、時計の小売チェーンでしたが、元々親会社の経営不振により、既存銀行団より与信額を大幅に削減されたため、子会社は自力調達で資金捻出をするよう指示されていました。そのため、同社は、GBJから在庫を担保にしたABLの調達により流動性を向上させ、運転資金の調達を図ることとしました。

　別途、親会社は融資実行先であるこの宝飾子会社の売却を検討しており、売却を決行できるようファンドや事業会社等数社と協議しましたが、価格の折り合いがつかず交渉は決裂、売却状況に特段の進展はなくなっていました。GBJの融資実行より1年後、経済不況に伴う消費者の買い控えにより業績は低迷を続け、回復の兆しを一向に見せぬまま、融資期限に向けて刻一刻と時間が迫っていました。

　GBJは、同社の業績改善が図られるまでの融資期限の延長を検討しましたが、調査中に同社が財務制限条項に抵触していたことが発覚しました。同社経営陣からヒアリングをした際にも、事業再編のための具体的なプランを有しておらず、コンサルタント会社と親会社にすべてを任せており、事業好転への道筋を確認することが難航していました。また、売上が低迷する中、資金繰りを回すため仕入れ在庫を大きく絞っていたことから、担保対象物である在庫価値が棄損し始めていたため、担保価値を再評価した場合に、担保評価額が貸付残高を下回る可能性（いわゆる担保割れ）が非常に高くなっていました。

　そこで、GBJは、直ちに同社に対して、一時的な期限延長を行う措置をとりながら、他方で担保割れを防ぐために約定弁済を義務付け、さらに早期の全額弁済に向け、親会社に対して資金手当てを要求することとしました。

　親会社の管理部門長であるCFOとGBJ側が対面した際、CFOは鼻で笑うかのように、「返済できないなら担保権行使でもするんですか」と述べました。先方は上場企業のCFOであり、数々の金融機関と対峙してきた経験から、そう易々と金融機関が資金回収のトリガーを引けないことを知っての発言でした。しかし、GBJ側は真顔で「やりますよ」と答えました。その場の空気は一瞬にして凍りつき、しばしの沈黙を要した後、CFOから一言「わかりました」とだけ返答があり、面談は終わりました。同社から早急に全額弁済する旨の連絡があったのは、面談から数日も経たない日でした。

　親会社の銀行団からの借り入れにはクロスデフォルト条項が設定されており、仮にABLを受けている宝飾子会社がデフォルトした場合、親会社への融資についても期限の利益を喪失するリスクがあったため、親会社を取り仕切る管理部長として早急に手当てに走った結果でした。

Case Study

《事例》スポンサーからの支援による回収事例

　GBJでは過去に、事業再生ファンドが主要株主であった家電量販小売会社に対し、店頭在庫を担保にしたABLを実行した後、最終的に新しいスポンサーからの支援により回収に成功した事例があります。

　当初ファンドが描いていた計画は、家電会社が保有する不動産を売却することで余剰資金を捻出しつつ、不採算となっている店舗の閉店リストラにより利益体質となる組織体制を構築するというものでした。GBJのABL資金は、そのリストラ計画の中の運転資金の一部として用いられました。

　しかしながら、融資実行後、店舗譲渡の相手先と最終条件面で折り合いがつかず、当初想定していた店舗譲渡計画が中止となってしまったり、不動産売却手続や店舗閉鎖の際の敷金保証金の回収が当初の見込みより大幅に遅れる等したため、同社の手元資金は予想ほど余剰が生まれない結果に陥ってしまいました。また、新型インフルエンザ等の外部要因も影響し、当初の想定より売上が大きく下回り、同社の資金繰りは非常に厳しくなりました。同社は上場企業であったにもかかわらず、月中の合計預金残高が数百万円しかない日もあるほど、綱渡りの会社運営が続くようになっていました。

　GBJは、同社の信用状況の著しい悪化を受け、最悪、法的手続の可能性も念頭に置いてモニタリングの強化を図ることとしました。資金繰り表については、当月と翌月の日繰り表を毎日更新してもらうこととし、また当時の同社の窓口担当者である管理部門長と頻繁に面談を行い、今後の資金繰り計画についてヒアリングを行いました。

　日に日に資金繰り悪化が進行していたため、提出のあった日繰り計画表では、月中の預金残高がマイナス（資金ショート）となる見込みのまま提出されることも多々あり、GBJは、管理部門長とほぼ毎日のように面談を行い、資金ショートとなる可能性がある日をどのようにして切り抜ける予定であるのかを細かく追及しました。当時の管理部門長も、手

元預金残高が非常に少ない中、預金口座をやり繰りしながら資金繰りを回す必要がありました。心身ともに疲弊しているところに面談が続いたこともあり、ストレスによる苛立ちが前面に垣間見られる非常に緊迫した場面も多々ありました。

そのような厳しい状況が数ヵ月ほど続いていた傍ら、同社の主要株主であった事業再生ファンドは、新しいスポンサーとなる企業を探索しており、あと1ヵ月ほどで資金繰りを回すための万策が尽き、いよいよ法的倒産手続の現実味が増してきたという局面で、遂にスポンサーとなる企業との最終合意に無事たどり着くこととなりました。

新たなスポンサーによるエクイティ出資によって同社の手元残高は一時的に回復し、目先の資金繰りの破たん懸念も一段落しました。その後、新スポンサーより新経営陣が送り込まれ、組織管理面での強化が図られることとなりました。GBJのABLもいったん融資の期日延長が行われました。

その後、本格的に新スポンサーによる経営改革が着手され半年ほど経過した後、GBJのABLは、スポンサー保証による新規借入資金調達によってリファイナンスされることになり、無事ABLの全額回収に成功しました。

🔳 資産売却による回収

債務者は、下記のような資産等の売却に伴う資金確保により、返済原資を捻出することもできます。また、ABLの借入目的として、不動産売却や事業譲渡が行われるまでのつなぎ運転資金としてABLが使われるケースもあり、このような場合は資産等の売却とともに優先してABLの返済が行われます。

・不動産

・株式

・事業譲渡（スポンサー支援）等

5　在庫売却による返済

　債務者に、上記 4 に示したような売却資産や金策がない場合でも、ABL を実行する際に、主要な担保対象物として在庫資産の上に譲渡担保権の設定を受けている場合には、この在庫資産を任意に売却することで返済原資を確保することが可能となります。この場合、債務者との間で在庫の売却を進めるよう交渉を行い、回収を進めることが有効策となります。なお、在庫の売却による返済に向けて交渉を進めるに当たっては、次の事項に十分に留意しておく必要があります。

(1)　ストラクチャリング

　在庫売却による返済の交渉を進めるうえの重要ポイントとして、売却に基づく返済後も無担保の債権が残る場面を防ぐため、在庫処分によりすべての ABL 債権が回収できる金額が確保できることが挙げられます。これは、融資実行前のストラクチャリングの時点で、在庫価値の範囲内で与信額を設定していることが前提となります。

　経済産業省が取りまとめた ABL ガイドラインにもあるとおり、在庫を担保にした ABL を検討する場合には、担保対象物である在庫について、第三者となる専門の動産評価会社等による在庫価値の算出を依頼し、さらにそのうえ一定の掛け率を乗じることにより、最終的な与信金額となる担保評価額（ボロイングベース）を決定することが推奨されています。その場合、担保物である在庫資産を販売することにより得られる売却代金は、担保評価額を上回る金額になることが見込まれ、担保対象物をすべて売却するまでもなく、ABL 債権を全額回収することが可能となります。

　在庫価値に一定の掛け目をかけた担保評価額の範囲内で融資金額を設定していれば、債務者側で在庫をまとめて一括で処分するバルク販売等を行ったとしても、在庫価値相当の金額もしくはそれを上回る金額を確保することができる場合が多くなります。また、債務者側で一括処分することができない場合でも、担保権者が債務者と合意のうえで第三者に依頼し、担保対象物の売却を進める方法も考えられます。

　このように、融資実行に当たっての融資金額設定の際に、在庫価値との間で一定のクッションを設けておけば、回収の局面で在庫の処分方法について

も複数の選択肢を持つことができるようになり、担保権者は柔軟に交渉を進めることが可能となります。

(2)　在庫の再評価

　担保対象物である在庫は、不動産と比べてより流動的です。債務者の日々の販売と仕入れ活動によって在庫構成や中身は変動し、それに伴って資産価値も変わってしまいます。そのため、融資実行後も担保対象物である在庫の資産価値が当初と比較して大きく変動していないか、さらには与信額が十分に在庫によって保全されているかどうか判断をするためにも、定期的に在庫の再評価を行うことが推奨されます。

　一般的に、債務者の業績が低迷し信用状況が悪化してきた場合、資金繰りを改善するために在庫の仕入れ量を制限することがあります。その場合、在庫の中身は、売れ残った価値の低い在庫が多数を占めるようになり、資産価値は融資実行時と比較して大きく毀損している可能性があります。

　担保権者は、在庫による担保保全額をいつでも確認・把握し、極力与信の毀損を防ぐことのできる体制を構築するべく、契約書上で在庫再評価条項を設定し、貸付人が必要であると判断した場合に在庫をいつでも再調査し、再評価できるように定めておくことが推奨されます。

　回収の局面において、担保保全の有無は債務者との間の交渉に大きな影響をもたらします。十分な担保があってこその交渉でもあるので、在庫を売却しても返済原資を確保できないような状況となってしまっていたら身もふたもありません。なお、在庫の再評価に際しては、下記のような確認事項が挙げられます。

・前回と比較して、在庫簿価および在庫量が増減していないか？
・前回と比較して、在庫の構成が変化していないか（売れ筋となる商品ばかりが売れて、売れ残った商品カテゴリの構成比率が急激に上がっていないか）？
・滞留在庫が増減していないか？
・単品ごとの簿価金額が変動していないか（商品単価が急激に増加し、在庫簿価の水増し等が行われていないか）？

・在庫の粗利率が変化していないか？

・在庫の回転期間が変化していないか？

・直近の売上が変化していないか？

・継続して担保評価金額が与信金額を上回っているか？

⑶　保管場所の調査

　集合動産譲渡担保権は、登記設定している保管場所から搬出されると担保の効力が及ばなくなることから、担保権者および担保権者の指定する委託業者による立入調査ができる条項を契約書に設けたうえで、担保対象物となっている在庫が指定された保管場所に保管されているか、実際に訪問し、目視による確認を含めた調査を行うことも重要です。

　債務者は、日々の販売、仕入れ業務の効率性を優先するため、動線の見直しに伴う保管場所の変更や、物流コストの安い倉庫会社への移転等の重要事項を、担保権者に報告することなく実行することがあります。また、現場サイドでこれらの重要報告事項が共有されていなかったため、担保権者との連絡を担当している管理部門が在庫の移動を把握していなかった等の事態が生じることがあります。実際に保管場所を訪問することで、これらの事態が明らかになったり、想定以上に返品・不良品棚が増えていた、埃をかぶるほど滞留している商品が残っていた等の新たなる発見ができる場合もあるため、回収の局面になる以前から、定期的に実際の保管場所に出向き調査を行うことが推奨されます。

　なお、在庫保管場所を調査する際には、下記の点に着眼すべきです。また、最悪のケースを想定して、担保権行使に備え換価のプロの目による保管場所の動線の再確認を行い、当初の換価シナリオどおりに実際に行動に移せるか確認しておくことも重要です。

・担保対象物となる在庫が指定された保管場所に保管されているか、また指定外の場所に移動していないか？

・保管場所が第三者から賃借している倉庫である場合、支払いが滞っていないか？

・提出された最新の在庫資料に示すとおりに在庫が所在しているか？
（数量が多数ある場合は、サンプリング調査を行うなどして、在庫データと実際の在庫の照合を行う）
・返品、不良品の棚の在庫が極度に増えていないか？
・保管を受託している業者等へのヒアリングで、最近の出荷量と入荷量を確認した際に大きな変動等が発生していないか？

(4)　必要書面の準備

①　担保割れが生じた際の期限前弁済

　在庫の再評価を実施した結果、担保評価額が減少し評価額が貸付残高を下回る、いわゆる担保割れが発生することがあります。融資契約等で担保割れ部分について強制的に期限前弁済をする旨の定めを設定している場合には、これに基づいて請求を行うことになります（書式例11）。もっとも、このような定めを設けていない場合でも、担保権者は、速やかに債務者に対して担保割れが発生した旨の連絡を行い、担保割れ相当額を補填する別担保が提供されない場合には、任意期限前弁済を要請することが考えられます。

書式例11：在庫が減っていた場合の強制期限前弁済通知書

株式会社○○
代表取締役　○○　○○殿

通知書

　貴社と弊社との間の平成○年○月○日付金銭消費貸借契約第○条第○項に基づき、以下のとおり通知致します。

適格担保在庫額　　　　　　　　＿＿＿＿＿＿＿＿＿円
（評価率）○．○％　　　　　　＿＿＿＿＿＿＿＿＿円
（掛け目）○％　　　　　　　　＿＿＿＿＿＿＿＿＿円
適格担保在庫額×○．○％　×○％　A.＿＿＿＿円

借入可能額（A）	円
現在与信額（B）	円
超過額（A－B）	円

よって _____ 円　 の返済を請求します。

返済後

借入可能額　（A）	円
返済後与信額（B）	円
（A）＞（B）	

以上

② **在庫売却における事前の準備資料**

　また、実際に担保権を行使する場合で、担保対象物となる在庫を倉庫会社等の第三者が保管しているときは、在庫の出荷による担保棄損を防ぐためにも、倉庫会社に出庫停止の要請を行う必要があります。その場合は、下記のような書面（書式例12）を準備する必要があります。なお、出庫停止を速やかに行ってもらうためにも、倉庫会社との間で、融資実行の時点で出庫停止に関する合意書（書式例１、100頁）を締結しておくことが望まれます。

書式例12：出庫停止通知書

［倉庫会社］　　　　　殿

［ABL貸付人］

出庫停止のお願い

　弊社は、貴社との間で平成〇年〇月〇日付「合意書」（以下「合意書」といいます。）を締結しておりますが、平成〇年〇月〇日、株式会社〇〇（以下「担保権設定者」といいます。）に、担保権設定者と弊社の間の平成〇年〇月〇日付金銭消費貸借契約第〇条第〇項記載の事由が発生しました。つきましては合意書第〇条に基づく出庫停止を本書にて請求いたします。

　本請求後は、合意書に定めのあるとおり、担保権者である弊社の指示があるまでの間、担保動産を善良な管理者として注意義務をもって管理いただきますようお願い申し上げます。

倉庫住所
　①　所在地：○○
　　　名称：○○

　②　所在地：○○
　　　名称：○○

以上

Case Study

《事例》在庫の任意売却による回収事例

　過去にGBJにて行った融資事例として、日本の宝飾製造、販売会社に対して、在庫を担保にしたABLを実行したケースがあります。

　同社は、独自のジュエリーブランドを展開し、テレビで放映されるクイズ番組に商品提供をするほどでありましたが、不況の煽りを受け年々売上は減少し、過去3期にわたって営業損失を計上するに至っていました。そのため、事業再編を図るべく直販比率を増やし、過去の購入者を対象にホテル催事やクレジットカード会員向けの催事を行うなど、在庫圧縮とともに経営改善に努め、さらに固定費圧縮（不採算店舗閉鎖、本社移転、従業員削減など）を行いコストカットを進めていました。

　商戦に向けた仕入れ資金が不足することが予想されたため、GBJがABLによる半年間のつなぎ運転資金を同社に提供することとなったのですが、融資実行直後、契約書で定めた最低手元流動性のコベナンツに抵触したことが発覚しました。これは、融資実行を実現させ資金繰りを回すことを優先するために、経営陣がコベナンツ抵触になることを知りつつも、融資検討段階で虚偽の報告を行ったというものでした。そのため、GBJは同社に対するモニタリングを強化し、日次での資金繰り表と

在庫残高データの提出を求め、経営陣と週次での面談を行うことで、在庫圧縮とリストラの時間を与えつつ、返済期限までの具体的方針について協議を進めました。

融資検討段階で提出された資金繰り計画表と比較して、売上実績は大きく下回り、またABL以外の既存の借入については約定弁済が行われ、今後の資金繰りにも大きな懸念が見られました。そのため、日々資金繰り表を確認し、各月の資金着地について入念にヒアリングを行い、進捗状況のモニタリングと並行して、当初定めた返済期限までにどのようにして返済を進めるか、協議を重ねました。

同社は当初の計画どおりに催事事業と運営店舗の一部閉店を進めることで、所有する在庫を現金化し、キャッシュフローによる返済を行っていくことを主張しましたが、リストラの進捗が遅く、同社の現実的な売上計画規模から、期限内に全額弁済に至る返済原資の確保が難しいことは明白でした。そのため、GBJからは閉店店舗の追加による在庫換価の促進や、長期滞留在庫を一括買取する等の提案を行いました。

最終的に、同社は、10年以上も前から取引上の付き合いがある宝飾卸売業者に対して、所有する在庫の一部を一括売却することにより資金を調達し、GBJに返済を行うこととなりました。最終的に一部の在庫を宝飾業者に売った際には、GBJの評価を上回る価格で売却されたとのことでした。

6 売掛債権からの回収

(1) 回収の流れ

担保目的物である売掛債権からの回収を図る際には、事前に回収における全体の手続の流れを把握しておく必要があります。売掛債権からの回収を決定してから、実際の回収に至るまでの流れは次のチャートに示すとおりです（図表4−2）。

売掛債権からの回収を行うには、原則、債務者の売掛先となる第三債務者から直接支払いを受ける必要があり、第三債務者の対応が回収の可否に大き

【図表 4 − 2】売掛債権からの回収チャート

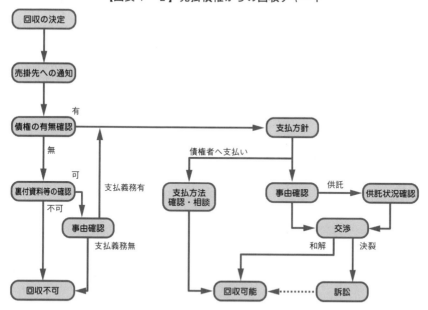

　な影響を及ぼします。融資実行の時点で第三債務者に対する対抗要件の具備
（承諾または通知）を留保していた場合、回収の局面で通知を行ったとして
も、第三債務者が、前後して担保権設定者に支払いを行ったり、あるいは供
託を行うことがあります。その場合には、第三債務者との交渉が不可欠とな
り、さらに交渉が難航した場合には訴訟となる可能性もあります。このよう
に、実際に売掛債権からの回収を図る場合には、第三債務者の対応いかんに
よって、円滑な回収に支障を生じさせるような事象が発生する可能性がある
ことに留意する必要があります。

⑵　売掛債権譲渡の通知
①　債権譲渡通知書の準備
　売掛債権による回収を行う必要があると判断した場合に直ちに回収手続に
移行できるように、事前に次のような第三債務者に対する債権譲渡通知書
（書式例13）を準備しておくことが望まれます。

書式例13：債権譲渡通知書

平成○年○月○日

［第三債務者］

債権譲渡通知書

　弊社は、貴社に対し、以下のとおり、ご通知申し上げます。

1．［担保権設定者］が貴社に対して有する下記の債権は、平成○年○月○日、弊社に譲渡され、同日、債権譲渡登記を完了致しましたので、本書をもって、ご通知申し上げます。
　　なお、本書とは別便で上記債権譲渡登記の登記事項証明書を送付致しましたので、併せてご通知致します。

2．つきましては、本書及び別便にて送付される登記事項証明書の双方が到着した時点で現存する下記債権の未払分及び当該到着時点以降に支払期日が到来するものにつきましては、下記の口座まで、振込送金の方法にてお支払いいただきたく、本書をもってご連絡申し上げます。
　　万が一、貴社が、当該到着時点以降、上記債権につき、［担保権設定者］その他の第三者に支払われた場合、有効な債務の弁済とならず、改めて弊社にお支払いいただくことになりますので、ご注意ください。

3．本件に関してご不明な点がある場合は、弊社担当者○○（電話番号：○○）まで、ご照会下さい。

草々

記

（譲り受けた債権の表示）
　　　［担保権設定者］が貴社に対して平成○年○月○日において有していた売掛債権及び同日から平成○年○月○日までの期間において取得することになる売掛債権

（振込口座）
　　　銀行名
　　　銀行コード
　　　支店名
　　　支店コード
　　　口座種別

口座番号
口座名義

以上

②　e 内容証明の活用

　売掛債権の譲渡通知を多数の売掛先に送付する必要がある場合、e 内容証明が活用できます。e 内容証明とは、内容証明郵便を電子化した、インターネット上にて内容証明を送付できるシステムで、2001年2月に郵便事業株式会社の前身である日本郵政公社において開始されたサービスです。

　内容証明郵便の受付部分を電子化し、差出人は特定のワープロソフトで作成した内容データをインターネット経由で送信し、当該データに基づいて郵便物として配達がなされます。24時間いつでも受付が可能であるため、内容証明の送付の必要があると判断した場合に、直ちに実行することができます。

　e 内容証明は、その送付手続が電子化されただけで、通常の内容証明郵便と同一の効力を有します。

　通常の内容証明郵便を投函する場合、同じ文書を3通用意し、郵便局で証明を受ける等の手間と時間を要しますが、e 内容証明では24時間、郵便局へ出向くことなく、文書データを処理し送信することができるため、通知書面のフォーマットと受取人のリストを電子データ上で事前に作成しておけば、多数の受取人に一斉に通知書面を送ることができます。

　一方、e 内容証明サービスを利用するためには、利用者登録を事前に行う必要があります。料金の支払方法は、クレジットカードまたは料金後納となります。クレジットカードの場合、ホームページと電話で利用者登録が比較的速やかに完了しますが、クレジットカードがない等の理由で料金後納を選ぶ場合は、郵便局へ行って料金後納の審査申請をする必要があります。その場合、利用者登録が完了するまで数日かかる場合もありますので、実際に e 内容証明を利用する必要が生じる前に、登録手続を済ませておく必要があります。

　また、債権譲渡登記において第三債務者対抗要件を具備するためには、別途登記事項証明書を各第三債務者に送付する必要があります。登記事項証明

書は e 内容証明の方法で送付することができないため、こちらは通常の郵送手続となることにも留意の必要があります。

(3)　債権の有無の確認

　売掛債権による回収の際に注意する点として、第三債務者に債権譲渡通知書を送付した時点で、すでに第三債務者が債務者に対して支払いを完了していた等の事由により、担保目的物である売掛債権の残高が大幅に減少してしまうおそれがあることが挙げられます。

　第三債務者の債務者に対する支払いにより、わずか 1 日のズレでも実際に回収できる金額に大きな影響を及ぼすことがあります。そのため、売掛債権による回収を実行する場合、事前に第三債務者である各売掛先の毎月の入金日を把握し、債権譲渡通知書面が第三債務者に到達する時点で、売掛債権残高がどの程度残っていて、どの程度の金額が回収できるのか推測できるよう管理しておくことが望まれます。

　債権譲渡通知発送後は第三債務者へ電話連絡を直接行い、通知書を発送した旨を伝えるとともに、相殺対象となる買掛金の有無を確認する必要があります。仮に第三債務者の担当者が不在の場合でも、電話番号を告げ折り返し連絡を依頼するとともに、連絡・確認が取れない間に債務者に支払うことがないよう応対者に要請すべきです。また、連絡が取れた際に担当者から「事実関係を調査する」と言われた場合には、期日を区切って再度の連絡を行う、買掛金の有無が判明するまでは継続して連絡を行う等、継続して状況を確認することを怠らないように努めることが、回収不能となる事態を避ける最善策と考えられます。

(4)　売掛債権による回収

　債務者との協議が奏功せず、担保権実行によって売掛債権を回収せざるを得ない場合、期限の利益喪失通知書や担保権実行通知書を債務者に送付することとなります。

　各売掛先への債権譲渡通知の完了後も、最終的な請求金額の確定のための手続や、各売掛先への連絡等については、必要に応じて債務者に協力を依頼した方が、手続をより円滑に進めることができ、回収の確度は上がるように

なります。

　売掛債権による回収は、債務者の息の根を止めることにつながることがあり、その場合の風評リスクは拭いきれません。また、債務者の協力なく回収を進める場合は、より時間と労力を要することに加え、第三債務者と交渉を進める必要もあることから、回収の最終手段に位置付けられます。そのため、できるだけ担保権実行による回収は避け、債務者と建設的な協議、交渉を重ねることで、債務者から自発的に返済を行ってもらうことが最良の方法であると考えられます。

第2章

民事執行法上の回収

第1節 | 動産担保権の実行と民事保全・民事執行

　在庫担保のような集合動産譲渡担保権を実行する方法について、法律上は特段の規定がなく、競売制度もありません。そこで、担保設定契約において担保実行方法を定めることになりますが、その場合の具体的な実行方法は、①譲渡担保権者（またはその委託する第三者）が担保動産を売却し、売却代金を被担保債権に充当する方法（処分清算）と、②譲渡担保権者が自ら担保動産を確定的に取得し自らの所有物としたうえで、その評価額をもって被担保債権に充当する方法（帰属清算）の双方が、譲渡担保権者の任意の選択に従って可能と定められるのが通常です。

　上記①・②のいずれにせよ、担保権者が担保実行するためには、担保権設定者から担保動産の引渡しを受ける必要があります。ここで、担保権設定者が任意に引渡しに応じない場合、法的手続を通じて引渡しを強制的に実現する必要があります。

　具体的には、担保権設定者に対して引渡請求訴訟を提起し、勝訴判決等の債務名義を取得したうえで、民事執行法に基づく動産引渡しの強制執行を申し立てることになります。もっとも、債務名義の取得等には相当の期間を要しますので、その間に担保権設定者が担保動産を隠匿する等すれば、強制執行は不奏功に終わってしまいます。とくに在庫動産は機械などと違って処分・隠匿が容易ですので、この危険性は高く、担保権者としては、引渡請求訴訟の提起に先立ち、占有移転禁止の仮処分等を申し立て、仮処分決定を得て占有の移転ができないようにしておく等の必要があります。

　なお、このような動産担保の実行の場合と異なり、売掛債権の譲渡担保権については、債務者（担保権設定者）に対して担保実行通知を送付したうえ

で、第三債務者に対し（必要に応じ第三債務者に対する対抗要件を具備して）担保権者への直接支払いを求めれば足ります。その意味で、売掛債権担保について、民事執行手続を通じた担保実行は想定されません（もとより、担保実行後に第三債務者が任意に債務を支払おうとしない場合に、通常の売掛代金債権の回収と同じように、第三債務者に対し支払請求訴訟等を提起するケースはあり得ます）。

第 2 節 ｜ 民事保全手続

■ 占有移転禁止の仮処分

⑴　占有移転禁止の仮処分とは

　占有移転禁止の仮処分は、後の確定判決に基づく引渡し等の強制執行に備えて、争いの対象となっている物（係争物）について、債務者の占有の変更を禁止するものです（なお、保全手続上の用語として、引渡しを求める申立人（この場合は担保権者）を「債権者」、申立ての相手方（担保権設定者等）を「債務者」といい、以下でも「債権者」「債務者」と記載した場合はこの用法に従っています）。

　すなわち、担保権者が在庫動産につき引渡請求訴訟を提起する場合、その相手方は一義的には担保権設定者であり、勝訴判決は担保権設定者を名宛人として、動産を担保権者に引き渡すよう命ずる内容となりますが、その間（厳密には、口頭弁論終結前）に担保権設定者が動産の占有を第三者に移してしまうと、担保権設定者を名宛人とする判決をもっては、実際の占有者である第三者に対して引渡しの強制執行ができません。そのため、訴訟提起に先立ち、予め担保権設定者を相手方として占有移転禁止の仮処分命令の発令を受けることにより、担保権設定者が動産の占有を移せないようにするものです。

　占有移転禁止の仮処分命令が発令されると、この保全命令を執行（「保全執行」といいます）することにより、債務者から物の占有が取り上げられ、

以後の債務者による占有移転が禁止されます（具体的な方法は後述します）。この場合、万が一、債務者（担保権設定者）が仮処分命令に違反し、第三者に物の占有を移転してしまったとしても、当該第三者が、①当該占有移転禁止の仮処分命令の執行がされたことを知って対象動産を占有した場合、あるいは、②当該占有移転禁止の仮処分命令の執行後に、その執行がされたことを知らないで債務者の占有を承継した場合（通常、債務者の処分に基づく占有移転の場合は、上記②に該当すると思われます）には、債権者（担保権者）は、担保権設定者に対する引渡請求訴訟の勝訴判決をもって、当該第三者に対しても、引渡しの強制執行を行うことができます（民事保全法62条。当事者恒定効）。

このような占有移転禁止の仮処分命令は、「その現状の変更により、債権者が権利を実行することができなくなるおそれがあるとき、又は権利を実行するのに著しい困難を生ずるおそれがあるとき」に発することができます（民事保全法23条１項）。

(2)　目的物の特定と固定化

占有移転禁止の仮処分は、担保権設定者による目的動産の占有移転を禁止するものですので、対象となる動産を特定する必要があります。他方で、在庫動産は日々変動しますので、申立ての時点で厳密な範囲を特定することは困難です。

この点、仮処分の申立てに当たっては、構成部分の変動する集合動産であっても、種類・所在場所等により特定できれば、申立て自体は可能とされています。

もっとも、在庫担保のような構成部分が変動する集合動産の譲渡担保においては、担保実行により目的物が固定化すると考えられていることに注意が必要です。すなわち、担保権者が担保権設定者に対して担保実行の意思表示を（具体的には担保実行通知により）行えば、担保の目的動産は、その時点で所在場所に存在する在庫動産に特定されることになります。したがって、担保実行通知を送付したうえで仮処分の申立てを行うと、仮処分による占有移転禁止の対象動産は、担保実行通知により固定化した特定の動産に限定されることになると考えられ、仮処分命令に基づく保全執行の手続において、

固定化後に搬入された動産は保全執行の対象となりません。この場合に、保全執行の現場で固定化時点の在庫と固定化後の在庫を区別できなければ、保全処分は執行不能となります。

　したがって、仮処分の申立ては担保実行前に行う必要があるといえます。この場合に、仮処分命令発令の要件としての「保全の必要性」が認められるか、という点が問題となり得ますが、少なくとも債務者について期限の利益喪失事由が生じている場合であって、担保権者として期限の利益喪失・担保実行を具体的に予定しており、かつ、担保実行がなされた場合には債務者が直ちに在庫の隠匿等を行う懸念があるという場合には、期限の利益喪失・担保実行前でも、保全の必要性に欠けるものではないと考えるべきでしょう。

(3)　第三者占有物の場合

　在庫動産が倉庫業者等、債務者（担保権設定者）以外の第三者の占有下にあった場合、担保権者としては、担保実行により、倉庫業者等から在庫動産の引渡しを受けたうえで、これを売却等することになります。この場合、占有移転禁止の仮処分の相手方は誰とすべきでしょうか。

　この点、占有移転禁止の仮処分は、後述のとおり、最終的には保全執行を通じて、執行官が対象物の占有者から占有を取り上げ、自ら保管することを基本としているため、その相手方は、実際に対象物を占有する者、すなわち「直接占有者」に限られ、他人を通じて間接的に占有している「間接占有者」を相手として発令することはできないと解されています。

　すなわち、倉庫業者が在庫動産を保管している場合、占有移転禁止の仮処分の相手方は、直接占有者である倉庫業者のみであり、間接占有者に過ぎない担保権設定者は相手方となりません。

　担保権者としては、倉庫業者保管の在庫動産の上に担保設定を受ける場合、担保権者・担保権設定者・倉庫業者の間の三者契約等を締結し、これにより担保権者が指示した場合の出庫停止等の協力を、倉庫業者に義務付けることが多いと思われます。このような合意書が締結されており、倉庫業者の任意の協力が期待できるケースでは、倉庫業者に対して占有移転禁止の仮処分を申し立てるまでの必要がない場合もあると思われます。

⑷　保全執行の方法

　占有移転禁止の仮処分命令の執行（保全執行）は、基本的に、執行官が担保権設定者等の占有者から在庫動産を取り上げ、保管することを前提としていますが、この保管の具体的な方法には、実務上 3 つの類型があります。

　すなわち、①執行官が取り上げた物を自ら保管する方法（執行官保管型）、②執行官が取り上げた物の保管を債務者に命じ、債務者の使用を許す方法（債務者使用型）、③執行官が取り上げた物の保管を債権者（申立人）に命じて、債権者に引き渡してしまう方法（債権者使用型）です。

　担保権者の立場からしますと、在庫動産について担保権設定者の使用を許した場合、容易に搬出等がなされてしまい、仮処分命令が意味をなさなくなるおそれがありますので、一義的には執行官保管型、あるいは債権者使用型を求めるべきことになります。

　もっとも、債権者使用型の場合、仮に保全執行がなされ動産が債権者（担保権者）に引き渡されたとしても、担保権者による動産の占有は、あくまで執行官の補助機関として占有するものに過ぎず、したがって担保権者が自ら動産を処分することはできないと解されています[1]（担保権者にとっては、この点が、後に述べる「引渡し断行の仮処分」との最大の違いとなります）。

　執行官保管型・債権者使用型いずれの場合においても、動産を（劣化防止等の観点から）早急に換価する必要があるという場合は、次に述べる緊急換価の可能性を検討する（あるいは、そもそも占有移転禁止の仮処分ではなく、引渡し断行の仮処分の申立てを行う）ことになります。

⑸　緊急換価

　占有移転禁止の仮処分の対象物が、例えば食料品などのように、保全執行後、短期間で「著しい価額の減少を生ずるおそれがある」といった場合、本訴判決に基づく強制執行の前に、これを緊急に換価することも可能とされます（緊急換価。民事保全法52条 1 項・49条 3 項）。

　緊急換価の具体的な方法は、執行官が、民事執行法に基づく動産執行の売却の手続、すなわち競り売り等によって動産を売却し（民事執行法134条）、

---

1 ）瀬木比呂志『民事保全法［新訂版］』（日本評論社）595頁。

その売得金を供託するというものです（民事保全法49条 3 項）。なお、競り売りによる場合、競り売りの期日は、原則として保全執行から 1 週間以上 1 ヵ月以内の日ですが、やむを得ない事由があると認められる場合は、 1 週間未満の日を競り売りの期日とすることもできるとされています（民事執行規則114条 1 項）。

　担保権者としては、このように動産を執行官が競り売り等により売却し、売得金が供託されることを前提として、担保権設定者に対して動産の引渡し（あるいは換価による売得金の引渡し）の請求訴訟を提起し、勝訴判決を得たうえで、動産執行を申し立て、この動産執行の手続において執行官が供託金を自ら取り戻し、担保権者に交付するという形で、換価金を回収することになります[2]。

　担保権者の立場からしますと、①緊急換価を行うかどうかの判断は執行官の職権に属し、債権者（担保権者）はその職権発動を促すことができるのみであると解されていること[3]、②売却は民事執行法上の競り売りにより、必ずしも担保権者のイニシアチブで売却できるわけではないことから、速やかな換価処分の必要性が高い場合、一義的には、緊急換価を想定するよりも、後述する引渡し断行の仮処分によることを目指すべき場合が多いと思われます。

(6)　債務者審尋の要否

　前記(4)のとおり、占有移転禁止の仮処分の保全執行の方法には、①執行官保管型、②債務者使用型、③債権者使用型の 3 つの類型があります。

　この点、一般的に、①執行官保管型や③債権者使用型の場合、債務者（担保権設定者）の受ける不利益は、②債務者使用型の場合に比し高いといえます。

　そのため、実務上、②債務者使用型の場合には、仮処分命令の発令に当たり、債務者に対する審尋はなされず、債権者の面接のみで発令がなされます

---

2 ）八木一洋・関述之『民事保全の実務〔第三版増補版〕（下）』（金融財政事情研究会）251頁参照。

3 ）八木一洋・関述之『民事保全の実務〔第三版増補版〕（下）』（金融財政事情研究会）249頁。

が、①執行官保管型および③債権者使用型の場合には、原則として債務者審尋期日を開き、債務者の言い分を裁判所が聴いたうえでないと、仮処分命令の発令ができない運用となっています。また、これらの場合、債権者による発令要件（被保全権利および保全の必要性）の疎明の程度も、債務者の受けるダメージに応じて厳格なものが要求されますし、発令に当たり債権者が裁判所に提供すべきとされる担保の額も、相対的に高額となる傾向にあります。

　在庫動産は処分・隠匿が容易ですので、担保権者としては、占有移転禁止の仮処分を申し立てる場合、保全執行の方法は、①執行官保管型、あるいは③債権者使用型とすることを求める場合が多いと思われます。他方で、これらの申立てにおいて、仮処分命令の発令に先立って債務者（担保権設定者）の審尋がなされると、発令前に申立ての事実が担保権設定者に知られ、その段階で担保権設定者による在庫の隠匿等を誘発してしまうことが懸念されます。

　この点、上記のように債務者審尋を要するとされる場合（すなわち、執行官保管型あるいは債権者使用型の場合）であっても、例外的に、ⅰ審尋期日の呼出しをすることによって、債務者が動産を隠匿するなど、執行妨害に及ぶ蓋然性が高いと認められる場合（例えば、目的物の処分・隠匿が極めて容易な場合）や、ⅱ極めて緊急性が高く、口頭弁論または債務者審尋の期日を経ていたのでは、仮処分命令を発令したとしても、その実効性が失われてしまう場合（例えば、目的物が食料品のように早急に売却する必要がある場合）には、裁判所の判断により、双方審尋を経ずに発令することもあり得るとされています（民事保全法23条 4 項但書参照）。この場合、担保権者としては、仮処分申立てに当たり、双方審尋を経ることなく、執行官保管型あるいは債権者保管型の占有移転禁止の仮処分命令の発令を求める理由を記載した「上申書」を、裁判所に提出する運用となっています[4]。

---

[4]　以上につき、裁判所ホームページ「集合動産譲渡担保権の目的物の占有移転禁止・引渡断行の仮処分 Q & A 」(http://www.courts.go.jp/tokyo/saiban/minzi_section09/sonota_tetuzuki/) 参照。

❷　引渡し断行の仮処分

⑴　引渡し断行の仮処分とは

　「引渡し断行の仮処分」とは、仮処分により、目的物を「債権者に仮に引き渡す」旨を命ずるもので、仮の地位を定める仮処分（仮地位仮処分）の一類型です。

　引渡し断行の仮処分は、仮処分命令により債権者が対象物の引渡しを受けるという点で、前記の債権者使用型の占有移転禁止の仮処分と類似の状態をもたらします。もっとも、前記のとおり、債権者使用型の占有移転禁止の仮処分の場合、債権者（担保権者）は、保全執行により動産の引渡しを受けたとしても、その占有は執行官の補助機関として占有しているに過ぎず、これを処分することまではできません。これに対して、引渡し断行の仮処分命令の発令を受け、保全執行により動産の引渡しを受ければ、債権者（担保権者）は、動産を自ら処分することができることになります。

⑵　引渡し断行の仮処分の発令要件

　このような仮地位仮処分の発令要件は、「争いがある権利関係について債権者に生ずる著しい損害又は急迫の危険を避けるためこれを必要とする」こととです（民事保全法23条 2 項）。実務上、この必要性の判断は、「被保全権利の性質・内容、仮処分の申立てに至るまでの経緯、仮処分が発令されないことによって債権者の受ける損害の内容・程度等を総合的に考慮すべきであり、とりわけ損害の内容・程度については、債権者が受ける不利益のみに注目するのではなく、これと債務者が仮処分の執行によって受ける不利益とを比較衡量するのが相当である」とされています[5]。

　また、前記のとおり、動産の引渡断行の仮処分命令が発令されますと、債権者は動産を処分することが可能になりますので、仮処分命令の発令要件としての被保全権利および保全の必要性の疎明は、「証明」に近い高度なものが要求されることになります[6]。

---

5 ）八木一洋・関述之『民事保全の実務〔第三版増補版〕（上）』（金融財政事情研究会）322頁。
6 ）菅野博之・田代雅彦編『民事保全の実務』（商事法務）181頁。

　これを在庫動産の引渡しの場面に即して具体的に考えますと、例えば、①担保権者の有する被担保債権の存在・額、また、担保権設定者に債務不履行があり、担保権者が動産譲渡担保権の実行に基づく動産の引渡請求権を取得すること、②担保権設定者の従前の対応等から、担保権者が担保動産の引渡しを直ちに受けなければ、担保権設定者によって処分・隠匿等がなされる可能性が高いこと、③担保権設定者には他にみるべき資産がなく、担保権者は担保動産からの回収をもってしなければ債権の回収が困難であること、④債務者保管型の占有移転禁止の仮処分により、担保動産を債務者が保管したのでは、動産の価値が減損するおそれがあること、さらに執行官保管型の占有移転禁止の仮処分によったとしても、保管に過分な費用を要する等の支障があること、⑤在庫動産の価値は担保権者の債権額を下回り、担保権設定者の把握している価値は実質的にゼロであるため、担保権設定者の受ける不利益は相対的に僅少といえること等について、証明に近い高度な疎明がなされる必要があると考えられます。

(3)　保全執行の方法

　動産の引渡し断行の仮処分の保全執行は、強制執行の例により（民事保全法52条1項）、具体的には、執行官が債務者（担保権設定者）から動産を取り上げて、これを債権者（担保権者）に引き渡す方法によります（民事執行法169条）。

(4)　債務者審尋の要否

　動産の引渡し断行の仮処分のような仮地位仮処分は、「口頭弁論又は債務者が立ち会うことができる審尋の期日を経なければ、これを発することができない」とされています（民事保全法23条4項本文）。他方で、在庫動産は処分・隠匿が容易ですので、担保権設定者が債務者審尋の手続を通じ、発令前に仮処分申立ての事実を察知した場合、その段階で在庫の隠匿等をしてしまう危険性が高まります。

　この点、民事保全法上、仮地位仮処分であっても、債務者審尋の「期日を経ることにより仮処分命令の申立ての目的を達することができない事情があるとき」は、債務者審尋を経ずに発令できるものとされます（民事保全法23

条4項但書）。担保権者としては、かかる「事情」を疎明して、債務者審尋を経ることなく仮処分命令の発令を得たいところです。

　もっとも、引渡し断行の仮処分の場合、占有移転禁止の仮処分（執行官保管型あるいは債権者使用型）の場合と異なり、債権者（担保権者）が引渡しを受けた動産を自ら処分できることとなりますので、債務者（担保権設定者）の受けるダメージはより大きいといえます。

　したがって、担保権者としては、被保全権利の充分な疎明に加えて、目的物の処分・隠匿が極めて容易であり、審尋を経ていたのでは担保権設定者による処分・隠匿がなされる可能性が高いこと等を、従前の担保権設定者の行動や交渉の経過等も踏まえつつ、具体的に疎明する必要があるといえます。

(5)　担保

　保全命令の発令に当たっては、違法な保全命令によって債務者が被り得る損害を担保するために、債権者による担保の提供が、発令の条件とされることが通常です（民事保全法14条。その後の本訴提起により勝訴判決が確定する等すれば、返還を受けられます。民事保全法4条2項、民事訴訟法79条）。特に引渡し断行の仮処分の場合、債務者は本訴による権利関係の確定前に、強制執行を受けるのと同等の不利益を被ることになりますので、担保の額は高額とされることが多いといえます。

　具体的な担保の額は、事案の内容や疎明の程度により異なり得ますが、例えば従来、自動車・建設機械の引渡し断行の仮処分のケースでは、担保額の基準として、「物件の時価の7割くらい」[7]、「自動車の残存価値の5割以上」[8]、あるいは自動車の「時価の60％ないし70％」[9]といった傾向が指摘されており、一つの目安となると思われます。

7）「座談会・民事保全をめぐる実務上の諸問題と対応策」金融法務事情120頁〔松藤発言〕。
8）本田敦子「所有権が留保された自動車の使用者に対する引渡断行の仮処分の可否」門口正人・須藤典明編『新・裁判実務体系13　民事保全法』（青林書院）363頁。
9）野田恵司「所有権が留保された自動車の使用者に対する引渡断行の仮処分」判例タイムズ1078号190頁。

第3節 | 引渡請求訴訟と強制執行

　引渡し断行の仮処分によらない場合、担保権者としては、占有移転禁止の仮処分命令の発令を得たうえで、担保権設定者に対し動産の引渡請求訴訟（あるいは、緊急換価がなされる場合はこれによる売得金の引渡請求訴訟）を提起し、勝訴判決を得て、動産引渡しの強制執行を申し立てることになります。

　動産引渡しの強制執行は、執行官が債務者から目的物を取り上げて、これを債権者に引き渡す方法によります（民事執行法169条）。担保権者としては、引渡しを受けた動産を、担保契約に従って換価処分等し、債権に充当することになります。

第4節 | 物上代位

　例えば、担保対象の在庫動産が火災等により滅失してしまい、代わりに担保権設定者が火災保険に基づく保険金請求権を取得した場合、在庫動産の担保権者はこの保険金請求権に動産担保権の効力が及んでいるとして、物上代位（民法304条類推適用）に基づく差押えをすることができるでしょうか。

　この問題につき、判例[10]は、「構成部分の変動する集合動産を目的とする集合物譲渡担保権は、譲渡担保権者において譲渡担保の目的である集合動産を構成するに至った動産（以下「目的動産」という。）の価値を担保として把握するものであるから、その効力は、目的動産が滅失した場合にその損害をてん補するために譲渡担保権設定者に対して支払われる損害保険金に係る請求権に及ぶと解するのが相当である」と述べ、保険金請求権に対しても動

10）最判平成22・12・2民集64巻8号1990頁。

産譲渡担保権の効力が及ぶことを明らかにしました。

　もっとも、同判例は、物上代位権を行使するための条件について、「構成部分の変動する集合動産を目的とする集合物譲渡担保契約は、譲渡担保権設定者が目的動産を販売して営業を継続することを前提とするものであるから、譲渡担保権設定者が通常の営業を継続している場合には、目的動産の滅失により上記請求権が発生したとしても、これに対して直ちに物上代位権を行使することができる旨が合意されているなどの特段の事情がない限り、譲渡担保権者が当該請求権に対して物上代位権を行使することは許されないというべきである」と述べています。

　なお、本判例のいう「通常の営業を継続している」場合とはどのような場合を指すか、あるいは、担保権者の物上代位権の行使により、担保目的動産の固定化が生ずるか、といった問題については、上記の判例は特に言及していません。また、目的動産が売買されたことによる代金債権に対する物上代位の可否や要件については、上記判例の述べるところではありません。

　いずれにせよ、担保権者としては、保険金請求権に対する物上代位権の行使可能性を確保するために、担保設定契約書において、「担保権設定者が通常の営業を継続している場合であっても、担保権者は保険金請求権に物上代位権を行使できる」といった旨を定めておくべきでしょう。

　担保設定契約上の合意に基づき（あるいは特約がない場合で、担保権設定者が「通常の営業を継続」していないとして）担保権者が保険金請求権に対して物上代位権を行使する場合、裁判所に担保権の存在を証明する文書を提出して（民事執行法193条）、この請求権に対して差押えを申し立てることになります。この差押えは、担保権設定者に対する保険金の払渡しの前に行う必要があります（民法304条 1 項但書参照）。

第1節 | 破産手続の場合

❶ 破産手続の概要

　破産手続とは、支払不能（＝債務者が支払能力を欠くために、弁済期にある債務について、一般的かつ継続的に弁済することができない状態をいいます（破産法2条11号））または、債務超過にある債務者の財産の清算を行う手続です。破産手続では、従前に債務者が有していた財産の管理処分権は裁判所から選任された破産管財人に移行し、破産管財人が債務者が有している財産を換価処分し、配当等を実施して、債務者の財産等の清算を行います。

　破産手続が開始された場合、後述のような担保権者等を除く一般の債権者は、個別の権利行使が禁止されることになります（破産法100条1項）。これらの債権者が保有する債権の回収は、手続に従った債権の届出をしたうえで、債権額に応じた配当を受けることで実現することになります（破産法193条1項等）。

❷ 在庫動産の場合

⑴ 破産手続上の取扱い

　債務者が保有する在庫動産に対して動産譲渡担保権を設定している場合、この動産譲渡担保権は、破産法上の別除権（破産法65条）として取り扱われるのが一般的です。

　別除権は破産手続によらないで行使可能とされています（破産法65条1項）。これは破産手続上の拘束を受けることなく、その基礎とされる担保権に認められている本来の実行方法によって権利行使をして、優先的な弁済を

受けることができることを意味しています。なお、破産手続上、担保権者が別除権としてその権利を主張するためには、手続開始決定時点に、引渡しまたは動産譲渡登記の対抗要件を具備していることが必要となります（後述する民事再生手続や会社更生手続等の法的倒産手続の場合も同様です）。

　したがって、動産譲渡担保権の場合、破産手続の制約を受けることなく、①担保対象となる担保目的物を、自己に帰属させ、被担保債権と当該動産の時価の差額を清算金として債権者（破産管財人）に交付する（いわゆる「帰属清算方式」）、②当該目的物を、第三者に処分し、そこから得られた処分代金をもって被担保債権を回収し、その残額を清算金として債権者（破産管財人）に交付する（いわゆる「処分清算方式」）のいずれかの方法によって担保実行をすることで回収を図ることになります。

　具体的には、帰属清算方式の場合、まず担保権者が破産管財人に対して担保実行の通知を行ったうえで、担保目的物である在庫動産の保管場所に立ち入り、その担保目的物の引渡しを受ける方法により担保目的物を取得するとともに、清算金を算出して破産管財人に支払うことになり、処分清算方式の

【図表4－3】　帰属清算方式

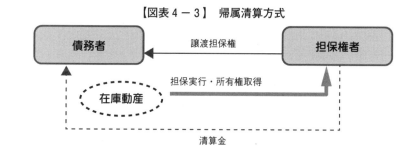

【図表4－4】　処分清算方式

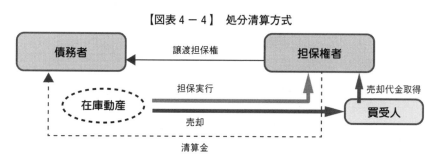

場合、担保実行の通知を行ったうえで、担保目的物である在庫動産の保管場所に立ち入り、これらの引渡しを受け、予め用意していた販路で売却をしたり、債務者の店舗を利用して販売する方法で処分し、その代金を被担保債権の弁済に充当し、処分代金が被担保債権を上回れば清算金を破産管財人に支払うことになります。なお、清算金が発生しない場合には、清算金が発生しない旨の通知をすることになります。

　担保実行により担保目的物から被担保債権の全額の満足を受けることができなかった場合、その不足額部分は一般の破産債権者として配当を受けることになりますが、配当を受けるためには、最後配当の除斥期間内に、①担保権の実行を完了して不足額を証明する、または②破産管財人との間で不足額の範囲について合意をする必要があります（破産法198条3項）。

　上記のとおり、すでに破産管財人に債務者の財産の管理処分権が移転していますので、担保実行の通知等の送付は、債務者ではなく破産管財人宛てにすることになります。この点、担保目的物が担保権者（別除権者）のみの弁済に充てられ余剰が見込まれなかったり、別除権を受け戻して任意売却をしても費用倒れになる等、破産財団にプラスにならない場合、破産管財人は当該担保目的物を破産財団から放棄することがあります。放棄された場合、破産管財人はもはや当該担保目的物の管理処分権限を有していないので、担保実行の通知を破産管財人宛てにすることはできなくなります。他方、会社が破産した場合には取締役はその地位を喪失しているので（会社法330条、民法653条2項）、このままでは意思表示の相手方が存在しないことになります[11]。

　この場合の意思表示には、会社法478条1項2号（定款で定める者）もしくは3号（株主総会決議により選任された者）により就任した清算人または同条2項（利害関係人の申立てにより裁判所が選任）によって選任された清算人を相手に実行するか、特別代理人（民事執行法20条、民事訴訟法35条・37条）を選任する必要があり、相応の労力と手間が掛かります。その点からも、担保権者としては、破産手続が開始された場合、速やかに担保実行の着手等の判断をしたうえで、破産管財人との間で担保実行に向けた協議を進め

---

11) 旧商法下の裁判例として最判平成16・10・1判例時報1877号70頁。

る必要があります。

(2)　目的物の所在確認および搬出の際の保管場所への立ち入り

　破産手続の場合、通常は事業も停止し、また、破産管財人においても担保目的物を換価処分することに異論がない場合も多いことから、原則として担保権者が自ら担保権実行をすることが一般的です。

　担保実行に当たっては、その前提として、担保目的物の所在の確認や搬出のために保管場所へ立ち入りをする必要があります。また、在庫動産の処分を検討するに当たって、担保権者が販売ルート等を有していないため、従前に債務者が有していた販売ルート、取引先に売却を持ち掛けることが必要になる場面も少なくありません。

　これらを実施しようとする際には、破産管財人に協力を要請する必要が生じます。実務上は、破産管財人との間で、破産管財人が担保権実行に協力をすることの条件として、その換価代金の一部を対価として破産管財人に交付する旨の協定を締結する例があります。このような破産管財人に対する対価は、担保実行による対象動産の処分価格の一定割合とする場合が一般的ですが、その割合は、担保目的物の保管状況等を踏まえた破産管財人による協力の必要性や程度に応じて、破産管財人との交渉により合意されることになります。

(3)　破産管財人による処分

　販売ルートの確保が困難な場合等、担保権者が自ら担保目的物を処分することが難しい場合には、破産管財人に担保目的物の売却を依頼し、その売却額を担保権者に引き渡してもらう等、破産管財人に担保目的物の処分を主導してもらうことで回収を図ることがあります。

　その場合、破産管財人が主導して換価処分をすることになりますので、破産管財人に一定の対価を支払うことになるのが通常です。担保目的物の換価可能性や価値を考慮しつつ、換価の具体的な方法や処分代金からの回収金額について破産管財人と個別に協議をしたうえで、取り決めることになります。

⑷　集合動産譲渡担保権の場合

　破産手続を含む法的倒産手続において、動産譲渡担保権の存在を破産管財人等に主張するためには、対抗要件を具備する必要があります。

　対抗要件具備の方法としては、占有改定等による引渡しや動産譲渡登記になりますが、在庫のような集合動産は担保目的物の搬出入を繰り返すことで構成要素が変動しており、担保取得および対抗要件の具備の時期によっては否認権（破産法160条以下）の対象になる可能性があるため、その取得時期が問題となります。

　この点、集合動産譲渡担保の場合、設定時点で目的物の引渡しがなされることで対抗要件を取得すれば、その後に保管場所に搬入し構成要素となった目的物については、改めて対抗要件を備えなくても、その効力は当然に及ぶとされ[12]、設定時点に遡って、対抗要件が具備されたことになると解されています[13]。動産譲渡登記の場合も、登記後に保管場所に搬入された目的物は、保管場所内に入った時点で動産譲渡登記によって特定された動産に含まれることになり、その効力が及ぶことになるので、登記された時点で対抗要件が具備されたものとして取り扱われることになります[14]。

　また、集合動産譲渡担保権の場合、担保目的物の範囲が変動するため、担保実行に際してはその実行範囲を特定しなければならず、そのためにいわゆる「固定化」がなされる必要があります。この点、破産手続の場合には、事業が停止し、通常の営業の範囲内での動産の処分や搬入が想定されないことから、手続の開始によって当然に、つまり担保権者の何らの行為を要することなく固定化の効力が生じるという考え方が一般的です。

　もっとも、実務上は、債務者に破産手続の申立てや開始決定がなされた場合、担保目的物がすでに固定化しており、担保権者の管理下に入っていることを明確化するべく、直ちに期限の利益喪失や担保実行の通知の送付を並行して実施する例も多いと思われます。

12）最判昭和62・11・10民集41巻8号1559頁。
13）道垣内弘人『担保物権法［第3版］』（有斐閣）334頁。
14）植垣勝裕・小川秀樹『一問一答 動産・債権譲渡特例法［三訂版増補］』（商事法務）82頁。

❸　売掛債権の場合

(1)　破産手続上の取扱い

　売掛債権の場合も、在庫動産の場合と同様、売掛債権譲渡担保権は破産法上の別除権として扱われることになります。したがって、売掛債権譲渡担保権の場合も、破産手続によらずに担保実行をすることができ、帰属清算方式あるいは処分清算方式の方法で回収を図ることになります。

(2)　債務者による管理・回収

　売掛債権譲渡担保権の場合、債務者のデフォルト前の平常時における売掛債権の管理・回収は、担保権者が債務者に管理回収権限を付与する形で債務者が行っているのが一般的です。

　したがって、債務者がデフォルトに陥った場合は、通常、担保契約上に期限の利益が喪失した場合に債務者の管理処分権が喪失する旨の定めがあるため、担保権者において期限の利益を喪失させることになります。

　これにより債務者が有していた売掛債権の管理処分権限は喪失しますので、通知後に債務者が売掛債権を回収した場合、担保権者はその引渡しを求めることができます。また、債務者が破産手続に至った場合または破産手続開始申立て後に期限の利益を喪失して管理処分権を喪失させた場合、その後に破産管財人が回収した売掛債権についても、不当利得として返還請求をすることが可能となります（破産法148条1項4号・5号）[15]。

(3)　第三債務者に対する通知

　第三債務者に対する債務者対抗要件を留保している場合、担保実行に際して第三債務者に対する通知および登記事項証明書の交付が必要となります（債権譲渡特例法4条2項）。これらの通知および交付については、倒産手続外での担保実行の場合と同様、第三債務者に直接通知および交付をすることで足ります。かかる通知および交付を受けるまでの間、第三債務者は破産管財人に対して弁済をすれば免責されることになるため（債権譲渡特例法4条

15）東京高裁平成20・9・11金融法務事情1877号37頁。

3項）、担保権者において破産手続の申立て等の事実を把握した場合、できるだけ迅速に通知・交付を行う必要があります。

(4)　担保実行の際の留意点

なお、担保実行の前提として、売掛債権の残高の確認やその内容が記載された注文書、納品書等の証拠書類を確認する必要があるため、これらの書類を保管している破産管財人に対して開示等を要請する場合があります。この場合、実務上は、在庫動産の場合と同様、破産管財人との間で、担保実行を円滑に行うことを目的として、回収金額の一定割合を支払うことを条件に協力を求める旨の協定を締結する例も見られます。

(5)　集合債権譲渡担保権の場合

売掛債権のような集合債権の譲渡担保権の場合も、法的倒産手続においてその権利を主張するためには対抗要件を具備する必要がありますが、現在および将来の複数の集合債権について1つの包括的な通知または承諾を行っても対抗要件として有効であり、かつ、その時点で将来債権についても対抗力が生じると解するのが一般的です[16]。債権譲渡登記の場合も、将来債権の譲渡を（第三債務者以外の第三者に対しては）、債権譲渡登記をした時点で対抗することができるとされています[17]。

なお、集合債権譲渡担保権の場合、①債務者に信用不安事由が発生したことを条件とする停止条件付債権譲渡契約あるいは債務者の信用不安発生時に予約完結権を行使しうる旨の代物弁済予約契約を予め締結するとともに、②担保権者が債務者から事前に日付をブランクにした債権譲渡通知書の交付を受けておき、信用不安が発生した場合に、条件成就または予約完結権の行使として第三債務者に債権譲渡通知書を発送する方法で、担保権を設定する例も見られます。このような事例は、危機時期以降に対抗要件の具備のために債権譲渡通知の発送がなされており、その多くは債権譲渡の日から15日以上

---

16) 道垣内弘人『担保物権法［第3版］』（有斐閣）349頁。最判平成19・2・15民集61巻
　　1号243頁。

17) 植垣勝裕・小川秀樹『一問一答　動産・債権譲渡特例法［三訂版増補］』（商事法務）
　　52頁。

経過した後に悪意でなされたものとして、破産法164条1項による否認権（権利変動の対抗要件の否認）の対象になるため、現在の実務ではほとんど用いられていません[18]。

第2節 | 民事再生手続の場合

■ 民事再生手続の概要

(1) 民事再生手続とは

　民事再生手続とは、民事再生法に基づき、債務者の再建を図る手続です。原則として、債務者自身に業務遂行権や財産の管理処分権が認められ、裁判所の監督の下、再生債務者が自主的に再建を図ることを目的としています。

　再生債務者は、一定の行為について裁判所の許可を得なければならず、また裁判所の選任する監督委員の監督を受けることになります。

(2) 手続の流れ

　民事再生手続の主な流れおよび東京地裁における標準的スケジュールは、下記の図表4－5のとおりです。

　民事再生手続開始決定が発令されると、裁判所において債権届出期間が定

【図表4－5】　民事再生手続の標準的スケジュール（東京地裁）

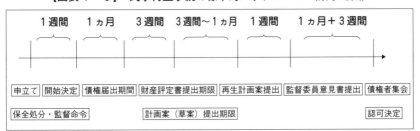

18）最判平成16・7・16民集58巻5号1744頁、最判平成16・9・14集民215号171頁等。

められ、債権者は、この期間内に債権の届出をすることになります。届け出られた債権は債権調査を経て確定し、再生債権としてこれらの弁済の方法等が再生計画案において策定されることになります。再生計画案は、債務者が作成し、裁判所に提出されたものが債権者集会において決議に付されるのが一般的です。この債権者集会における再生計画案の可決には、議決権を有する再生債権者で決議に出席した者の過半数の同意（頭数要件）と議決権者である再生債権者の議決権総額の 2 分の 1 以上の同意（議決権額要件）の双方を取得する必要があります（民事再生法172条の 3 第 1 項）。

　再生計画案が上記要件を満たして可決されると、他に不認可とすべき事由がない限り、裁判所から再生計画の認可決定が発令され、認可決定の確定後に、債権者は再生計画に従った弁済を受けることとなります。

❷　在庫動産の回収

⑴　再生手続上の取扱い

　民事再生手続の場合、譲渡担保権は別除権（民事再生法53条）として取り扱われるのが一般的で、この場合には破産手続と同様、民事再生手続によらずに権利行使（担保実行）が可能になります。

　この点、在庫動産は通常、債務者のキャッシュフローの源泉になっており、担保実行によってその売却代金のすべてが担保権者の回収に充てられることになれば、債務者は資金繰りに窮してしまい、事業継続が困難になります。他方、担保権者にとっても、担保実行により債務者を破産させ、担保目的物をいわゆるスクラップ価格で売却して回収をするよりも、事業継続を前提に、引き続き担保目的物の上に担保権が存続するとしたうえで、その処分代金等の一部を継続的に被担保債権の弁済に充てつつ、一定の期間をかけて回収を図る方が、かえって回収額が増加する場合があります。このように債務者と担保権者の双方にメリットが存在する場合、直ちに担保実行をすることを留保する代わりに、一定額の弁済を受けることを約する別除権協定を締結する場合も多くみられます。

　なお、後順位の譲渡担保権を設定している場合の実務上の取扱いは必ずしも固まっていません。その成立が認められて別除権として取り扱われたとし

ても、後順位担保権者には担保実行の権限が認められないと解されており（最判平成18・7・20民集60巻 6 号2499頁）、別除権協定の締結が不調に終わったとしても担保実行されるおそれがないことから、債務者において締結のインセンティブに乏しいといえます。そのような背景もあって、実務上は再生債務者から後順位の譲渡担保権者に、いわゆるハンコ代の支払いによって担保解除を求める事例も少なからず見受けられます。もっとも、担保権者としては、先順位担保権の余剰分については第二順位の譲渡担保権の効力が及び、その成立が認められていることを前提に、債務者と交渉することが肝要です。

(2)　手続開始決定後の効力

　上記のとおり、民事再生手続において担保実行あるいは別除権協定の締結をする場合でも、集合動産の場合、債務者が事業を継続している限り、保管場所において在庫動産の搬出入が繰り返されることになるため、手続開始決定後に搬入した在庫動産についても別除権の効力が及ぶのかが問題となります。

　この問題は、集合動産の固定化の問題とも大きく関連するものですが、民事再生手続を含む倒産手続が開始した場合、当然に集合動産の固定化がなされるという見解がある一方で、固定化すれば固定化した在庫動産については通常の営業の範囲内であっても債務者による処分が禁止され、事業継続に大きな支障が生じることを理由に、当然には固定化が生じないとする見解もあり、実務上の取扱いは未だ定まっていません。そこで、別除権協定を締結する場合には、担保目的物について固定化はせず、債務者に通常の営業の範囲内での処分を認める代わりに、その後に搬入される在庫動産にも担保権の効力が及ぶことを定める例が多く存在しています。

(3)　在庫動産の場合
①　別除権協定の締結

　上記のとおり、別除権協定を締結する場合、以下の内容が一般的な内容となります（後掲、別除権協定の書式を参照）。

> ①　担保目的物の評価額
> ②　担保目的物を固定化しないことの確認
> ③　債務者による通常の営業の範囲内での処分の継続を認めること
> ④　①の評価額を前提に算出した受戻金額について、処分代金の一定割合等を担保権者に内入弁済すること
> ⑤　④の弁済が継続する限り、担保実行をしないこと
> ⑥　④の弁済が完了した場合の担保解除または別除権の消滅
> ⑦　別除権の被担保債権額が①の評価額を上回る場合の不足額（別除権不足額）について、再生債権としての権利行使を認めること
> ⑧　別除権不足額について、再生債権として再生計画に基づく弁済を実施すること

　なお、別除権不足額については、担保実行をしなくても、再生債務者と別除権者との合意により別除権不足額が定まれば、当該別除権不足額部分は再生債権としての権利行使が認められるため（民事再生法88条但書）、別除権協定の締結後、再生計画に従った弁済を受けることになります。

　上記のとおり、別除権協定は債務者の事業継続を前提として、一定の期間にわたって債権の回収を図ることを前提としているため、その締結に当たっては、少なくとも別除権協定で定められた回収期間まで債務者が事業継続できることの見通しが立つかが、最大のポイントとなります。担保権者としては、事業継続の見通しを充分に検証したうえで、実際に担保実行をした場合の回収金額と、別除権協定の締結によって回収できる金額（いずれも不足額が発生する場合には、不足額分の破産配当あるいは再生計画に基づく弁済を通じた回収可能見込み額も考慮する必要があります）を比較したうえで、経済合理性の判断をすることになります。

②　別除権協定の内容等

ア　担保目的物の評価

　別除権協定の締結に際しては、担保目的物の価値について債務者と争いが生じる場合があります。担保価値を低く見積もることができれば、その余剰分を事業資金や一般債権者への配当原資に充てることができますし、民事再生手続上の財産評定では清算価値を前提としたいわゆる早期処分価格で在庫

動産を評価するため（民事再生法124条1項、民事再生規則56条1項）、債務者からは、この早期処分価格をもって、担保目的物の評価額として主張されることがあります。

　しかしながら、別除権協定の締結に当たっての評価基準は、法令等で特に定められているわけではなく、また、民事再生手続が事業継続を前提としたものであり、別除権協定も債務者の事業継続に一定の協力をする趣旨の合意という位置付けでもあることからすると、清算を前提とした早期処分価格を基準とすることは、かえって妥当でないともいえ、通常の処分価格を基準とすることも相応の合理性が認められる場合が多いと思われます。担保権者としては、担保目的物の評価額について債務者との合意形成が難航する場合、担保実行も見据えつつ、ギリギリまで債務者と粘り強く交渉することが必要になります。

　イ　支払条件

　別除権の受戻しの支払条件に関して法令等による特段の制限は存在せず、通常、債務者の資金繰りを勘案しつつ、複数回にわたり一定額あるいは在庫動産の処分代金の一定割合を支払うことが多く、その具体的な金額や弁済期間は債務者との交渉によって決定されることになります。

書式例14：別除権協定書

別除権協定書

別除権者としての○○株式会社（以下「甲」という。）及び再生債務者としての○○株式会社（以下「乙」という。）は、乙の民事再生手続開始申立事件（○○地方裁判所平成○年（再）第○号。以下、「本件再生手続」という。）につき、以下のとおり合意する（以下「本協定」という。）。

第1条（目的）
　本協定は、甲と乙との間において、甲が有する別除権の受戻し方法、別除権不足額の範囲等を定めることを目的とする。

第2条（債権及び別除権の確認）
　1．甲及び乙は、甲が乙に対し、下記記載の別除権付再生債権（以下「本件

債権」という。）を有することを確認する。

記

　　　平成〇年〇月〇日付金銭消費貸借契約書（その後の変更契約を含む。）
に基づく残元金〇円、これに対する平成〇年〇月〇日から平成〇年〇月
〇日まで年〇％（365日の日割計算）の割合による利息金及び平成〇年
〇月〇日から支払済みまで年〇％（365日の日割計算）の割合による遅
延損害金

2．甲及び乙は、甲が、本件債権を被担保債権として、別紙の担保目録記載
の目的物（以下「本目的物」という。）について、担保権（以下「本件別
除権」という。）を有することを確認する。

3．［在庫動産の場合］前項に加えて、甲及び乙は、第4条1項に定める弁
済が完了するまでの間、本目的物について固定化せず、本件再生手続申立
後に保管場所に搬入された物件について引き続き本件担保権の効力が及ぶ
ことを、確認する。

　　　［売掛債権の場合］前項に加えて、甲及び乙は、第4条1項に定める弁
済が完了するまでの間、本再生手続申立後に発生した本目的物に係る債権
について乙が回収権限を有することを確認する。

第3条（別除権額の合意）

　甲及び乙は、本協定締結時点における本目的物の評価額を金〇円とするこ
とに合意する。

第4条（別除権の受戻し）

1．甲及び乙は、乙が甲に対し、前条の評価額たる金〇円を、以下のとおり
分割して支払って、本件別除権を受戻すことに合意する。ただし、以下に
記載された各弁済期日が金融機関の休業日である場合、翌営業日をその弁
済期日とする。

記

　　　第1回　平成〇年〇月〇日限り　　　　〇〇円
　　　第2回　平成〇年〇月〇日限り　　　　〇〇円
　　　第3回　平成〇年〇月〇日限り　　　　〇〇円

2．乙の甲に対する前項の支払いは、下記口座へ振込み入金する方法により
行う。ただし、振込み手数料は乙の負担とする。

記

　　　〇〇銀行　〇〇支店
　　　普通預金　〇〇〇〇

　　　　口座名義　　○○

第5条（別除権予定不足額の支払）

　本件債権の金額から第3条の評価額を控除した別除権予定不足額については、乙は、甲に対し、本件再生手続における再生計画（以下「本件再生計画」という。）に従い、同計画により権利変更された金額を、甲の指定する金融機関口座に送金する方法等により弁済するものとする。

第6条（担保権の不行使等）

1. 甲は、第4条第1項に定める弁済がなされることを条件に、本件別除権を行使しない。
2. 甲は、乙が本協定に違反した場合、何らの催告なく本協定を解除して本件別除権を実行することができるものとし、乙は、本協定に基づく期限の利益を失うものとする。

第7条（担保解除）

　甲は、第4条1項に定める弁済が完了した場合、本件別除権を解除し、その対抗要件の抹消手続等の必要な手続を行う。なお、これらの手続費用は、乙の負担とする。

第8条（本件被担保債権の譲渡等）

　甲は、本件被担保債権または本件別除権を第三者に譲渡（第三者に対する譲渡または移転の効果を生じさせる行為を含む）する場合、当該第三者より本協定上の甲の地位を承継する旨の書面による承諾を得るとともに、乙に対し当該書面を提出するものとする。

第9条（本協定の失効）

　乙において、以下のいずれかの事由が発生した場合、本協定は直ちに効力を失う。

① 　再生手続廃止の決定があった場合
② 　再生計画不認可又は再生計画取消の決定があった場合
③ 　本件再生手続において、本件再生手続以外の破産手続、民事再生手続、会社更生手続又は特別清算の開始の申立があった場合
④ 　本協定上の義務に違反した場合

第10条（本協定の効力発生条件）

　本協定の締結が、本件再生計画の認可決定前の場合には、本件再生手続における［監督委員の同意／裁判所の許可］を停止条件として、本協定は効力を生じるものとする。

第11条（専属的合意管轄）
　甲及び乙は、本協定に関連して生じるあらゆる紛争の解決に当たって、○○地方裁判所を第一審における専属的合意管轄裁判所とすることに合意する。

第12条（本協定の変更）
　本協定の規定は、甲及び乙の記名押印のある書面による同意によってのみ変更できるものとする。

　以上の合意を証するため、本書 2 通を作成し、甲及び乙がそれぞれ記名押印し、各 1 通ずつを保有する。

　　　平成　　年　　月　　日

　　　　　　　　　　　　（甲）

　　　　　　　　　　　　（乙）

　　　　　　　　　　　　　　　　　　　　　　　　　　（別紙）

　　　　　　　　　　　担保目録

（在庫動産の場合）
乙が以下の所在場所において所有する以下の種類の動産一切、及び今後同社に保有される同種の動産一切（登記番号：第○○－○○）

　1　動産の種類
　　　○○
　2　所在場所
　　　○○

（売掛債権の場合）

> 平成○年○月○日から平成○年○月○日までに乙に発生した売掛債権
> 　　　　　　　　　　　　　　　　　　（登記番号：第○○─○○）

❸　売掛債権の回収

⑴　民事再生手続上の取扱い

　売掛債権譲渡担保権も、在庫動産と同様、民事再生手続上、別除権として扱われ、手続外での権利行使（担保実行）が可能です。売掛債権の場合、回収金が債務者の資金繰りに充てられるのが通常であるため、担保実行がなされれば、債務者は資金繰りに窮することになります。

　そこで、売掛債権譲渡担保権の場合も、担保権の実行を留保し、債務者に回収権限を引き続き付与する代わりに、回収額の一部の支払いを受ける旨の別除権協定を締結する場合が多くみられます。

　なお、売掛債権譲渡担保権の場合、担保契約上、平常時において売掛債権の回収権限を債務者に付与しつつ、民事再生手続の開始決定等の事由によってその回収権限を喪失させる旨の条項を規定している場合があります。この条項の有効性について、倒産手続の開始を契約の解除原因とする、いわゆる倒産解除特約の場合と同様、民事再生法の趣旨、目的に反するものとして無効である旨の見解も主張されていますが、仮にこの見解を前提としても、担保実行をすれば債務者の回収権限は喪失することになりますので、担保権者としては、手続開始申立てをもって直ちに担保実行するか、あるいは別除権協定の締結に向けた交渉を開始し、債務者との間で交渉が奏功しない場合等には担保実行を検討することになります。

⑵　効力の及ぶ範囲

　売掛債権譲渡担保権については、担保実行あるいは別除権協定の締結のいずれの場合であっても、その前提として売掛債権譲渡担保権の効力の及ぶ範囲が問題となります。

　この点、将来発生する債権も譲渡契約時に譲渡されることになるという裁判例[19]の考え方からすれば、民事再生手続開始後に発生する売掛債権に対

してもその効力が及ぶと考えることが論理的であるといえます。しかしながら、将来債権に対してその効力が及ぶとなれば、債務者が資本を投下して売掛債権を発生させたにもかかわらず、担保実行等によってそれが担保権者にすべて回収されることになるため、債務者は資金繰りに窮して再建を実現することが困難となります。そこで、必ずしも実務上の取扱いが統一されているわけではありませんが、将来債権の回収金のうち、将来債権の価値を維持するための費用を控除した部分のみに担保権の効力が及ぶ、あるいは特に常時または担保権実行時点で現存する財産の価値に注目した担保取引のような場合[20]、当事者の合理的意思解釈を根拠に手続開始時に存在する債権しか効力が及ばないとするという形で、民事再生手続の場合には担保権の効力が及ぶ範囲に一定の制限を課す考え方が実務上一般的になっています。

(3)　売掛債権の回収（別除権協定の締結）

　売掛債権譲渡担保権の場合も、動産譲渡担保権と同様、担保実行により債務者の事業を停止させるのではなく、債務者が事業継続することで将来発生する売掛債権からも一定の回収ができれば、担保権者にとって経済合理性を認めることができます。そこで、在庫動産の場合と同様、別除権協定を締結する例が多くみられます。

　別除権協定の内容は、基本的には在庫動産の場合と同様ですが、売掛債権の場合、合意する別除権の評価額、すなわち担保の対象となっている売掛債権の範囲および評価が大きな問題となります。この評価額については、上記の担保権の効力が及ぶ範囲とも大きく関連するものの、将来債権までその効力が及ぶと考えた場合には、将来債権を現在価値に割り戻した評価をベースとするのが整合的であり、担保権者としてはこの評価を前提に債務者と交渉することになります。この点、ある回収金を原資に仕入れをした原材料等を加工した製品の販売代金が新たな債権になり、その回収金をさらなる製品の

19）最判平成13・11・22民集55巻 6 号1056頁、最判平成19・2・15民集61巻 1 号243頁。
20）例えば、毎月 1 億円程度の売掛債権が発生し、 2 ヵ月サイトでこれを回収している会社の将来 3 年分の売掛債権を担保取得するときに、36億円に掛け目（例えば約 8 割）を掛けて約29億円を貸し付けるのではなく、 2 億円の担保価値に掛け目（約 8 割）を掛けて貸付を実行する取引等が挙げられる。

仕入れの原資に充てるといった、いわゆる循環型の債権の場合には、その債権を発生させるために必要とされる費用（仕入れ代金、人件費等）を控除したうえで、その価値を算定する例が多いといえます。その他に、上記(2)で述べた現存する担保財産の価値のみに着目した担保取引のような場合には、そもそも手続開始後に債務者が取得した担保目的物については担保権の効力が及ばないと考えて、手続開始時点に発生している債権額のみの価値を別除権の評価額とする例もみられます。

❹　債務者による対抗手段

(1)　担保権の実行手続の中止命令

　動産譲渡担保権あるいは売掛債権譲渡担保権のいずれの場合であっても、担保権者として、債務者の事業性、債務者との交渉状況等から別除権協定の締結が困難であると判断した場合、担保実行を検討することになります。しかしながら、担保実行によって在庫動産が処分されたり、売掛債権がすべて担保権者に回収されることになれば、債務者にとっては事業継続に大きな支障を来すことになります。そこで、民事再生手続では、担保実行に対する債務者の対抗手段として、①担保権の実行手続の中止命令と、②担保権消滅請求の制度が設けられています（民事再生法31条・148条）。

　担保権の実行手続の中止命令とは、裁判所が定める相当な期間について、担保権の実行を一時的に中止させる手続です。中止命令の機能は、①担保権者との間で別除権協定の交渉を行う時間的猶予を確保できること、⑪別除権協定の交渉が奏功しない場合等に、担保実行によって担保権が消滅する前に担保権消滅請求を完遂する時間を確保できることが挙げられます。

　なお、民事再生法31条1項では、「第53条第1項に規定する再生債務者の財産につき存する担保権」と規定され、同53条1項の「担保権」に譲渡担保権が含まれていないため、そもそも譲渡担保権も担保権の実行手続の中止命令の対象となるか、すなわち同31条の類推適用の可否が問題となります。この点について、見解の完全な一致はみられていませんが、債権譲渡担保権の場合に中止命令が発令された例が存在しています[21]。

(2)　担保権消滅請求

　民事再生手続では、担保権の実行手続の中止命令のほかに、担保実行に対する債務者の対抗手段として、一定の金銭を担保権者に支払うことで担保権自体を消滅させることができる担保権消滅請求の制度が設けられています（民事再生法148条）。具体的には、再生手続開始時点で存在する債務者の財産が債務者の事業継続に欠くことができない場合に、当該財産の価額に相当する金員を裁判所に納付することで、担保権者が有する当該財産上の担保権を強制的に消滅させる制度です。

　この点、そもそも譲渡担保権が担保権消滅請求の対象になるか否かについて、民事再生法148条 1 項の担保権に譲渡担保権が含まれていないため、担保権中止命令と同様、その適用の可否が問題となります。この点については、現在も見解の一致をみない状況ではあるものの、東京地裁では、動産譲渡担保権の成立およびその内容について当事者間で争いがなく、競合する担保権も存在せず、かつ、譲渡担保権者も担保権の実行を事実上控えている事案で、動産譲渡担保権に対する担保権消滅請求を認めた例があります[22]。

　担保権消滅請求の申立てに当たっては、債務者が相当と考える担保財産の評価額が申立書に記載され、担保権消滅請求が認められた場合には、この申出額が裁判所に納付され、担保権者に配当されることになります（民事再生法148条 1 項・153条）。この債務者の申出額には、疎明資料としてその価額の根拠を記載した書面の提出が必要とされ（民事再生規則71条 2 号）、その評価根拠が明らかにはされるものの、債務者としてはできるだけ低い金額で担保権を消滅させたいと考えるため、担保権者が満足する評価にならない場合があります。

　これに対する担保権者の対抗手段として、価額決定請求の手続が存在します（民事再生法149条 1 項）。これは、裁判所が選任した評価人が担保目的物である財産の評価をしたうえで、その財産の価額を決定する手続です（同法

21）大阪高決平成21・ 6 ・ 3 金融・商事判例1321号30頁、福岡高那覇支決平成21・ 9 ・ 7 判例タイムズ1321号278頁等。その他に東京地裁でも集合債権譲渡担保権について発令された例がいくつか存在している（鹿子木康編『民事再生の手引』（商事法務）88頁）。
22）東京地裁破産再生実務研究会編著『破産・民事再生の実務［第 3 版］民事再生・個人再生編』（金融財政事情研究会）176頁。

150条2項)。なお、在庫動産等の場合における評価基準は必ずしも明らかで
はありませんが、不動産の場合には、「当該不動産の所在する場所の環境、
その種類、規模、構造等に応じて、取引事例比較法、収益還元法、原価法そ
の他の評価の方法を適切に用いなければならない」とされ（民事再生規則79
条2項)、実務では「早期の処分可能性を考慮した市場を前提とする適正な
処分価格」が一つの評価の指針とされています[23]。したがって、動産の場合
もこのような考え方が一応の目安とはなりますが、早期処分性を考慮したと
しても、あくまで「市場を前提とする適正な処分価格」である以上、担保権
者としては、清算手続を前提とした、いわゆる叩き売りのような評価になら
ないよう主張をすることが必要です。

　なお、担保権消滅請求はあくまで担保権を消滅させる制度ですので、担保
実行手続が終了し、在庫動産または売掛債権が担保権者に帰属しあるいは第
三者に処分され、すでに担保権が消滅している場合には、手続の対象となり
ません。したがって、動産譲渡担保権や売掛債権譲渡担保権の場合、（担保
権の実行手続の中止命令がすでに発令されている場合を除き）担保権消滅請
求手続が終了するまでの間に担保実行をすべて終了する方法も、担保権者に
とって事実上の対抗手段となります。

第3節 | 会社更生手続の場合

1 会社更生手続の概要

　会社更生手続とは、窮境状態にある株式会社が裁判所の選任した更生管財
人の主導の下で、債権者、担保権者等の多数の利害関係人の同意を得て更生
計画を策定し、これを遂行することによって事業の再建を図る手続です。

　会社更生手続の特徴としては、一般の債権者だけでなく、租税債権者や担
保権者も手続の中に取り込んで進めることができるため、より抜本的な再建
案を策定できる場合が多いといえます（次頁図表4－6「会社更生手続のス

23）社団法人日本不動産鑑定協会「民事再生法に係る不動産の鑑定評価上の留意点」判例
　タイムズ1043号82頁以下。

【図表4-6】 会社更生手続のスケジュール

《標準スケジュール》

標準スケジュール	手続の各段階の進行イメージ	法令上の期間制限
	申立て・保全管理命令（法17、30）	
1ヵ月	開始原因・財産状況等の調査	
	開始決定（法41）	
2ヵ月	更生計画案の策定　資産・負債の調査確定	2週間～4ヵ月（規19Ⅰ①）
5ヵ月	債権届出期間 -(終期)- （法42）	～1年（法184Ⅲ）
11ヵ月　9ヵ月	財産評定完了（法83）認否書提出期限（法146Ⅲ）	1週間～4ヵ月（規19Ⅰ②）
2週間	〈更生債権等調査期間〉	1週間～2ヵ月（規19Ⅰ②）
	査定申立て等の裁判手続（法151～）	査定申立ては調査期間の末日から1ヵ月以内
	計画案提出期限-[管財人]	
	決議に付す決定（法189）〈書面投票期間〉決議集会	
	認可決定（法199）	
1、2ヵ月～10年	更生計画の遂行	～15年［～20年］（法168Ⅴ）
	終結決定（法239）	

(注1) （ ）内の数字は会社更生法規の根拠条文を示している。
(注2) 上記のスケジュールは、会社申立てに基づき手続が開始され更生計画が遂行されて終結に至る標準的なケースを想定して作成したものである。

《短縮型スケジュール》

短縮型スケジュール	手続の各段階の進行イメージ	法令上の期間制限
	申立て・保全管理命令（法17、30）	
1ヵ月	開始原因・財産状況等の調査	
	開始決定（法41）	
1ヵ月　2週	更生計画案の策定　資産・負債の調査確定	2週間～4ヵ月（規19Ⅰ①）
3ヵ月2週	債権届出期間 -(終期)- （法42）	～1年（法184Ⅲ）
8ヵ月　6ヵ月	財産評定完了（法83）認否書提出期限（法146Ⅲ）	1週間～4ヵ月（規19Ⅰ②）
1週間	〈更生債権等調査期間〉	1週間～2ヵ月（規19Ⅰ②）
	査定申立て等の裁判手続（法151～）	査定申立ては調査期間の末日から1ヵ月以内
	計画案提出期限-[管財人]	
	決議に付す決定（法189）〈書面投票期間〉決議集会	
	認可決定（法199）	
1、2ヵ月～10年	更生計画の遂行	～15年［～20年］（法168Ⅴ）
	終結決定（法239）	

(注1) （ ）内の数字は会社更生法規の根拠条文を示している。
(注2) 上記のスケジュールは、会社申立てに基づき手続が開始される事件のうち、開始決定から更生計画認可決定まで短期間で進行することが可能なケースを想定して作成したものである。

《DIP 型スケジュール》

標準型スケジュール	手続の各段階の進行イメージ
1～2 週間	【申立代理人】 事前相談
	調査命令・監督命令・共済禁止の保全処分 （法39・35・37・28）
3 週間	【監督委員兼調査委員会 （法35・39）】 開始原因・財産状況・管財人の適正等の調査 現経営陣の経営状況の監督
	【現経営陣】 会社経営全般 （事業経営・財産管理処分権を留保）
	【申立代理人】 現経営陣に対する法律的助言
	開始決定 （法41）
6 週間	【事業家管財人 （現経営陣）】 更生計画案の策定　　　資産・負債の調査確定
	【申立代理人】 事業家管財人に対する法律的助言
18週間	【調査委員会 （法125）】 更生計画案に対する　　会社財産及び財産の管理状況 当否の調査　　　　　　（債権調査、財産評定を含む）の調査 債権届出期間 （終了）（法42）
8 週間	財産評定完了（法83） 認否書提出期限（法146Ⅲ） （更正債権等調査期間）
1 週間	
	計画案提出期限　　　　査定申立て等の裁判手続（法151～）
23週間　5 週間	決議に付す決定（法189） 〈書面投票期間〉 （決議集会非開催）
	認可決定 （法199）
1、2 ヵ月 ～3 年	【事業家管財人 （現経営陣）】 更生計画の遂行
	終結決定 （法239）

（出所）東京地裁会社更生実務研究会編『最新実務　会社更生』（金融財政事情研究会）8 頁・9
　　　　頁・20頁。

ケジュール」参照）。会社更生手続では、担保権者を含む債権者は、更生管
財人等が策定する更生計画に基づく弁済を受けることになります。この更生
計画の可決要件は、民事再生手続よりも厳格で、①更生債権については、議
決権総額の 2 分の 1 を超える議決権を有する者の同意、②更生担保権につい
ては、期限の猶予を定める場合は議決権総額の 3 分の 2 以上、減免その他期
限の猶予以外の方法による権利変更を認める場合は議決権総額の 4 分の 3 以
上、事業全部の廃止を内容とする場合は議決権総額の10分の 9 以上の同意が
必要となります（会社更生法196条 5 項）。

　なお、会社更生手続の場合でも、手続開始申立て後から開始決定までの間
は、担保権の実行が可能となっていますが、実務上は、仮に担保権を実行し
たとしても中止命令（会社更生法24条 1 項 2 号）により手続が中止される可
能性が高く、また、包括的禁止命令（同法25条 1 項）や一般の保全処分とし
て個別の担保権実行を禁止する保全処分の発令（同法28条 1 項）等により、
予め担保権実行を禁止することも可能であるため、担保実行に踏み込むかの
判断をする場面は実際にはほとんどないといえます。

2　在庫動産の場合

(1)　会社更生手続上の取扱い

　会社更生手続では、譲渡担保権は更生担保権（会社更生法 2 条10項・135
条）として扱われます[24]。このため担保権者は、更生担保権者として債権届
出期間内に、①更生担保権の内容および原因、②担保権の目的である財産お
よびその価額、③更生担保権についての議決権の額等を届け出る必要があり
ます（会社更生法138条 2 項）。なお、会社更生手続では、更生担保権の被担
保債権のうち利息または遅延損害金等の不履行による損害賠償や違約金の請
求権は、更生手続開始決定後 1 年を経過する時（その時までに更生計画認可
決定があった場合は、当該決定の時）までに発生したものに限り、担保の範
囲として認められます（同法 2 条10項但書）。

　会社更生手続では、手続が開始すると法律上、担保実行が禁止され（会社
更生法47条 1 項）、在庫動産担保権からの回収は、手続開始決定時点におけ
る担保価額を更生担保権の評価額として、更生計画に従った弁済を受けるこ
とになります。この場合の弁済方法は、在庫動産等が事業継続に必要な資産
である場合、在庫動産の価値を確定額で評価したうえで弁済をする例が一般
的です。これ以外の更生担保権の弁済方法には、①担保目的物を売却し、必
要費用を控除した価額を担保権者に弁済し、②費用控除後の価額が更生担保
額を下回る場合は、その不足額について一般更生債権と同じ内容の弁済を行
う旨の、いわゆる処分連動方式が存在します。もっとも、この処分連動方式

24）最判昭和41・4・28民集20巻 4 号900頁。

は担保目的物の売却を前提にしているため、事業に不可欠で引き続き債務者が保有する予定の財産には馴染まず、遊休資産や処分予定の担保目的物に対して用いられています。

このように会社更生手続では、開始決定時点の評価額に基づいて回収を図ることになるため、その評価額を適正な価額とすることが担保権者にとって最も重要な事項となります。この点、更生担保権の評価は開始決定時点の時価を基準としているところ（会社更生法1条10項）、「時価」について会社更生法や他の法律でも定義する規定が存在しないため、これをどのように考えるかということが問題になります。

この問題については、会社更生手続における財産評定の考え方が一つの目安となります。会社更生手続における財産評定は、更生担保権を含む更生会社の財産の価額を「時価」で評価するものですが（会社更生法83条）、ここでいう「時価」は、財産評定の結果が会社法上の計算書類に連動する仕組みが採用されていることから（会社更生法施行規則1条1項・2項、会社計算規則5条・6条）、①会計上の3つの視点である「購入する視点での積算価格」、「使用する視点での収益価格」、「売却する視点での処分価格」から最も公正妥当と認められるものかを選択しつつ、②それぞれの価格の求め方として、取引事例法、収益還元法、原価法その他の評価方法（会社更生規則48条、民事再生法規則79条2項）を採用するかを決定し、その時価を算出するという方針で評価を行う必要があるとされています[25]。したがって、担保権者としては、在庫動産が事業資産として必要な場合の時価とは、「叩き売り」を前提とする早期処分価格といったものではなく、事業を継続していく中でそれを売却した場合、すなわち通常の販売価格をベースに管財人と協議をするべきです。

なお、更生担保権の評価額は、担保権者による債権届出がなされた後、管財人による認否等の手続を経て確定することになります（会社更生法150条1項等）。担保権者による債権届出の内容のうち、担保目的物の価額について管財人が認めず、あるいは他の届出をした更生債権者等から異議が述べられた場合、担保権者は裁判所に対して、担保目的物の価額決定の申立てをす

25）東京地裁会社更生実務研究会編著『会社更生の実務【新版】下』（金融財政事情研究会）6頁。

ることができます（会社更生法153条 1 項）。この価額決定の申立てをした場合、裁判所から選任した評価人が担保目的物を評価し、この評価に基づいて、裁判所がその価額を定めることになります（会社更生法154条 2 項）。

(2)　手続申立て後の効力

　会社更生手続の場合、前記のとおり担保実行が禁止され、かつ、担保価値も開始決定時点で固定することになるため、在庫動産が固定化するか否かについて手続内で問題になることはあまりありません。

　しかしながら、会社更生手続が頓挫した場合、債務者は牽連破産に移行することとなりますが、この破産手続では、破産手続開始決定時点で債務者が保有する担保目的物に対してしか、担保権の効力が及びません。そのため、破産移行前の更生手続中に管財人が在庫資産の圧縮を図るなどして担保目的物が減少していた場合には、牽連破産手続において行使できる別除権の対象資産が目減りしているということになりますので、担保権者にとって回収不能リスクが増大する可能性があります。また、仮に集合動産を固定化させた場合、会社更生手続の開始後は担保実行が禁止されるものの、担保権が消滅するわけではないため、管財人がこれを処分して換価代金を費消すれば、担保権侵害を構成することになります。このような背景から、牽連破産に移行した場合に備えて管財人と協議をして、在庫動産の処分代金の上に代わり担保として預金質権等の設定（担保変換）をする等の取扱いを受ける例も見られます。

③　売掛債権の場合

(1)　更生手続上の取扱い

　売掛債権譲渡担保権も、会社更生手続では更生担保権として取り扱われ、手続開始決定時点における担保価額について、更生計画に従って弁済を受けることになります。

(2)　手続申立て後の効力および管財人による管理・回収

　売掛債権譲渡担保権の場合、会社更生手続が申し立てられて保全命令や開

始決定の発令後に発生した債権にも、担保権の効力が及ぶかが問題となりますが、原則としてその効力が及ぶと解されています[26]。

このように担保権の効力が及ぶとしても、売掛債権譲渡担保権の設定契約では、通常、債務者が売掛債権の回収権限を与えられているため、保全管理人や管財人が担保目的物である債権を回収して、さらにそれを利用できるかどうかが問題となります。

この点、会社更生手続でも、民事再生手続と同様、手続開始の申立て等を理由として債務者の売掛債権の回収権限を剥奪する旨の条項は、会社更生法の趣旨、目的に照らして無効であり、保全管理人または管財人は会社更生手続申立て後も売掛債権の回収が可能と解する考え方が実務上有力です（ただし、申立て前にすでに期限の利益を喪失し、かつ、第三債務者に対して担保実行通知を発していれば、担保権者に回収権限が移転しているため、その後に登場した保全管理人または管財人がこれらの債権を回収することはできません）[27]。

さらに保全管理人や管財人が、自ら回収した債権を利用することができるかという点については、少なくともその後に当該売掛債権譲渡担保権に係る更生担保権の弁済が確保できないような場合には、担保権侵害に該当する可能性があるため、その利用が禁止されると解されています。

他方、回収後の売掛債権に係る更生担保権の弁済を確保するべく、管財人が回収金額に見合う金額を預金し、これらの預金に当該売掛債権譲渡担保権者のために質権を設定する等の措置を講じている場合、あるいは、そのような措置が講じられない場合でも、事業継続によって将来債権が発生し、事業が維持されて当該売掛債権譲渡担保権に係る更生担保権の弁済が確保される見込みがある場合は、売掛債権譲渡担保権の設定契約を締結した当事者の合理的意思解釈として、保全管理人や管財人がその回収金を利用できると解することが相当とする考え方が有力です。

この点、担保権者としては、在庫担保の場合と同様、万が一、会社更生手

26）東京地裁会社更生実務研究会編著『会社更生法の実務【新版】上』（金融財政事情研究会）（319頁）。

27）東京地裁会社更生実務研究会編著『会社更生法の実務【新版】上』（金融財政事情研究会）320・321頁。

続が頓挫して牽連破産に移行した場合に、開始決定時点で存在していた売掛債権の価値相当額が毀損していれば、債権の回収に悪影響を与えることになるため、そのような場合の担保権侵害の可能性を検討しつつ、保全管理人や管財人に対しては、上記のような代替担保の設定をするよう協議すべきです。

(3)　更生担保権としての評価

　上記のとおり、売掛債権譲渡担保権の場合も、担保権者は更生担保権の評価に従った弁済を受けることになるため、その評価基準である時価をどのように解するべきかが重要な問題となります。

　この点、売掛債権の場合、その回収率や債権の管理費用、回収費用等を考慮した評価を行うべきとの考え方が実務上一般的です。そこで、担保権者としては、将来債権分を含めた債権全体の評価額を合理的に算出したうえで、従前のモニタリング等の結果を踏まえた回収率や諸経費等に関する資料を準備して、保全管理人や管財人と協議をすることになります。

　また、集合債権譲渡担保権の場合で、売掛債権のように、債務者の営業活動の中で生み出される債権を将来債権も含めて担保目的物としている場合には、開始決定時点に存在した債権の価値に加えて、債務者の合理的な事業活動を前提とした場合に将来発生するであろう債権の額から、その債権を発生させるために必要な費用を控除し、さらにそれを現在価値に割り戻した金額を、その価値として評価すべきとされています[28]。

　なお、更生担保権は本来、手続開始時点の担保財産について認められるものですが（会社更生法2条10項）、売掛債権譲渡担保権の場合には、保全管理命令の発令期間中に担保実行が禁止されている中で保全管理人が回収した回収金（ただし、回収のために必要な費用等は控除されます）についても、担保権の効力が実質的に及んでいるものとして、当該回収金相当額分も含めて更生担保権の評価を行うのが実務の取扱いとなっています。

---

28) 東京地裁会社更生実務研究会編著『会社更生法の実務【新版】上』（325頁）。

4　担保権消滅請求

　会社更生手続においても、民事再生手続と同様、担保権について担保権消滅請求の制度が存在します（会社更生法104条1項）。会社更生手続では担保実行は禁止されますので、会社更生手続における担保権消滅請求は、担保実行に対する対抗手段としてではなく、更生計画外での早期の事業譲渡がなされる場合も含め、早期処分が必要な会社資産に設定された担保権を消滅させる場合に用いられます。このような制度上の機能の違いから、会社更生法上の担保権消滅請求では、発令要件として担保権の消滅が「更生会社の事業の更生のために必要であると認めるとき」と定められており、民事再生法上の担保権消滅請求の発令要件が「事業の継続に欠くことができないもの」（同法148条1項）と定められているのに比較して、その要件が緩和されています。また、譲渡担保権がその対象となるかについては、見解の一致がみられているわけではありませんが、適用を認められる方向で検討すべきとされています[29]。

　担保権消滅請求の手続申立てに際しては、申立書に財産の価額を記載することが求められており、この記載に基づいて申立てに対する決定がなされることになります。担保権者がこの価額に不服があれば、価額決定請求を申し立てることができ（会社更生法105条1項）、この場合、裁判所から選任された評価人の評価に基づいて、財産の価額が定められることになります（同法106条2項）。なお、担保権消滅請求における担保目的物の価額の評価基準は、会社更生規則が民事再生規則79条を準用しているため（会社更生規則27条）、民事再生手続と同様、当該担保目的物の早期処分価格を考慮して算出するものとされています。

　担保権消滅請求が許可された場合、管財人により担保目的物の価額に相当する金銭の納付がなされ、担保権者は納付金から配当を受けることになりますが、納付金額および使途は更生計画で定めなければならないとされているため（会社更生法167条1項6号）、金銭が納付されても直ちに担保権者に支払われるわけではなく、更生計画認可決定まで留保されたうえで、担保権者に弁済されることになります。

29）東京地裁会社更生実務研究会編著『会社更生の実務【新版】下』（金融財政事情研究会）57頁。

_{第4節} ｜ 私的整理手続の場合

1　私的整理手続の概要

(1)　私的整理手続の意義

　私的整理手続とは、一般的には、破産手続、民事再生手続、会社更生手続、特別清算等の法的倒産手続によらずに債務の弁済期の猶予または減免を求める手続をいいます。

　私的整理手続には、公表されている準則に基づいて進行する、いわゆる「準則型」と呼ばれるものとして、私的整理ガイドライン、事業再生ADR、中小企業再生支援協議会の支援手続、株式会社地域経済活性化支援機構の支援手続、株式会社整理回収機構によるRCC企業再生スキーム等があり、また特定調停も私的整理手続の一つに数えられます。

　私的整理手続の特徴としては、①対象となる債権者が原則として金融機関等に限定される反面、②事業再生計画等の成立のために対象債権者全員の同意が必要であるといった点が挙げられます。

　この特徴を債権者の視点から見た場合、①商取引債権者を手続の対象に含めず、手続が開始した場合でも商取引権債権については従前どおりの支払を継続できることで、債務者の信用毀損を防止し、事業価値の劣化を防ぐことが可能となり、手続の対象債権者にとっても回収の極大化につながる場合が多く存在します。

　また、②対象債権者全員の同意が手続成立に必要であることから、各対象債権者の協力を得るために債務者から必要な情報が提供されやすく、また、対象債権者と債務者との間で充実した協議がなされることが期待できるといえます。

(2)　担保権の取扱い

　私的整理手続では、債務者が今後の事業計画や、対象債権者に要請する金

融支援の内容等を記載した事業再生計画を策定したうえで、対象債権者に対してその賛否を諮ることになります。事業再生計画により定められる弁済方針として典型的な内容は以下のようなものです。すなわち、債権放棄を行うケースであることを前提とすると、まず対象となる債権を、担保保全の有無によって、「保全債権」（担保権によって保全されている部分）と「非保全債権」（担保権によって保全されていない部分）に分類し、保全債権については、担保目的物の評価額の全額を保護する（債権カットの対象としない）扱いとします。他方、非保全債権部分の部分については、必要な債権カット額の総額を、各対象債権者の非保全債権の残高でプロラタ按分し、これを各対象債権者に対する債権放棄による支援要請額とします。

　なお、保全債権について担保評価額の全額が保護されるとしても、その弁済方法は様々です。特に自主再建型の場合には、債務者が一括で弁済できる資金を有していないことが多いため、債務者のキャッシュフローや資金繰り等を勘案しつつ、将来収益から一定期間にわたって分割弁済をする計画案を策定する例が多いといえます。

(3)　一時停止等について

　私的整理手続では、手続の開始等の時点において、対象債権者に対して、債権回収、担保権の設定、法的倒産手続の申立の禁止等を要請する通知等が送付されることがあります。このような通知は、事業再生ADRや私的整理ガイドラインでは「一時停止」と呼ばれ、事業再生ADRでは、事業再生に係る認証紛争解決事業者の認定等に関する省令7条において、「債権者全員の同意によって決定される期間中に債権の回収、担保権の設定又は破産手続開始、再生手続開始、会社更生法若しくは金融機関等の更生手続の特例等に関する法律の規定による更生手続開始若しくは特別清算開始の申立てをしないこと」と定義されています。

　その他の私的整理手続でも、中小企業再生支援協議会の支援手続では、債権放棄を伴う事案で、いわゆる評価損益税制等の利用のために再生計画検討委員会による再生計画案の調査・報告を要する場合、主要債権者、債務者および総括責任者の連名により、返済猶予の要請や、対象債権者による個別的権利行使あるいは債権保全措置等を差し控える旨の要請がなされる場合があ

ります[30]。株式会社地域経済活性化支援機構の支援手続でも、債権者に権利行使をしないことを要請する「回収等停止要請」（株式会社地域経済活性化支援機構法32条の 4 第 1 項）の制度が存在しています。また、株式会社整理回収機構のRCC企業再生スキームでは、第 1 回債権者集会において、「与信残高の維持までは要請せず他の債権者との関係で相対的な地位の改善を行わないことの合意」を内容とする、一時停止の合意が形成されるとされています[31]（以下では、各手続において、担保権実行を差し控えることを含む回収行為の停止を要請することを、総称して「一時停止等」ということとします）。

　ABLレンダーとして、このような一時停止等の要請を受けた場合、どのように対応すべきでしょうか。

　前記のとおり、一時停止等の概念および意味は、各手続で必ずしも一致しているわけではありませんが、いずれの手続においても、一時停止等はあくまで債務者等から債権者に対する要請であり、当該通知をもって直ちに債権者に対する法的拘束力が発生するものではないと解されています。もっとも、対象債権者が一時停止等の要請に対して明示的に同意する、あるいは異議を述べずに私的整理手続を進行させるといった対応をした場合には、債務者と対象債権者の間の合意として、通常、担保権の実行も禁止されることになると考えられます。

　その意味で、一時停止の要請を受けたABLレンダーとしては、私的整理手続に協力して担保権実行を控えるか、あるいは担保権実行を行うかを、速やかに判断する必要があります。

　この点、私的整理手続は、前記のとおり法的倒産手続と比較して事業劣化の度合いも低く、それは多くの場合、事業に直結する資産である在庫動産や売掛債権の価値も維持されることを意味します。したがって、ABLレンダーとしては、債務者に私的整理手続による事業再建の可能性があると判断できる限り、原則として手続に協力することを検討するべきといえましょう。

30）藤原敬三『実践的中小企業再生論　改訂版『再生計画』策定の理論と実務』（きんざい）280頁。

31）整理回収機構「『RCC企業再生スキーム』の概要」参照（http://www.kaisyukikou.co.jp/announce/announce_138_1_1.html）

　もっとも、私的整理手続の成否は時々刻々と変化しますし、手続中においても季節変動や事業方針の変更等により、在庫動産や売掛債権の額は変動する可能性があります。したがって、担保権者としては、手続の初期段階から債務者等と密接に連絡を取り、モニタリングの強化に加え、手続における担保目的物の取扱い、評価や事業再生計画の策定方針等について、債務者等と充分に協議するよう心がける必要があります。

2　在庫動産の場合

(1)　手続上の取扱い

　以上を前提に、私的整理手続におけるABLの担保資産の具体的な取扱いについて述べます。

　まず、在庫動産譲渡担保は、上記のとおり、各私的整理手続上では「保全債権」としてその評価額の全額が保護され、再生計画に基づく弁済を受ける旨の取扱いがなされることが多いといえます。

(2)　手続開始決定後の効力（「固定化」について）

　在庫のような集合動産については、各私的整理手続が開始された場合、あるいは一時停止等がなされた場合に、法的倒産手続におけるのと同様、担保対象物の「固定化」が生じ得るのかが問題となります。

　この点は学説上でも明確に議論がなされているわけではありませんが、私的整理手続は債務者の事業継続が大前提であり、商取引債権も手続の対象者に含めることなく全額保護し、日々の事業の中で在庫・商取引債権が新陳代謝を繰り返す想定であること、また、そもそも「固定化」とは担保権実行の前段階として、担保権の効力が及ぶ範囲とそれ以外の範囲を画するために用いられる概念であるところ、一時停止等により担保権実行を控えるよう要請しながら、これにより担保実行を前提とする担保対象物の固定化を生じさせることは不合理であることからすれば、在庫動産譲渡担保の対象物は私的整理手続の開始ないし一時停止等により固定化するものではないと考えるべきでしょう。

　したがって、私的整理手続では、担保権者が手続に協力できないと判断し

て担保権実行に踏み切る場合を除き、固定化は発生せず、債務者は引き続き通常の営業の範囲内で在庫動産の処分権限を有すると考えられます。

(3)　在庫動産担保に係る保全債権の弁済

　集合動産譲渡担保の対象となっている在庫について、上記のとおり固定化が当然には発生しないとしても、保全債権の弁済の前提として担保対象資産の評価を行う必要があり、この観点からは、いずれかの時点で存在した在庫動産の価値をもって評価の対象とすることが合理的といえます。具体的には、例えば開始時点や一時停止等が発せられた時点などにおいて、債務者が保有していた在庫動産の評価額を、在庫動産担保権による保全債権額として扱うことが考えられます。

　在庫動産の評価の基準については、上記の基準時点で在庫動産を換価した場合の処分代金がベースになると考えられますが、この処分代金は、私的整理手続が商取引債権者を手続に取り込むことなく、手続開始後も債務者が通常の営業を継続することを前提とするものである以上、いわゆる「投げ売り」や清算時の処分等を前提とした早期処分価格等ではなく、債務者が通常の商流等を用いて換価した場合の換価可能代金を基準にするべきと思われます。各私的整理手続における実態貸借対照表上の資産評価方法としても、債務者の通常の営業過程において販売する場合の即時換金額をベースにして算出する等の基準が示されており[32]、あくまで債務者が営業過程で通常売却する場合の換価代金が、在庫動産の「時価」として、担保評価の基準になるものと考えられます。

　もっとも、私的整理手続における担保物の評価（保全債権の金額）は、最終的には担保権者を含むすべての対象債権者と債務者の合意として決定されるものです。私的整理手続が担保権者を含む対象債権者の全員の同意があって初めて成立するものである以上、ABLレンダーとしては、上記のような考

---

32)「経済産業省関係産業競争力強化法施行規則第29条第1項第1条の資産評定に関する基準」三ハ、「地域経済活性化支援機構の実務運用基準」の「（別紙1）再生計画における資産評定基準」3の3、「RCC企業再生スキーム」の「別紙5　再生計画における「資産・負債の評定基準」」の3(3)、「中小企業再生支援協議会の支援による再生計画の策定手順（再生計画検討委員会が再生計画案の調査・報告を行う場合）の「（別紙）実態貸借対照表作成に当たっての評価基準」等。

え方を踏まえつつ、個別の在庫動産の換価可能性や状況等に応じ、債務者との間で個別に協議を行う必要があるといえます。

❸　売掛債権の場合

⑴　手続上の取扱い

売掛債権譲渡担保も、在庫動産譲渡担保と同様、各私的整理手続では「保全債権」としてその評価額の全額が保護され、再生計画に基づく弁済を受ける旨の取扱いが多いと思われます。

なお、担保権者が一時停止等の要請に応じることで、その後の担保権実行が制限されるとしても、担保契約等で債務者に付与した売掛債権の回収権限を、引き続き債務者に認めてよいかは、一応別の問題といえます。この点、担保契約等において、「私的整理手続の開始等があった場合は担保権設定者の回収権限を剥奪する」旨の定めがない限り、回収権限はそのまま債務者に維持されると考えられますが、「剥奪する」旨の定めが存在する場合、その扱いについて一時停止等の要請とは別の問題として債務者と協議する必要が生じます。

⑵　手続開始後の売掛債権に対する効力

売掛債権のような将来債権を含む譲渡担保については、民事再生手続や会社更生手続の場合と同様、その評価の前提として、担保権の効力がどの範囲まで及ぶかが問題になります。

この点については、民事再生手続に関して述べたとおり、将来発生する債権も譲渡契約時に譲渡されるという裁判例の考え方からすれば、私的整理手続が開始した時点で現存している債権に加え、債務者の営業活動から発生する将来債権についても、担保の効力が及んでいると解することが論理的です。

⑶　売掛債権の回収

もっとも、このように解したとしても、将来債権部分を、担保評価としてどのように評価するかは難しい問題です。実際の私的整理手続においては、

民事再生手続や会社更生手続におけるのと同様に、発生し得るすべての将来
債権を評価対象とするのではなく、何らかの制限を加えることが多いといえ
ます。

　この場合の具体的な評価方法について、実務上確立した考え方があるわけ
ではありませんが、一つの理論的な考え方は、会社更生手続における更生担
保権の評価方法に準じて、債務者が策定する今後の事業計画等に基づき、営
業活動によって将来発生するであろう債権の額を合理的に見積もったうえ
で、その債権を発生させるために必要な費用を控除し、さらに現在価値に割
り戻すことで評価するというものでしょう。もっとも、実務上は、開始時点
や一時停止等が発せられた時点など、特定の時点において現存する売掛債権
額をもって評価額（保全相当額）とするケース、あるいは売掛先における支
払サイトに相当する期間分の売掛債権の合計額をもって評価額（保全相当
額）とするケースなどもあり、個別の事案ごとに、ABLレンダーと債務者
（を通じ他の対象債権者）の間の交渉により、（相応の幅をもって）決せられ
ているように見受けられます。

第 **5** 部

民法（債権法）改正とABL

民法改正によりABLはどう変わるか

第1節 ┃ 債権法改正と債権譲渡法制の概要

　平成27年3月31日、「民法の一部を改正する法律案」が国会に提出されました（以下では、同法律案を「改正法」といい、これに従い改正された民法を指して「新法」と呼びます。また、新法との関係で現行民法を「現行法」と呼ぶこととします）。

　改正法の施行日は、「公布の日から起算して三年を超えない範囲内において政令で定める日」とされていますので（改正法附則1条）、成立した場合、実際の施行は平成30年以降と見込まれます。

　改正法では、債権譲渡についていくつかの重要な改正が加えられており、特に売掛債権等を目的とするABLの実務に一定の影響を及ぼすものと考えられます。

　債権譲渡に関する主な改正内容は、

① 譲渡制限特約の効力等に関するルールの変更
② 将来債権譲渡が有効であることの明文規定の新設
③ 債務者の異議なき承諾による抗弁切断の制度の廃止
④ 債権譲渡と相殺についての規律の明文化

等です。以下、債権譲渡に関する主な改正法の内容を概観したうえで、それぞれの改正がABLの実務に与える影響を考えてみたいと思います。

　なお、改正法の施行日前に、債権の譲渡の原因である法律行為がされた場合は、当該債権譲渡については「なお従前の例による」とされていますので（改正法附則22条）、改正法の施行日前に締結した担保契約に基づく既存の売掛債権譲渡担保が、今回の民法改正により直ちに影響を受けるものではあり

ません。

第2節 ｜ 譲渡制限特約の効力等に関するルールの変更

◢ 改正法の内容

改正案	現　行
（債権の譲渡性） 第466条　債権は、譲り渡すことができる。ただし、その性質がこれを許さないときは、この限りでない。 2　当事者が債権の譲渡を禁止し、又は制限する旨の意思表示（以下「譲渡制限の意思表示」という。）をしたときであっても、債権の譲渡は、その効力を妨げられない。 3　前項に規定する場合には、譲渡制限の意思表示がされたことを知り、又は重大な過失によって知らなかった譲受人その他の第三者に対しては、債務者は、その債務の履行を拒むことができ、かつ、譲渡人に対する弁済その他の債務を消滅させる事由をもってその第三者に対抗することができる。 4　前項の規定は、債務者が債務を履行しない場合において、同項に規定する第三者が相当の期間を定めて譲渡人への履行の催告をし、その期間内に履行がないときは、その債務者については、適用しない。	（債権の譲渡性） 第466条　債権は、譲り渡すことができる。ただし、その性質がこれを許さないときは、この限りでない。 2　前項の規定は、当事者が反対の意思を表示した場合には、適用しない。ただし、その意思表示は、善意の第三者に対抗することができない。 3　（新設） 4　（新設）
（譲渡制限の意思表示がされた債権に係る債務者の供託） 第466条の2　債務者は、譲渡制限の意思表示がされた金銭の給付を目的とする債権が譲渡されたときは、その債権の全額に相当する金銭を債務の履行地（債務の履行地が債権者の	（新設）

281

現在の住所により定まる場合にあっては、譲渡人の現在の住所を含む。次条において同じ。）の供託所に供託することができる。 2　前項の規定により供託をした債務者は、遅滞なく、譲渡人及び譲受人に供託の通知をしなければならない。 3　第1項の規定により供託をした金銭は、譲受人に限り、還付を請求することができる。	
第466条の3　前条第1項に規定する場合において、譲渡人について破産手続開始の決定があったときは、譲受人（同項の債権の全額を譲り受けた者であって、その債権の譲渡を債務者その他の第三者に対抗することができるものに限る。）は、譲渡制限の意思表示がされたことを知り、又は重大な過失によって知らなかったときであっても、債務者にその債権の全額に相当する金銭を債務の履行地の供託所に供託させることができる。この場合においては、同条第2項及び第3項の規定を準用する。	（新設）
（譲渡制限の意思表示がされた債権の差押え） 第466条の4　第466条第3項の規定は、譲渡制限の意思表示がされた債権に対する強制執行をした差押債権者に対しては、適用しない。 2　前項の規定にかかわらず、譲受人その他の第三者が譲渡制限の意思表示がされたことを知り、又は重大な過失によって知らなかった場合において、その債権者が同項の債権に対する強制執行をしたときは、債務者は、その債務の履行を拒むことができ、かつ、譲渡人に対する弁済その他の債務を消滅させる事由をもって差押債権者に対抗することができる。	（新設）

（預金債権又は貯金債権に係る譲渡制限の意思表示の効力） 第466条の５　預金口座又は貯金口座に係る預金又は貯金に係る債権（以下「預貯金債権」という。）について当事者がした譲渡制限の意思表示は、第466条第２項の規定にかかわらず、その譲渡制限の意思表示がされたことを知り、又は重大な過失によって知らなかった譲受人その他の第三者に対抗することができる。 ２　前項の規定は、譲渡制限の意思表示がされた預貯金債権に対する強制執行をした差押債権者に対しては、適用しない。	（新設）

(1)　譲渡制限特約の効力

　現行法上、債権譲渡を禁止する旨のいわゆる譲渡制限特約については、特約に違反する譲渡は、当事者間においても効力を有しないと考えられています。他方で、民法466条２項但書により、善意（判例[1]では善意かつ無重過失まで要するとされています）の第三者に対しては、譲渡制限特約の効力を対抗することができないものとされます。

　これに対して、新法は、「当事者が債権の譲渡を禁止し、又は制限する旨の意思表示…をしたときであっても、債権の譲渡は、その効力を妨げられない。」と定め、譲渡制限特約に違反する譲渡も当事者間では有効であるとしつつ（新法466条２項）、「前項に規定する場合には、譲渡制限の意思表示がされたことを知り、又は重大な過失によって知らなかった譲受人その他の第三者に対しては、債務者は、その債務の履行を拒むことができ」るとして（新法466条３項）、特約の存在を知り、または重過失によって知らなかった債権譲受人に対しては、債務者は債務の履行を拒むことができ、債務者が債権譲渡人に対して弁済を行えば、これによる債務の消滅を債権譲受人にも対抗できるものとしました。なお、併せて新法は、債務者が債務を履行しない場合において、債権譲受人が相当の期間を定めて債権譲渡人への履行を催告

---

1 ）最判昭和48・７・19民集27巻７号823頁。

し、その期間内に履行がないときは、もはや債務者は債権譲受人に対する債務の履行を拒めないものとしています（新法466条 4 項）。

　この改正により、譲渡制限特約が付された債権であっても、債権譲渡の当事者間では有効に譲渡できることが明らかになりました。従来のABLの実務では、譲渡制限特約が付された債権は、債務者から譲渡につき承諾が得られない限り、そもそも担保対象とできないことを前提としていましたので、大きな変更点といえます。

　なお、新法下でも、預貯金債権については、悪意重過失ある譲受人に対する債権譲渡は（現行法下と同様に）無効となります（新法466条の 5 。同条は、新法466条 2 項の「規定にかかわらず……対抗することができる」としており、そもそも譲渡自体を無効とする趣旨と解されます）。これは、預貯金債権について現行法下の取扱いを変更した場合に、銀行実務に著しい支障が生じ得ることに配慮したものです。

(2)　債務者による供託制度

　新法は、このように、譲渡制限特約が付された債権でも債権譲渡が可能であることを前提に、債務者は、この場合、債務の全額を供託できるものとしました（新法466条の 2 第 1 項）。そして、この供託金は、債権譲受人のみが還付請求をなし得るものとしました（新法466条の 2 第 3 項）。

　現行法下では、債務者は、債権の譲受人が譲渡制限特約の存在につき悪意重過失ならば譲渡人に対して弁済する義務を負い、他方で債権の譲受人が譲渡制限特約の存在につき善意無重過失であれば譲受人に対して弁済する義務を負うこととなるため、「弁済者が過失なく債権者を確知することができないとき」（民法494条後段）に該当するものとして、債権者不確知を理由とする供託が可能とされています。これに対して新法の下では、債権譲受人の善意悪意を問わず、債権譲渡自体は有効であり、ただ債務者は悪意重過失の債権譲受人に対して弁済を拒み得るに過ぎない以上、「債権者」そのものを確知できないわけではありませんので、債務者は債権者不確知を理由とする供託制度を利用できません。そこで、債務者にとって債権譲受人が譲渡制限特約の存在につき悪意重過失かどうか判然としない場合に、債務者が不測の損害を被らないよう、債務者による供託を認めたものです（なお文言上、債務

者が債権譲受人の悪意重過失を判断できないことにつき、債務者に過失がないことまでは要求されません）。その一方で、債権譲渡が譲渡当事者間では有効であることを前提に、かかる供託金の還付は、債権譲受人のみが受けられることとしています。

このように、供託は原則として債務者の任意ですが、例外的に、債権譲渡人について破産手続開始の決定があったときは、対抗要件（債務者対抗要件・第三者対抗要件の双方を含みます）を具備した債権譲受人（債権の全額を譲り受けた場合に限ります）は、仮に譲渡制限特約の存在につき悪意重過失であったとしても、債務者に対して供託を請求できるものとされます（新法466条の3）。この制度は、債権譲渡人に破産手続が開始した場合に限られ、民事再生手続や会社更生手続の場合には、供託請求は認められません。

2 ABLの実務に与える影響

(1) 譲渡制限特約付債権に対する担保設定

この改正により、ABLの契約実務においては、譲渡制限特約付きの債権も含めて、広く担保対象に加えることが可能たり得ます。なお、新法下でも、債権譲受人（担保権者）が譲渡制限特約の存在につき悪意重過失であれば、いずれにせよ債務者（第三債務者）は債権譲受人（担保権者）に対する履行を拒むことができるところ、特に担保権者が金融機関の場合は、担保取得に当たり譲渡制限特約の有無を確認することが通常でしょうから、多くの場合に悪意重過失が認められ、第三債務者からは履行を拒まれることになると考えられます。他方で、債権譲渡自体は有効であり、弁済金の供託とその還付等を通じた回収の可能性もある以上、このような債権に担保価値を見出すことも一応可能と思われます。

しかしながら、このような担保設定は、譲渡制限特約を合意した債権譲渡人（担保権設定者）の立場からしますと、一義的には、譲渡禁止を約束した相手方（第三債務者）に対する契約違反となります。仮に、譲渡制限特約違反の債権譲渡を理由に、債権譲渡人（担保権設定者）が取引相手方（第三債務者）から取引契約を解除されるといった事態が生じますと、以後の売掛債権が発生しなくなり、ABLの担保価値が大きく損なわれることとなります。

また、金融機関の立場としては、借入人に対して債権譲渡担保の提供を要求することで、譲渡制限特約の違反行為を働きかける形になるとすれば、コンプライアンス上の問題も生じ得るところであり、特に ABL での資金調達を図ろうとする債務者が経済的窮境にあり、金融機関に対して相対的に弱い立場にあるようなケースでは、この懸念が強まるといえます。

このようなリスクを踏まえると、新法下においても、少なくとも当面は、従来の実務どおり、譲渡制限特約付きの債権は、第三債務者からの承諾が得られない限り担保対象から除外することが無難である、という考え方にならざるを得ないようにも思われます。

もっとも、譲渡制限特約の目的は、債務者（第三債務者）にとって弁済先を固定することにあるところ、前述のような新法の規律を前提とする限り、債務者（第三債務者）の弁済先固定の利益は基本的に害されないともいえます。そこで、特に ABL における担保設定については、譲渡制限特約違反に基づく取引契約の解除等は許されない（例えば、取引契約当事者の合理的意思解釈として、そのような場合は解除権が発生しないとする、あるいは解除権行使が権利の濫用に当たり許されないとする）といった解釈も成り立ち得るところであり、今後の議論・実務の展開が待たれます。

(2)　担保権設定者が破産した場合

債権譲渡人が破産した場合、新法466条の 3 は、悪意重過失ある債権譲受人であっても、債務者に供託させることができるものとしています。ABL に引き直しますと、担保権者は、譲渡制限特約の存在につき悪意重過失であったとしても、担保権設定者が破産した場合には、第三債務者に対し供託をするよう請求でき、この供託金の還付を受けることによって回収が可能となります。

したがって、譲渡制限特約付債権を担保取得した担保権者は、担保権設定者について破産手続が開始した場合は、（対抗要件具備を前提として）直ちに第三債務者に対して供託を請求することにより、供託金の還付を通じて回収を図ることになると思われます。

なお、破産手続開始後、担保権者からの供託請求前に、第三債務者が破産管財人に弁済してしまった場合はどうでしょうか。この点、供託請求前の弁

済であり、譲渡制限特約の存在につき悪意重過失ある担保権者としては、第三債務者に重ねて請求することはできないと考えられます。他方で、債権譲渡が譲渡当事者間においては有効である以上、担保権設定者（債権譲渡人）の破産管財人は、担保権者（債権譲受人）との関係で、第三債務者から弁済を受ける理由がありませんので、担保権者は弁済金について、破産管財人に対し不当利得返還請求権を取得し、これは「不当利得により破産手続開始後に破産財団に対して生じた請求権」（破産法148条1項5号）として、財団債権になると考えられます。したがって、この場合、担保権者は破産管財人に対して、弁済金相当額を財団債権として行使し、（破産財団が形成される限りにおいて）随時弁済を受けることが可能です。

⑶ 担保権設定者について民事再生手続が開始した場合

　ABLの借入人（担保権設定者）に民事再生手続が開始した場合はどうでしょうか。前記のとおり、新法466条の3に基づく債権譲受人による第三債務者への供託請求は、債権譲渡人（担保権設定者）が破産した場合のみを定めており、民事再生となった場合については定めていません。

　この点、債権譲渡担保の設定が設定当事者間で有効という前提に立つ以上、担保権者は、（譲渡につき第三者対抗要件を具備していることを前提として）当該債権につき、別除権（民事再生法53条）を有することになります。もっとも、譲渡制限特約の存在につき担保権者が悪意重過失であれば、第三債務者は再生債務者に対して有効に弁済することができ、この場合、担保対象物である債権の消滅により、別除権も消滅することになると考えられます。

　他方で、債権譲渡が当事者間では有効である以上、再生債務者は、担保権者との関係では第三債務者から弁済を受ける理由がなく、また、この弁済により担保権者は別除権を失うことになりますので、担保権者は、再生債務者に対して、弁済額につき不当利得返還請求権を取得すると考えられ、かかる債権は、「不当利得により再生手続開始後に再生債務者に対して生じた請求権」（民事再生法119条1項6号）に該当し、共益債権として扱われることになると考えられます。

　したがって、担保対象物である譲渡制限特約付債権を第三債務者が再生債

務者に弁済した場合、担保権者は再生債務者に対し、当該弁済金相当額について共益債権を行使することができ、仮にこの共益債権が弁済されなければ、共益債権に基づき再生債務者の資産に対する仮差押え等も可能となります。民事再生手続において、再生債務者が事業継続のために引き続き、第三債務者から担保対象物である債権の弁済を受けることを前提とすれば、担保権者としては、このような譲渡制限特約付債権の弁済により発生する共益債権について、再生債務者との間で（担保権者が仮差押え等を行わないことを条件として、再生債務者は弁済額の一部を複数回にわたり担保権者に支払うといった内容の）弁済協定を締結することが考えられます。

　ただし、このように考えた場合でも、では担保権者は、担保対象物である譲渡制限特約付債権の再生債務者に対する弁済により、いかなる範囲で共益債権を取得するのか、という問題が残ります。後述のとおり、新法下では将来債権譲渡が有効であることが明文化され（新法466条の 6 ）、担保権者は将来発生する債権についても有効に担保権を取得していることになりますので、理論的には、これを再生債務者が回収すれば、回収した全額について、（被担保債権額の範囲で）担保権者は共益債権を取得することになります。しかしながら、現行法下においても、将来債権譲渡は有効であるという前提に立ちつつ、実務上は、担保権者の担保回収に一定の制限をかける考え方（理論構成は様々ですが、概ね、担保権の効力が及ぶ対象を、実質的に手続開始時点に存在した債権に限定する、一種の「固定化」を観念するものといえます）が有力であり、新法下でも同様の議論は妥当し得ます。仮に、将来債権譲渡担保権の効力が、手続開始時の債権にしか及ばないとすると、共益債権の生ずる範囲も、手続開始時に存在した譲渡制限特約付債権の範囲に限られることになります。

　いずれにせよ、この点については、今後の解釈論や実務の趨勢を踏まえつつ、担保回収の手順ひいては担保取得時の担保評価を行っていく必要があるといえるでしょう。

⑷　担保権設定者について会社更生手続が開始した場合

　最後に、ABLの借入人（担保権設定者）に会社更生手続が開始した場合について検討します。会社更生の場合も、新法466条の 3 に基づく債権譲受人

による第三債務者への供託請求の制度は設けられていません。

　この点、民事再生の場合と同様、債権譲渡担保権の設定が設定当事者間で有効である以上、対抗要件を具備している担保権者は、会社更生手続開始時の担保対象債権につき、更生担保権（会社更生法2条10項）を有することになります。そして、譲渡制限特約の存在につき担保権者が悪意重過失であれば、第三債務者は管財人に対して有効に弁済することができますが、この場合にも、手続開始時点で担保権が存在していた以上、担保権者は引き続き、かかる担保対象債権につき更生担保権者としての権利行使が可能と考えられます。

　会社更生手続においては、担保権者は法律上、担保実行を禁止されており（会社更生法50条1項）、更生計画が成立し、計画に従い更生担保権が弁済される限り、担保対象物である債権を管財人が回収したとしても、そのことによって直ちに担保権者に損害や損失が生じるものではありません。他方で、管財人がこれを回収・費消したことにより、（後の牽連破産手続等において）担保権者に回収不能が生ずれば、担保権者は、かかる損失ないし損害につき、管財人に対して不当利得返還請求権（ないしは担保権侵害の不法行為に基づく損害賠償請求権）を取得し得ると考えられます。これらの債権は、「不当利得により更生手続開始後に更生会社に対して生じた請求権」ないし「更生会社の業務及び財産に関し管財人又は更生会社……が権限に基づいてした資金の借入れその他の行為によって生じた請求権」[2]（会社更生法127条1項6号・5号）に該当し、共益債権として扱われます。

　以上のような法律関係は、譲渡制限特約の付されていない債権に対する譲渡担保権についても、基本的に同様に生じ得るところです。この点、現行の実務上は、このような担保対象債権の管財人による回収、および回収金の利用を担保権者として認める代わりに、預金等への担保変換を受ける旨を合意する例が多いといえ、新法施行後は、譲渡制限特約付債権の譲渡担保権についても、同様の扱いがなされるものと予想されます。

　なお、更生担保権の評価に当たり、担保対象物たる債権に譲渡制限特約が付されていることによって担保評価が影響を受けるか、という問題も検討す

2）管財人の不法行為に基づく損害賠償請求権が会社更生法127条1項5号の共益債権に該当することにつき、伊藤眞『会社更生法』（有斐閣）237頁。

る必要があります。もっとも、少なくとも売掛債権の譲渡担保権においては、更生会社の取引が継続し、売掛債権が正常に回収されている限り、譲渡制限特約の有無によって債権の価値が変わることは想定し難いといえ、したがって、譲渡制限特約が付されていることは、担保対象物である売掛債権の更生担保権評価に影響しない、と考えるべきでしょう[3]。

第3節 | 将来債権譲渡の効力に関する明文化

■1 改正法の内容

改正案	現　行
（将来債権の譲渡性） 第466条の6　債権の譲渡は、その意思表示の時に債権が現に発生していることを要しない。 2　債権が譲渡された場合において、その意思表示の時に債権が現に発生していないときは、譲受人は、発生した債権を当然に取得する。 3　前項に規定する場合において、譲渡人が次条の規定による通知をし、又は債務者が同条の規定による承諾をした時（以下「対抗要件具備時」という。）までに譲渡制限の意思表示がされたときは、譲受人その他の第三者がそのことを知っていたものとみなして、第466第3項（譲渡制限の意思表示がされた債権が預貯金債権の場合にあっては、前条第1項）の規定を適用する。	（新設）
（債権の譲渡の対抗要件） 第467条　債権の譲渡（現に発生していない債権の譲渡を含む。）は、譲渡人が債務者に通知をし、又は債務	（指名債権の譲渡の対抗要件） 第467条　指名債権の譲渡は、譲渡人が債務者に通知をし、又は債務者が承諾をしなければ、債務者その他の

3）末廣裕亮・矢田悠「債権譲渡（譲渡制限特約）法制の改正―ABL実務の観点から―」金融法務事情2024号22頁も同旨。

者が承諾をしなければ、債務者その他の第三者に対抗することができない。 2　前項の通知又は承諾は、確定日付のある証書によってしなければ、債務者以外の第三者に対抗することができない。	第三者に対抗することができない。 2　前項の通知又は承諾は、確定日付のある証書によってしなければ、債務者以外の第三者に対抗することができない。

(1)　将来債権譲渡の効力

　現行法上、将来債権譲渡の有効性に関して明文の規定はありませんが、譲渡の対象となる債権が、債権者および債務者、発生原因、発生期間等により、譲渡人が有する他の債権から識別することができる程度に特定されていれば、原則として有効とするのが判例です[4]。また、将来債権の譲渡は、譲渡契約時に確定的に効力を生ずると考えられています[5]。

　改正法は、「債権の譲渡は、その意思表示の時に債権が現に発生していることを要しない。」（新法466条の6第1項）、「債権が譲渡された場合において、その意思表示の時に債権が現に発生していないときは、譲受人は、発生した債権を当然に取得する。」（同条2項）として、将来債権譲渡が有効であることを明文で規定しました。

(2)　将来債権譲渡と譲渡制限特約

　また、将来債権譲渡がなされた後で、債権譲渡人と債務者の間の合意により、譲渡対象債権に譲渡制限特約等の譲渡制限が付されたという場合について、改正法は、債務者対抗要件の具備時点までに譲渡制限の意思表示がなされたときは、債権譲受人が悪意であったものとみなし、債務者は債権譲受人への債務の履行を拒み得る（預貯金債権にあっては、譲渡が無効となる）ものとしました（新法466条の6第3項）。

　現行法下において、将来債権の譲渡後に債権譲渡人と債務者との間で譲渡制限特約が付された場合に、債務者が特約の効力を債権譲受人に対抗できるかという点は、必ずしも明らかではありませんでした。改正法はこの点を明

4）最判平成11・1・29民集53巻1号151頁、最判平成12・4・21民集54巻4号1562頁。
5）最判平成13・11・22民集55巻6号1056頁、最判平成19・2・15民集61巻1号243頁参照。

確化し、債務者対抗要件の具備時点までに譲渡制限特約が付された場合には、債権譲受人に対抗できるとしたものです。他方で、債務者対抗要件の具備時点以降に譲渡制限特約が付された場合には、文理上は、債権譲受人が「悪意とみなされない」にとどまりますが、このような場合、債権譲受人は債権譲渡時に善意無重過失であったことが通常と考えられますので、債務者は債権譲受人に対して譲渡制限特約の効力を対抗できないと考えられます。

(3)　将来債権譲渡後の債権譲渡人の地位の変動

　現行法下において、将来債権譲渡後に、債権譲渡人の地位が変動した場合（例えば、将来にわたって発生する賃料債権を譲渡した後に、債権譲渡人が不動産を第三者に譲渡し、当該第三者が賃貸人・賃料債権者となった場合）に、債権譲受人は当該承継人に対して将来債権譲渡の効力を主張できるか、争いがあります。

　中間試案段階では、この点についての規律を設けることが検討されていましたが、改正法は明文化を見送っており、依然として解釈に委ねられています。

(4)　対抗要件制度

　新法467条は、「債権の譲渡（現に発生していない債権の譲渡を含む。）は、譲渡人が債務者に通知をし、又は債務者が承諾をしなければ、債務者その他の第三者に対抗することができない。」（1項）、「前項の通知又は承諾は、確定日付のある証書によってしなければ、債務者以外の第三者に対抗することができない。」（2項）と定めており、将来債権譲渡の対抗要件について明記したほかは、現行法を維持しています。

　現行法下においても、将来債権譲渡の対抗要件具備は、債権発生前に行うことができると解するのが判例ですが[6]、改正法はこの点を明らかにしたものです。

6）最判平成19・2・15民集61巻1号243頁。

2 ABLの実務に与える影響

現行法下におけるABLの実務は、前記の各最高裁判例を前提としており、これらの判例を明文化する改正法によって、実務が大きな影響を受けることはないものと思われます。

他方で、将来債権の譲渡後に、債権譲渡人と債務者の間で譲渡制限特約が合意された場合については、前記のとおり、債務者に対する対抗要件の具備時点までに当該合意がなされた場合に、債務者が債権譲受人（担保権者）に対し履行を拒み得ることが明文化されています。ABLの実務では、通常、担保設定時には債権譲渡登記によって第三者対抗要件を具備し、債務者対抗要件は留保したうえで、担保実行に際して初めて第三債務者に通知して、債務者対抗要件を具備するケースが多いといえますので、担保設定後に担保権設定者が第三債務者との間で譲渡制限特約を合意しないよう、設定契約において義務を課す（その違反は期限の利益喪失事由とする）等の対応が必要となります。

第4節 | 異議なき承諾に基づく抗弁切断の制度の廃止

1 改正法の内容

改正案	現　行
（債権の譲渡における債務者の抗弁） 第468条　債務者は、対抗要件具備時までに譲渡人に対して生じた事由をもって譲受人に対抗することができる。	（指名債権の譲渡における債務者の抗弁） 第468条　債務者が異議をとどめないで前条の承諾をしたときは、譲渡人に対抗することができた事由があっても、これをもって譲受人に対抗することができない。この場合において、債務者がその債務を消滅させるために譲渡人に払い渡したものがあるときはこれを取り戻し、譲渡人に対して負担した債務があるときはこれを成立しないものとみなすことができる。

2　第466条第 4 項の場合における前項の規定の適用については、同項中「対抗要件具備時」とあるのは、「第466条第 4 項の相当の期間を経過した時」とし、第466条の 3 の場合における同項の規定の適用については、同項中「対抗要件具備時」とあるのは、「第466条の 3 の規定により同条の譲受人から供託の請求を受けた時」とする。	2　譲渡人が譲渡の通知をしたにとどまるときは、債務者は、その通知を受けるまでに譲渡人に対して生じた事由をもって譲受人に対抗することができる。

(1)　異議なき承諾に基づく抗弁切断の制度の廃止

　現行法上、債務者が異議をとどめることなく債権譲渡を承諾したときは、債権譲渡人に対して主張できた事由（抗弁）を、以後、債権譲受人に対抗できなくなります（現行法468条 1 項）。これは、取引の安全の観点から、異議をとどめない承諾を信頼した債権譲受人を保護する趣旨で、債権譲受人は抗弁の切断を主張するためには、抗弁の存在につき善意無過失でなくてはならないと解されています[7]。

　この場合、債務者は必ずしも「異議がない」旨を積極的に明示する必要はなく、単に留保を付けずに承諾すれば「異議をとどめない承諾」に該当してしまうため、債務者が予期せず抗弁の喪失という不利益を受けるおそれがあると指摘されています。そこで、改正法は、異議なき承諾による抗弁切断の規定を廃止しました。

(2)　抗弁権放棄の意思表示

　新法下では、異議なき承諾による抗弁切断の制度が廃止され、これに代わる特段の条文上の手当てはなされていません。これは、一般則に従い、債務者が抗弁を放棄する旨の意思表示を行うことは当然に可能という理解に基づくものです。

　したがって、新法の下では、債権譲受人が債権の譲受けに当たり、債務者からの抗弁主張を切断したいと考える場合、債務者から抗弁権放棄の意思表示を取得する必要があります。

---

7 ）最判平成27・ 6 ・ 1 金融・商事判例1473号16頁。

　意思表示の一般原則に従った場合、抗弁権放棄の意思表示につき、錯誤無効（民法95条）等の民法の規定が適用されることになります。この点は、現行法468条に定める異議なき承諾が、「意思表示」ではなく「観念の通知」であるとされていた点と異なりますが、現行法下においても、異議なき承諾には民法の意思表示の規定が類推適用されると考えられており[8]、大きな違いをもたらすものではないと考えられます。

　また、抗弁切断の根拠を債権譲受人の主観的信頼に求めない以上、新法下においては、抗弁切断の効果を受けるために、債権譲受人が抗弁の存在につき善意無過失である必要はなくなります。

❷　ABLの実務に与える影響

　ABLの実務において、売掛債権に担保設定を受ける場合、第三債務者から逐一、承諾を取得することは少なく、多くの場合は債権譲渡登記を行ったうえで、担保実行に当たり第三債務者にその旨を通知することになると思われます。この場面では、上記の改正がABLの実務に与える影響は少ないといえます。

　他方で、特定の債権等につき、第三債務者の承諾を取得するケースでは、現行法下において、担保権者は第三債務者から、「異議なく承諾します」といった承諾書面を取得することが通常と思われますが、改正法の施行後は、「一切の抗弁を放棄します」といった内容とする必要があります。この場合、第三債務者として、書面の発出に対する心理的な抵抗が高まり、協力を得にくくなることも予想されます。

---

8 ）錯誤無効につき、最判平成 8 ・ 6 ・18集民179号331頁。

第5節 ｜ **債権譲渡と相殺についての規律の明文化**

■1 **改正法の内容**

改正案	現　行
（債権の譲渡における相殺権） 第469条　債務者は、対抗要件具備時より前に取得した譲渡人に対する債権による相殺をもって譲受人に対抗することができる。 2　債務者が対抗要件具備時より後に取得した譲渡人に対する債権であっても、その債権が次に掲げるものであるときは、前項と同様とする。ただし、債務者が対抗要件具備時より後に他人の債権を取得したときは、この限りでない。 一　対抗要件具備時より前の原因に基づいて生じた債権 二　前号に掲げるもののほか、譲受人の取得した債権の発生原因である契約に基づいて生じた債権 3　第466条第4項の場合における前二項の規定の適用については、これらの規定中「対抗要件具備時」とあるのは、「第466条第4項の相当の期間を経過した時」とし、第466条の3の場合におけるこれらの規定の適用については、これらの規定中「対抗要件具備時」とあるのは、「第466条の3の規定により同条の譲受人から供託の請求を受けた時」とする。	（指図債権の譲渡の対抗要件） 第469条　指図債権の譲渡は、その証書に譲渡の裏書をして譲受人に交付しなければ、債務者その他の第三者に対抗することができない。

⑴ **債権譲渡と相殺における無制限説**

　現行法上、債権譲渡がなされ、債務者対抗要件が債務者に対する通知にとどまった場合に、債務者が債権譲渡人に対する反対債権をもって相殺し、こ

れを債権譲受人に対抗できるか、という点については明文の規定がなく、争いがあります。これは、現行法468条2項に基づき債務者が対抗し得る「その通知を受けるまでに譲渡人に対して生じた事由」に、相殺の抗弁が含まれるかという解釈の問題です。

　この点、まず、債務者が相殺の抗弁を債権譲受人に対して主張するためには、債権譲渡の通知前に債務者が反対債権を取得している必要があること（債権譲渡人の債権と債務者の債権の対立が、債権譲渡の通知以前に発生している必要があること）については、学説・判例上争いがありません。

　そのうえで、債権譲渡の通知以前に相殺適状が生じている必要があるか（すなわち、債務者の有する反対債権の弁済期が、債権譲渡通知の前に到来していることを要するか）という点について、判例は、一応、無制限説（債権譲渡通知の時点で債務者の反対債権の弁済期が到来している必要はなく、さらに、反対債権の弁済期が譲渡された債権の弁済期より後に到来する場合でも、債務者は自らの反対債権の弁済期を待って相殺できる、という考え方）を採用しているといわれています[9]。

　この点、新法は、相殺と債権譲渡について明文の規定を設けたうえで、「債務者は、対抗要件具備時より前に取得した譲渡人に対する債権による相殺をもって譲受人に対抗することができる。」（新法469条1項）として、まず、上記の論点につき無制限説を採用することを明確化しました。すなわち、債務者は、債務者対抗要件の具備前に、債権譲渡人に対して反対債権（自働債権）を取得している限り、自働債権と譲渡された債権（受働債権）の弁済期の先後を問わず、債権譲受人に対して相殺の抗弁を対抗することができるものとされました。

(2)　無制限説のさらなる拡張

　新法は、上記に加えて、以下の2つの場合に、債務者が反対債権による相殺の抗弁を債権譲受人に主張できるものとしています（ただし、債務者が対抗要件具備時より後に他人の債権を取得した場合を除きます。新法469条2項）。

9）最判昭和50・12・8民集29巻11号1864頁。もっとも、同判決は事例判断に過ぎないという評価も有力である。

> ①　債務者対抗要件の具備時に反対債権の発生原因がすでに存在していた場合
> ②　債務者対抗要件の具備時に反対債権の発生原因が存在していないが、譲渡
> 　された債権の発生原因である契約に基づいて事後的に反対債権が生じた場合

　上記①は、例えば、商品の売買取引に基づく売掛債権が譲渡された場合に、債権譲渡・債務者対抗要件具備の後で、商品に瑕疵があったことが発覚し、買主（債務者）が売主（債権者・債権譲渡人）に対して損害賠償請求権を取得した、というケースです。この場合、反対債権としての損害賠償請求権の取得は債務者対抗要件具備の後ですが、債務者は相殺をもって債権譲受人に対抗できます。

　②は、上記①のケースで、この売掛債権譲渡が将来債権譲渡として行われ、債権譲渡・債務者対抗要件具備の後に実際の売買がなされ、そして商品に瑕疵があり債務者が反対債権としての損害賠償請求権を取得した、というケースです。この場合も、債務者は相殺の抗弁を債権譲受人に対抗できます。

　上記①・②のいずれも、債務者対抗要件具備時に反対債権が存在しないため、現行法下では、債務者による相殺の抗弁の対抗が認められないと解されるケースでした。新法は、債務者による相殺への期待を保護する観点から、相殺の抗弁を対抗できる場合を拡張したものです。

　なお、上記②の、譲渡された債権の「発生原因である契約」が何を指すかは、解釈に委ねられていると考えられます。例えば、取引基本契約に基づいて個別の売買が行われている場合に、取引基本契約を「発生原因である契約」と捉えれば、すべての個別契約に基づき発生した反対債権が相殺に供され得ることになります。この点については今後の解釈論の展開を待つ必要があります。

❷　ABLの実務に与える影響

　改正法により、従来の無制限説が明文化された点については、現行法下においてもABLの実務は無制限説を前提にしていると思われ、実務に大きな影響はないものと予測されます。

　他方で、改正法において、債務者が債権譲受人に対して相殺の抗弁を対抗

できる場面をさらに拡張している点はどうでしょうか。この改正により、売掛債権の担保取得において、債務者（第三債務者）に対する対抗要件が譲渡通知（あるいは債権譲渡登記の通知）にとどまる場合、従来であれば相殺の抗弁を対抗されなかった前記①・②のケースで、担保権者が第三債務者から相殺の抗弁を対抗され得ることになります。その意味では、担保権者としては担保評価を従来より保守的に行うべきといった考え方になるかも知れません。

　もっとも、従来のABLの実務においても、第三債務者に譲渡通知がなされ、債務者対抗要件が具備されるのは、通常は担保実行のタイミングであると思われます。そして、担保権設定者が破産手続に入る場合には、以後の商取引は原則として想定されず、したがって担保実行後に反対債権が発生する可能性も低いものといえます。また、民事再生手続・会社更生手続の場合は、そもそも担保実行・債務者対抗要件の具備を引き続き留保しつつ、手続の中で別除権協定に従い、あるいは更生担保権として更生計画に従い、弁済を受け権利の実現を図る場合が多いといえます。その意味で、ABLの実務上、債務者対抗要件の具備後に取得された反対債権に基づく相殺の抗弁が、実際に問題となるケースは、必ずしも多くないのではないかと思われます。

第 6 部

ABL再論

融資の基本とABL

1 金融機関に負荷のかかるABL

　一般担保型のABLは、金融機関にとって融資後における担保資産の価値の把握や資金繰り管理などのモニタリングについて費用と労力を要するため、少々面倒なファイナンスであるといえます。

　一方、古くて新しいファイナンスという言い方もできるのかもしれません。

　在庫担保融資や売掛債権担保融資自体は決して新しくありません。また、金融機関が行う多くのこれらの融資は、添え担保としての地位を確立していますので、従前より、担保実行による回収は前提ではありませんでした。

　右肩上がりの不動産価値に依拠して、その含み益に着目しながら事業者に年々融資の増額を行ってきた金融機関が、バブルの崩壊とともに、一転して、過去経験したことのない担保割れの現実と向き合うことになり、不動産以外に依存する担保を探索する必要に迫られたとき、注目されたのがこのABL（脱不動産担保融資、脱個人保証付融資）なのです。

　ただし、従来からの添え担保型の在庫担保融資では、金融当局は担保価値を認めてくれる気配はありませんでした。金融当局に認めてもらうためには、商品の流通市場が成立している場合などを除き、基本的には第三者に在庫評価を依頼すること、融資後の事業者に対するモニタリングに注力すること、有事（担保実行）の際の処分方法を予め決めておくこととされています。金融当局に合理性をもってこれらについて説明するためには、事業者に対する深い理解が不可欠であり、その深い理解の土台のうえに、初めて適切なモニタリングの設計が可能になるのです。金融機関は、モニタリングにおいて、事業者の業況の微妙な変化を引き出すためには、モニタリングの設計段階でどのような点が事業者にとって必要不可欠な項目なのかについて事前に認識しておく必要があります。モニタリングは、敷かれたレールを進み、

レールに異常を検知した場合に、金融機関は事業者とこれを共有することにより、現実に何が発生しているのかを見極めたうえで、事業計画、事業戦略から資金繰りまでの見直しの必要性を検討する材料を獲得することなのです。モニタリングにおける重要な点は、①どのようなアラーム機能を有したレールをどのように敷くか（モニタリングの設計の重要性）、②どのような計測機器、制御装置、エンジンを搭載することができるのか（金融機関のモニタリング能力）、③どのように繰縦するのか（能動的なモニタリング実行可能性）の3点に集約できるのではないでしょうか。

　金融機関は、常に、「即時取得」、「在庫の散逸」リスクと対峙し、「虚偽報告」に怯え、売掛債権の「譲渡禁止」「相殺」にも配意しなければなりません。ABLということをもって、必ずしも金利を引き上げることができない事情を考慮すると、金融機関にとって割に合わないファイナンスという考え方も一理あるでしょう。

　このように、金融当局、事業者との関係からも、金融機関は相当の労力を要することに加え、債権譲渡・動産譲渡登記関連の法律が比較的新しいため、最高裁の判例の蓄積が十分に進んでいないことも、金融機関がABLを協力に推進することを躊躇させている背景にあるものと考えられます。

❷　ABL再論──改めて、ABLとは。

　改めてABLの意義をここで再度述べる必要はないのかもしれません。

　ABLによって、金融機関は、事業者の実態把握が可能になり、その結果として、金融機関の指導により、魔法のように事業者の業況が好転するという考え方もあるかもしれません。

　しかし、決してABLは魔法ではありません。あくまでファイナンスの一手段なのです。債権放棄、DES、DDSに代表される財務リストラのような外科的な治療でもなければ、収益を改善する内科的な治療でもありません。事業者に対して、時間的な猶予を提供し、その間に経営者は本業である経営に回帰して収益向上達成を企図することを支援するに過ぎません。ABLによって生じる金利負担を支払っても余りある収益の増加が見込まれるからこそ、ABLを活用するのです。

　ABLは、コーポレート・ファイナンスとは異なり、債務償還年数（長期平

均的に獲得できる収益を基礎に要返済債務を弁済するためには何年要するかを算出した年数）、償却前営業利益等に基づいて与信するものではなく、担保価値と資金繰りに着目をしたファイナンスであることについては第 1 部でも言及しました。

　それでは、コーポレート・ファイナンスを検討する際に必要な事柄で、ABL 検討の際に疎かにしている点が多くあるかというと、実はそれほど多くはありません。仮にあるとすれば、長期の損益（例えば 5 年間）と債務償還年数なのですが、短期的な収益の積み上げが長期損益であるとすると、基本的な考え方に大きな違いはないといえるでしょう。

　資金繰りは、事業者が策定した損益計画に始まり、仕入計画、売上債権・買入債務の条件、設備投資計画、関連会社からの出入金、租税公課の支払い等、事業者を取り巻くあらゆる資金に関連する項目を洗い出して精査することになります。生き物である事業者を資金面から俯瞰し、表現する作業が資金繰りであると換言してもよいのかもしれません。また、事業者の事業の内容についても、商流、在庫の特性、売掛債権の相殺可能性等についても入念に精査する必要性がありますので、有事の際の担保実行も念頭に置くことを勘案すると、コーポレート・ファイナンスよりも押さえるべきポイントは多くなると考えられます。債務者格付が高くない先を対象に ABL を実行する場合には、これはある意味避けられないことであるといえます。

　すなわち、事業者の実態に加え、担保実行等の法律に対する深い洞察なくして ABL は成立し得ないのです。

　本来、与信とは性善説に拠って立つ考え方です。

　それでは、ABL はどうでしょうか。

　在庫が散逸するリスクを堂々と取る金融機関の行為は、性善説に基づいていると言わずして何というのでしょうか。融資を行う前の金融機関の対応には、侍のような潔さを感じざるを得ません。

　次に、融資後はどうでしょうか。

　事業者を待ち構えているのは、金融機関による徹底的に行われる能動的なモニタリングです。金融機関も自己嫌悪に陥ることもあるのですが、特に、事業者が提出する資料に記載されている数字に関しては、ある意味、性悪説に立たなければ適切なモニタリングはできません。

　ただし、融資期間中、常に性悪説に拠っていると事業者との信頼関係を崩壊させることにもなりかねません。事業者の主張に耳を傾け、本質を見抜く眼力は、金融機関に限らず必要とされる能力です。時には、融資期間中であっても、金融機関は、性善説を信じなくてはなりません。性善説が事業者の真実を引き出すということがあるからです。

　このように、本格的なABLとは、「性善説と性悪説を往復する究極のファイナンス」であるといえましょう。

　現在、ABLは、一部の金融機関により「維持・保存」されていますが、元来、多くの金融機関は、ABLという言葉が存在しなかった時代から、事業者と時間をかけて対話を重ね、事業と事業者を理解したうえで真に信頼できる事業者か、万が一のときにも弁済してもらえるか等の観点から本質を見極める訓練を行いながら、無担保で融資を行ってきました。

　これが、「融資の基本」であり、また「融資の真髄」であると考えられます。

　現在では、この究極のファイナンスであるABLに「融資の基本」が内蔵されていますが、ファイナンス全体を概観すると内蔵されていないこともあるのかもしれません。

　金融機関は、残業時間短縮、コンプライアンスの徹底という時代の要請の下、効率化を推進するべく、金融機関独自の格付システムを編み出し、財務諸表およびいくつかの定性情報を入力すると、格付システムが客観的に「このような会社」であると結論付けてくれる仕組みを首尾よく確立しました。

　一方、これにより、金融機関は、効率性を重視するあまり、対象事業者がどのような事業者であるのかに想いを馳せる時間を喪失しかけ、自らの意思で思考停止することを選択してしまっているという指摘もあるでしょう。

　金融機関は、今やこの「融資の基本」を顧みなくなってきているということなのかもしれません。

　しかし、ABLというファイナンス手法を通じて、金融機関の能力が覚醒され、蓄積が不足している判例を実務に精通している法律家が補完しつつ、「貸し手」「借り手」という立場を超えて、事業者の事業拡大支援に資することになれば、金融機関としては無上の喜びであると確信しています。

索　引

【編著者紹介】
ABL実務研究会
株式会社ゴードン・ブラザーズ・ジャパンと株式会社日本政策投資銀行において、ABLの実務経験を有する現場担当者を中心に発足した研究会。奥野総合法律事務所・外国法共同事業の弁護士を交えた定期的な検討会の開催等を通じ、ABLの実務について研究を深めている。

奥野総合法律事務所・外国法共同事業
1924年創立。所長である奥野善彦弁護士を筆頭に、外国法パートナーを含む35名の弁護士を擁する。ファイナンス、事業再生、M＆Aをはじめとする専門的な案件から、中小企業、個人の依頼者の各種争訟案件に至るまで、幅広い分野において法的サービスを提供している。

【執筆者一覧】(所属・役職等は執筆時のもの)
松木　大（まつき・まこと）
早稲田大学政治経済学部卒業。1994年日本開発銀行（現㈱日本政策投資銀行）入行。経済企画庁（現内閣府）に出向後、ABL、DIPファイナンス、EXITファイナンス等の事業再生分野に主として従事。ニューヨーク駐在員を経て、Gordon Brothers Group, LLC（Boston）、株式会社ゴードン・ブラザーズ・ジャパンに出向。2015年株式会社日本政策投資銀行企業ファイナンス部。著作として、『EXITファイナンスの実務』（金融財政事情研究会、共著）、『倒産と担保・保証』（商事法務・共著）など。

馬嶋　道昌（まじま・みちまさ）
米国エカード大学経営学専攻金融・経済学副専攻学士課程修了。現在、株式会社ゴードン・ブラザーズ・ジャパン　アセットファイナンス部　部長代理。

今井　久士（いまい・ひさし）
立命館大学産業社会学部卒業。香港大学・ロンドンビジネススクール経営学修士課程修了。現在、株式会社ゴードン・ブラザーズ・ジャパン　アセットファイナンス部　部長代理。著作として、『ABL取引推進事典』（金融財政事情研究会、共著）。

姜山　佑樹（きょうやま・ゆうき）
法政大学経済学部卒業。2009年株式会社三井住友銀行入行。
現在、株式会社ゴードン・ブラザーズ・ジャパン　アセットファイナンス部　主任。

粟澤　方智（あわざわ・まさのり）
東京大学法学部卒業。2001年弁護士登録。現在、奥野総合法律事務所・外国法共同事業パートナー弁護士。著作として、『EXITファイナンスの実務 − 地域密着型事業再生における金融・法務・会計・税務のすべて』（金融財政事情研究会、共著）、『金融機関のための倒産・再生の実務』（金融財政事情研究会、編著）ほか多数。

櫻庭　広樹（さくらば・ひろき）
東北大学法学部卒業。2002年判事補任官。2009年弁護士登録。2015年公認不正検査士試験合格。現在、奥野総合法律事務所・外国法共同事業パートナー弁護士。著作として、『金融機関のための倒産・再生の実務』（金融財政事情研究会、共著）、『Q&A　株式・社債等の法務と税務』（新日本法規出版、共著）など。

山本　昇（やまもと・のぼる）
東京大学経済学部卒業。2008年弁護士登録。現在、奥野総合法律事務所・外国法共同事業アソシエイト弁護士。著作として、『コンサルティング実務体系　ライフステージ別アプローチ』（きんざい、共著）、『銀行窓口の法務対策4500講［IV］担保編』金融財政事情研究会、共著）など。

町田　紳一郎（まちだ・しんいちろう）
慶應義塾大学法学部法律学科卒業、東京大学法科大学院修了。現在、奥野総合法律事務所・外国法共同事業アソシエイト弁護士。

本書の内容に関する訂正等の情報

　本書は内容につき精査のうえ発行しておりますが、発行後に訂正（誤記の修正）等の必要が生じた場合には、当社ホームページ (http://www.khk.co.jp/) に掲載いたします。

　（ホームページトップ： メニュー 内の 追補・正誤表 ）

ABL 実行の手引き　融資から回収まで

2015年11月20日　初版第1刷発行	編著者	ＡＢＬ実務研究会 奥野総合法律事務所・ 外国法共同事業
	発行者	金　子　幸　司
	発行所	㈱経済法令研究会

〠162-8421　東京都新宿区市谷本村町 3 -21

〈検印省略〉

電話 代表03(3267)4811 編集03(3267)4823

営業所／東京03(3267)4812　大阪06(6261)2911　名古屋052(332)3511　福岡092(411)0805

カバーデザイン／図工ファイブ　制作／西牟田隼人　印刷／日本ハイコム㈱

© ABL Jitsumu Kenkyukai,Okuno & Partners 2015　Printed in Japan　　ISBN978-4-7668-2376-9

" 経済法令グループメールマガジン " 配信ご登録のお勧め
当社グループが取り扱う書籍、通信講座、セミナー、検定試験情報等、皆様にお役立ていただける情報をお届け致します。下記ホームページのトップ画面からご登録いただけます。
☆　経済法令研究会　http://www.khk.co.jp/　☆

定価はカバーに表示してあります。無断複製・転用等を禁じます。落丁・乱丁本はお取替えいたします。